손에 잡히는
세계사

이광호 지음

손에 잡히는
세계사

초판 1쇄 찍은 날 · 2005년 10월 28일 | 초판 2쇄 펴낸 날 · 2006년 5월 26일

지은이 · 이광호 | **펴낸이** · 김승태

편집장 · 김은주 | **편집** · 이덕희 | **디자인** · 이승희, 이훈혜 | **제작** · 한정수
영업본부장 · 오상섭 | **영업** · 변미영, 장완철 | **물류** · 조용환, 송승철
드림빌더스 · 고종원, 노지현, 이민지

등록번호 · 제2-1349호(1992. 3. 31.) | **펴낸 곳** · 예영커뮤니케이션
주소 · (110-616) 서울 광화문우체국 사서함 1661호 | **홈페이지** www.jeyoung.com
출판사업부 · T. (02)766-8931 F. (02)766-8934 e-mail: jeyoungedit@chol.com
출판유통사업부 · T. (02)766-7912 F. (02)766-8934 e-mail: jeyoungsales@chol.com

copyright ⓒ 2006, 이광호

ISBN 89-8350-370-X   03230

값 11,000원

손에 잡히는

세계사

이광호 지음

머리말

오늘날 일반 학교에서 강의되고 있는 세계사(世界史) 강의 중, 특히 맨 앞부분 즉 인간(人間)의 출현(出現)과 문화(文化)의 초기 시대에 대해서는 거의가 잘못 강의되고 있다. 일반 학교뿐 아니라 소위 기독교 계통의 학교들에서도 잘못되기는 마찬가지다. 나아가서 많은 신학 대학들, 보수주의를 지향하는 신학 대학에서도 잘못 강의되고 있거나 얼버무리는 것을 흔히 보게 된다.

혹 세계사의 처음 부분을 창조론적(創造論的)으로 시작하는 세계사 책들을 어쩌다 보기는 하지만, 그것 역시 많은 문제들을 안고 있다. 왜냐하면 창조론적으로 출발만 했을 뿐 몇 페이지 넘어가지 않아 또다시 진화론적(進化論的) 가설(假設)로 회귀하기 때문이다. 인간의 역사를 공부하면서 맨 처음 부분이 잘못 설명되면 전체 역사에 대한 올바른 해석을 기대할 수 없다. 이는 상의(上衣)의 첫 단추가 잘못 끼워진 것보다 훨씬 더 큰 본질적 실수이기 때문이다.

지금부터 서술되는 본서(本書)의 내용은 기독교인 학생들만을 위한 것이 아니라 비기독교인 학생들을 포함한 모든 사람들이 알아야 할 내용임을 밝혀 둔다. 이 책은 그 동안 저자가 몇몇 기독교 대학에서 강의했던 강의안을 모은 것으로, 앞으로도 기독교 대학생들을 위한 교재로 주로 사용될 것이지만 혹 다른 기독교 계통의 학교나 신학 대학들의 역사 강의에 사용되거나 참고가 된다면 저자로서 적극 환영한다.

혹 일반 독자들 가운데는 이 책을 기독교인들에게만 읽힐 기독교 신앙적(基督敎 信仰的) 역사책으로 막연히 생각할 사람들이 있을지도 모르겠다. 그렇지만 이 책은 교회사를 다룬 것이 아니며 기독교 역사를 다루려 한 것이 아니다. 그런 관점에서 보게 되면 이 책의 일관성이나 조명 기준에 문제가 제기될 수도 있다. 왜냐하면 기독교적이라 생각되는 내용과 그렇지 않아 보이는 내용들이 복잡하게 뒤섞여 나오기 때문이다. 즉, 전체 서술의 처음 부분에는 기독교적인 것을 매우 강조하다가 나중 부분으로 가면서는 점차 세속사적인 것으로 방향이 흘러가는 듯이 보일 수도 있게끔 꾸며져 있다.

그러나 그렇지 않다. 우리가 시중에서 쉽게 구할 수 있는 세계 역사를 다룬 책들의 처음이 진화론적으로 시작되었다고 해서 그것들을 진화론적 신앙을 강조하는 서적이라 말하지 않는다. 인간의 역사는 사실적(史實的) 실제에 근거해서 이해되어야 한다. 하지만 우려되는 바가 없지는 않다. 그동안 진화론과 진화론적인 기초 위에서의 일방적인 교육에 길들여진 일반 독자들에게 이 책이 익숙하지 않을 수도 있으리라는 점 때문이다. 일반 학교에서 배우는 것은 과학적이요, 이 책은 비과학적인 것이라 여기지 않길 바란다. 그런 부담 속에서도 감히 이 책을 세상에 내어놓는다.

진리의 벽이 허물어지고 하나님께서 친히 역사의 중심에 서 계심이 무시되는 안타까운 세상이다. 따라서 인간의 보편 역사가 크게 왜곡되어 있는 우리 시대에 기독교적 역사관이 잘 확립되었으면 한다. 모쪼록 이 책을 개별적으로 독서(讀書)하거나 그룹별로 공부하는 이들이 있다면 그들의 역사 이해에 조그만 도움이 되길 바라는 마음 간절하다.

2005년 10월
저자 이광호

세계 문화사의 정의와 공부하는 목적

세계 문화사(世界文化史)를 정의하면서 문화(culture)와 문명 (civilization)을 어의적(語義的)으로 살펴볼 필요가 있다. 문화란 학문, 예술, 종교 등을 포함한 내면적 정신 활동의 소산이라 할 수 있다. 그에 비해 문명이라 함은 기술이나 첨단 과학 등 보다 실용적인 것으로서 정신적, 물질적 생활에 직접적 편의를 제공할 수 있는 영역을 나타낸다. 물론 문화와 문명을 선을 긋듯이 전혀 다른 개념으로 정의할 수는 없으나 우리의 이해를 돕기 위해 그 구별된 개념을 도입할 수 있을 것이다.

그런 개념 하에서 볼 때 문명은 발전·발달하지만, 문화는 단지 변천할 따름이다. 그러므로 문화사는 문화 발전사나 문화 발달사라기보다 문화 변천사 혹은 문화 역사로 보아야 할 것이다. 그런 측면에서 이 세상에 살았던 사람들을 포함한 모든 사람들은 문화적이(었으)며, 전시대인(前時代人)이 후시대인(後時代人)보다 덜 문화적(文化的)이었다는 말은 성립되지 않는다. 이는 각 시대의 모든 사람들은 각인의 고유한 문화를 소유하고 있었기 때문이다.

이제부터 우리는 인간의 문화사를 공부하게 되는데, 그에 대한 공부를 해야 하는 이유를 먼저 살펴보아야 한다. 우리가 문화사를 공부하는 목적은 단순히 과거에 대한 탐구나 잊혀진 사람들과 사람들의 생활에 대한 막연한 궁금증을 풀기 위한 것이 아니다.

현대(現代)를 살아가고 있는 우리가 이미 지나간 사람들의 없어진 삶을 되살펴 보며 공부하는 가장 중대한 목적은 과거의 역사를 통해 현재(現在)를 올바르게 직시하기 위함이며, 그 가운데 있는 우리(나)를 참되게 인식하기 위함이다.

　인간(人間)의 역사를 올바르게 이해하는 것은 인생의 의미(意味)를 올바르게 깨달을 수 있는 중요한 조건이 된다. 역사적인 굵직한 사건들을 시대별로 연대를 기억하며 세밀히 알고 있다 할지라도 그 흐름의 한 쪽을 크게 오해하고 있다면 우리는 그것을 두고 균형 있는 지식(智識)이라 말하지 않는다. 그런 식으로 지식을 쌓아 가는 것은 겉보기에 화려한 저택을 지으면서 기초를 부실하게 공사하거나 아예 밑공사를 하지 않는 것과도 같다. 겉으로 드러난 건물이 아무리 그럴 듯하고 훌륭해 보일지라도 그 실상은 온전하지 않은 것이다.

　그래서 역사 공부는 단순히 암기(단편적 부분들)하는 것이 아니라 이해(전체적 흐름)하는 공부여야 한다. 우리가 세계 문화사를 공부하는 목적이 전체적 인간 역사를 잘 조망함으로써 '나'와 '우리'를 올바르게 인식하기 위함인 만큼, 그러한 역사 의식(歷史意識)과 더불어 가상(假想)이 아니라 실질적인 역사 이해에 접근해 가야만 할 것이다.

차 례

9장   르네상스와 종교개혁 시대의 세계

10장   절대주의와 인권 혁명 시대

*13*장 지구촌 시대와 위기 사회

부 록

1 장

인간의 출현과 문화

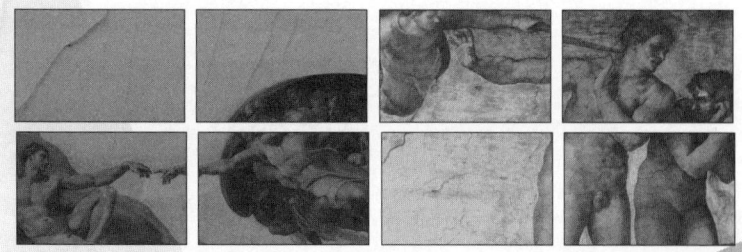

1. 인간의 기원에 대한 오해

오늘날 인간의 기원에 대한 일반적 주장은 터무니없는 가설(假說)에서부터 시작된다. 진화론적 학설을 믿는 학자들은, 인간의 먼 조상은 저등하기 짝이 없는 동물이며, 더 위로 거슬러 올라가면 먼지만도 못한 아메바와 같은 미세한 생명체가 인간의 조상이라고 생각한다. 그런 사람들의 주장대로라면 인간이 만물의 영장이라느니 인간의 존엄성이니 하는 것은 전면 부정될 수밖에 없는 것이다. 더구나 지금 현존하는 인간도 결국은 과도기적 한 생물체에 지나지 않으며, 상상할 수 없는 어떤 괴생물로의 진화 과정의 한 단계적 존재에 지나지 않는다.

그럼에도 불구하고 오늘날의 학자들은 진화론적 가설을 사실인 양 믿으면서, 자라나는 후세대에게 그것을 전하고 가르치고 있다. 그들은 확증 불가능한 생물의 뼈나 인간의 신체 일부분을 지구 여기저기서 한두 개씩 발굴해서는 그것으로서 전체 인간의 기원을 설명하려는 실수를 범하고 있는 것이다. 그래서 보통 우리 모두는 초등학교에 입학하면서부터 원시인들은 어떻게 불을 발견했으며 도구들을 발명했는가에 대해 배워 왔다. 그것이 곧 진화론적 교육의 구체적 암시요 시작인 것이다.

그들은 최초의 인류가 오스트랄로피테쿠스(Australopithecus)라 하는데 약 2-3백만 년 전에 아프리카 남부 지방에 생존했던 것으로 추정한다.

오스트랄로피테쿠스라는 말의 의미는 남쪽의(australo)원숭이(pit-hecus)라는 뜻이다. 인류학자들은 오스트랄로피테쿠스가 사람과(科)에 속했으나 현생 인류(現生人類)와는 상당한 차이가 있었을 것이라고 한다. 즉 그 동물은 인간이 아니라 인간을 닮은 원숭이, 곧 유사인류(類似人類)라는 것이다. 최근 미국의 어떤 인류학자들은 아프리카 케냐에서 화석 인골(化石人骨)을 발굴하고 호모 하빌리스(Homo Habilis)라 명명했는데, 그 생존 연대(生存年代)를 역시 2-3백만 년 전으로 추정했다.

학자들은 각기 가설로써 출발하기 때문에 자체적 모순(矛盾)이 많을 수밖에 없다. 만일 그들의 주장을 이해하려 한다 해도 오스트랄로피테쿠스와 호모 하빌리스의 두개골이 200만 년 전의 것으로 발굴됐다면 그들이 주장하는 그런 생물체(인간의 조상)는 최초의 인간이 아니라 아프리카에 살고 있던 많은 인간의 조상들 중 하나라는 설명이 가능한 것이다. 그렇다면 그 최초의 인간의 조상이라고 하는 존재들의 조상들은 누구였던가 하는 되풀이되는 질문을 하지 않을 수 없다.

그런 끝없는 모순 가운데서도 그들은 나름대로의 주장들을 계승 발전시키고 있다. 그들은 북경 원인(Sinanthropus Pekineusis), 자바 원인(Pithecanthropus Erectus)등 과도기적 동물들을 약 50만 년 전에 생존했던 것으로 추정하면서, 그 신비의 동물들이 앞의 2백만 년 전의 원인(猿人)들보다 신체구조나 지적능력이 훨씬 더 진화했으며 도구의 사용도 훨씬 발전했음이 분명하다고 이야기한다.

1856년 독일의 네안데르탈 계곡에서 발견된 화석 인간은 호모 사피엔스(Homo Sapiens)로서 20만 년 전에 출현했는데 그는 현생 인간의 직접 조상(直接祖上)이라 할 만큼 오늘날의 인간과 유사하다고 한다. 대부분의 인류학자들은 현생 인류는 약 4만 년 전에 유럽에서 출현한 것으로 보고 있다. 현대인의 조상이라 할 수 있는 크로마뇽인(Cromagnon Man)과 그리말디인(Grimaldi Man) 등이 곧 그들이라는 것이다. 물론 그들은 현생 인류(現生人類)의 조상이라 하나 지금의 인류와 동일했던 것은 아니라 한다.

그들은 과거의 유사 인류들에 비해서 엄청나게 진화했지만 현재의 21세기 인류에 비할 때 원시인에 지나지 않았다는 것이다. 그러나 비로소 그들이 타제 석기나 골각기(骨角器)를 사용하기 시작함으로써 인류 역사상 커다란 변화가 시작되었다는 것이다.

진화론자들은 지구 곳곳에서 발견되는 옛날 사람의 두개골을 측정하기도 하고 비교하기도 하면서, 그 크기나 용량을 보아서 큰 쪽이 더 진화된 것으로 추정하고 있다. 그 생김새를 연구하는 기준도 마찬가지다. 즉, 두개골의 생긴 모양을 비교해본 결과 어느 쪽은 더 진화되고 어느 쪽은 덜 진화되었다는 것이다. 보통 시중의 『문화사』와 『세계사』의 맨 앞부분에 나열된 인간의 진화 단계 그림 형태가 곧 그것이다.

여기서 우리는 과학자(科學者)들의 그런 주장이 얼마나 터무니없고 어리석은가 하는 점을 발견하지 않을 수 없다. 오늘날 현존하는 다양한 종족의 두개골 용량이나 모양새가 다 동일하다고 생각하는 자가 우리 가운데 단 한 사람이라도 있는가?

다 같은 성인(成人)이면서 키가 2미터가 넘는 장신의 사람들이 있는가 하면 거의 절반 정도밖에 되지 않는 단신의 사람들도 있다. 그것은 개인적(개별적)인 인간 신체구조뿐만 아니라 종족적·집단적 특성으로 나타나고 있는 것이다. 즉 민족이나 종족에 따라 신체나 두개골의 차이는 엄청나게 다를 수 있는 것이다. 두개골의 형태도 그렇다. 코가 크고 눈이 커다란 서양인들의 두개골과 코가 납작하고 눈이 조그만 동양인들의 두개골의 모양이 같은가?

진화론을 주장하는 사람들이 세운 가설(假設)들은 그런 사실들을 전혀 고려하지 않았으며, 뼈 몇 개로써 전체 인간사를 규정하려는 것은 당위성 자체가 없는 것이다. 이는 마치 달나라에 다녀온 어느 우주인이 돌아와서 마치 온 우주를 샅샅이 뒤져나 본 듯이 "우주에 나가 보니까 거기에는 신 (神)이 없더라. 그러므로 신은 없다"는 식의 단편적이고도 비논리적인 가설을 주장하는 것과 같다.

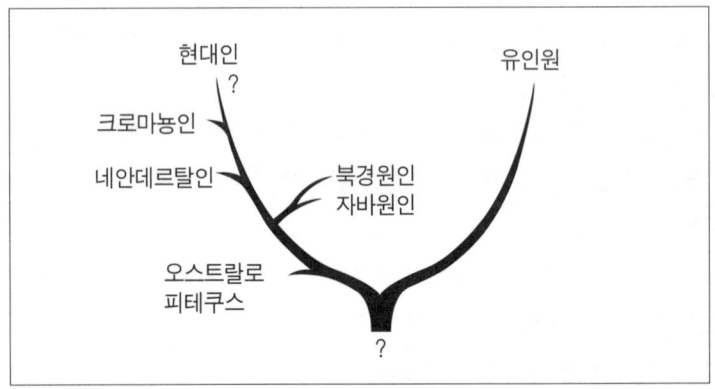

① 인간의 진화 경로

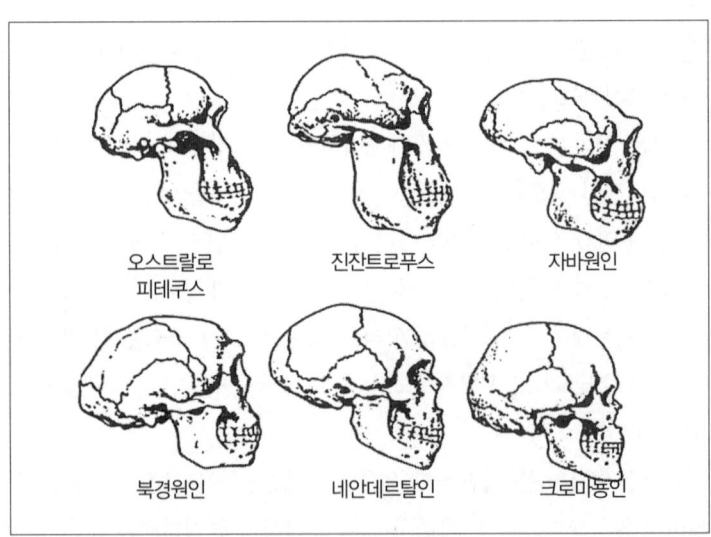

② 인간의 두개골 비교 (상상도)

(그림1. 진화론자들이 조직한 보편 가설적 그림)

2. 인간의 기원

  인간의 기원은 신(神)의 창조로부터 출발한다. 우주의 창조설[1]은 미리 선재(先在)하고 있던 신이 이 세상의 모든 것을 창조했다는 설(說)이다. 성경의 여러 증거들을 종합해 볼 때는 지구상에 인간이 출현한 때는 대략 만여 년 전이 아닌가 추정된다. 물론 인간의 출현은 스스로의 결정이 아니라 전적으로 신의 자기 의사에 따른 것이었다. 인간의 출현이 신의 결정으로 말미암은 것이라면, 신이 인간을 창조한 의도가 무엇이었는가를 생각해 보아야 한다. 즉 신의 인간 창조의 목적을 인간들은 알아야 할 필요가 있으며, 그 신의 목적에 따라 사는 것이 곧 인간의 목적이기도 한 것이다.

  그러므로 인간은 맨처음 이 지구상에 출현할 때부터 인간(人間)의 모습이었다. 즉 인간이 아닌 어떤 모습에서 점점 인간처럼 되어진 것이 아니라 처음부터 인간이었던 것이다. 그러한 인간(ready-made human being)은 절대자 신(神)에 의해서만 가능하다.

---

1) 천지 창조에 관해서는 창조론과 진화론으로 크게 대별된다. 창조론을 주장하는 사람들은 신(神)의 존재를 인정하지만 진화론자들은 신(神)을 부인(否認)한다. 기독교인들은 신(神)이 천지 만물을 창조했음을 믿으며, 구약 성경 창세기 1장의 기록 내용을 그대로 수용한다.

인간과 인류

인간은 무엇이며, 인류는 무엇인가? 인간이라는 말은 '모든 인간은 동일하다'는 의미를 지니고 있다. 이는 물론 현재 지구상에 살고 있는 다양한 족속, 피부빛깔, 문화의 특색에 관계없이 모든 인간은 동일한 인간이라는 뜻을 포함하고 있다. 나아가 우리가 유념해야할 바는 역사상의 모든 인간은 동일하다는 의미를 이해해야 한다. 현재는 물론 미래에 살게 될 인간들이나 과거에 살았던 모든 인간들은 어떤 상이한 배경을 가지고 있을지라도 여전히 동일한 인간이다. 그러나 인류라 하게 되면 상이한 유형의 인간이라는 뜻을 포함하고 있다. 일반 역사학자들은 흔히 유사인류, 고생인류, 현생인류 등의 용어를 사용하고 있다. 모든 인간들은 동일한 것이 아니라는 말이다. 우리가 일반적으로 사용하고 있는 말속에는 위험한 진화론적 개념이 들어있는 것이다. 우리가 언어습관상 '인류'라는 용어를 사용한다 할지라도 그 기본적 의미를 명확하게 이해하는 것은 매우 중요한 일이다.

3. 인간 문화

　인간은 맨처음 지구상에 태어날 때부터 문화적 성격을 지니고 있었다. 모태(母胎)로부터 출생하지 아니하고 신(神)에 의해 직접 지음을 받은 처음 사람들의 원상태는 창조주 신과의 교제(交際)가 매우 원만하였다. 그러나 신으로부터 창조된 인간이 신의 권위 아래 있기를 거부(拒否, 불순종)한 것이 곧, 죄(罪)가 되어 인간 세상을 복잡하게 만들어 버렸다.

　그 죄(罪)로 말미암아, 원래의 신성(神性)한 인간 본연의 성질이 상당히 상실되고 미래를 향해 전개되는 인간의 역사가 심히 혼잡스럽게 되어간 것이다. 하지만 우리가 생각하는 바 문화적 성격은 계승된다. 즉 다른 동물들과는 차이 나는 인간의 고유한 속성을 모든 인간들이 여전히 가지고 있었던 것이다.

기독교 관점에서 본 세계문화사

성선설과 성악설

　철학자들은 인간이 선하게 태어나느냐 아니면 악하게 태어나느냐에 대한 관심을 꾸준히 가져왔다. 성선설이란, 원래 인간이 선하게 태어났으나 생존을 위한 삶의 과정에서 점점 악해져 간다는 것이다. 한편 성악설이란, 원래 인간이 악하게 태어났으나 성장해 가면서 교육을

통해 점점 선하게 되어 간다는 것이다. 그렇다면 기독교에서는 어떻게 보는가? 기독교에서는 성선설과 성악설 둘 다 받아들이지 않는다. 인간이 원래부터 죄인이라는 측면에서는 성악설을 받아들이는 것 같으나 그것은 기독교에서 말하는 원죄이론과 다르다. 기독교의 원죄이론에서는 인간이 악하게 태어나서 점차 선한 사람으로 교화되어 가는 존재가 아니라 하나님을 배반한 존재로 태어난 인간은 성장한 후에도 여전히 악할 수밖에 없는 존재이다. 즉 기독교에서는 윤리적 존재로서 인간을 논하지 않는다.

아담(Adam)과 하와(Eve)가 범죄한 직후 나뭇잎을 엮어 만들어 초기 의상으로 사용했던 것은 고도의 지적(知的)기능을 요하는 가공 방법을 알지 못하는 원시성 때문이 아니었다. 그것은 그 동안 하나님의 은혜로만 전적인 삶을 누려 왔던 초기 인간들(아담과 하와)의 미경험적 생활의 시작이라고 보아야 한다. 아담 이후의 인간들은 처음부터 문화적이었으며 나름대로 수준 높은 문명 생활을 누리고 있었던 것이 틀림없다. 초기의 인간들이 현대인보다 지능 지수가 낮았다던지 비문화적인 출발을 했던 것으로 여기는 것은 인간에 관한 본질적인 오해에서 기인한 것이다.

성경 창세기에는 초기 인간들이 얼마나 문화적이었던가 하는 것이 여실히 증명되어 있다. 모든 인간의 처음 조상인 아담의 자녀들은 양을 치는 목축업과 농사를 짓는 농업으로 생업(生業)을 이어 갔던 것이다. 진화론적 인간의 출현을 수용하는 학자들이 인간 초기 단계의 원시인들이 야만적인 생활을 했다는 주장과는 얼마나 상반되는 내용인가! 그뿐만 아니라 아담(Adam)에서 불과 몇 세대를 지나지 않았을 때[2]의 인간의 문화생활이 얼마나 수준이 높았는가에 대해 성경이 증거한다. 그들은 그때 이미

---

2) 그 시기는 역시 아담과 동시대(同時代)였다.

거문고와 같은 현악기를 다루었고 퉁소와 같은 관악기를 소유했다. 뿐만 아니라 시작(詩作)활동을 했으며 토목술이 발달해 있었다. 그것은 문화인들의 생활을 의미하는 것이다. 또한 그들은 효과적인 생업을 위해 철제 물건들을 전문적으로 제작하였으며, 그것들을 목적에 따라 이용했다(창 4:21 이하 참조).

이러한 성경의 증거들을 볼 때, 일반 학자들이 주장하는 인간사적인 견지에서의 구석기 시대니 신석기 시대, 철기 시대를 운운하는 것은 전면적으로 재해석되지 않으면 안 되는 것이다. 인류가 원시 시대를 거치는 동안 어느 때부터 불을 사용하기 시작했으며 어느 때부터 도구를 사용하기 시작했다는 식의 주장은 터무니없는 주장이다.

구석기 시대와 원시 시대는 없었다

인간역사 가운데 과연 구석기 시대나 신석기 시대가 있었는가? 인간의 과거에 원시 시대가 있었는가? 아니다. 인간의 과거에는 구석기 시대나 신석기 시대, 그리고 원시 시대는 존재하지 않는다. 단지 바벨탑 사건 이후 인간들이 전 세계로 흩어지는 과정에서 '미개상태'로 돌입하게 된다. 오늘날 많은 학자들이 구석기 시대의 유물을 발견했다고 주장하는 것은 바벨탑 이후에 흩어져 사는 인간들의 삶의 흔적을 발견한 것일 따름이다.

구석기 시대, 원시 시대 등의 용어는 19세기 후반에 서구에서 생겨난 용어들이다. 이러한 시대 구분을 처음 시도한 사람은 덴마크 코펜하겐 박물관장이었던 톰센(Thomsen, Christian Jurgensen: 1788-1865)이었다. 그는 〈석기 시대 - 청동기 시대 - 철기 시대〉로 시대를 구분했지만 나중 러버크가 〈석기 시대〉를 다시 〈구석기 시대〉와 〈신석기 시대〉로 구분하게 되었다.

인간의 연령

인간의 표준 연령은 과연 몇 살인가? 원래 인간은 900살 정도 살 수 있는 존재였다. 창세기를 보면 노아 홍수 이전의 사람들은 대개 900살 정도 살았음을 알 수 있다. 현대를 살아가는 우리로서는 납득할 수 없는 일이다. 그러다 보니 현대인들은 성경의 그런 기록은 신화로 이해하려고 한다. 결코 있을 수 없는 일이라는 것이다. 그러나 좀더 냉철하게 생각해 보자. 만일 노아 홍수 이전의 사람들에게 미래의 인간들은 그저 70년 정도 살게 될 것이라 이야기했다고 가정해 보자. 그러면 그 사람들은 깜짝 놀랄 것이다. 오늘날 우리가 과거 인간의 수명이 900살 정도 되었다는 사실에 놀라는 것 보다, 그들이 미래의 인간의 수명이  70살 정도 되리라는 이야기를 듣고 놀라는 정도가 훨씬 클 것이다. 우리는 현대인들의 수명을 기준으로 모든 것을 해석하려는 오류를 범해서는 안된다.

물론 아담(Adam) 이후의 극히 짧은 기간 동안 어떻게 사람들이 철을 제련하여 사용하는 방법을 알았으며 정교한 악기들을 만들 수 있었던가에 관해서는 우리가 구체적으로 알 수 없다. 우리는 성경이 계시해 주는 바 역사적 사건을 알 수 있을 뿐 더이상 세부적인 것은 알지 못한다(그렇지만 미래의 더 발전적인 과학이 그에 대해 어느 정도 증거할 수 있을지도 모르는 그 가능성까지 배제하는 것은 아니다). 그렇지만 우리는 그것을 하나님께서 인간에게 베푸신 특별한 일반은총으로 이해할 수 있을 것이다.

인간의 초기 역사에 대해서는 하나님께서 정확하게 알고 계시며, 또한 다른 역사적 형편들과 마찬가지로 그 당시에 살았던 사람들만이 가장 잘 알고 있었을 것이다. 그러므로 현대에 사는 우리에게 있어서 그때의 실질적 문명의 도입은 그것이 밝혀질 수 있을 때까지는 신비(神秘)에 속한다.

이제 잘못된 역사관으로써 인간의 과거, 현재, 미래를 논(論)하려는 자들의 견해를 살펴보자. 대표적으로 생각할 수 있는 학자들 가운데 칼 마르크스(K.Marx)는 역사 법칙으로서의 사관(史觀)을 가지고 논리를 전개했다. 그는 인간 사회가 경제적인 속성을 따라 크게 다섯 묶음으로 구별된 사회로 발전한다고 주장했다. 즉, 곧 원시 공산제 사회에서 고대 노예제 사회로, 그리고 고대 노예제 사회에서 중세 봉건 사회와 근대 자본주의 사회를 거쳐 사회주의 사회로 지향해 가는 일정한 법칙 속에서 역사가 발전해 가고 있다는 것이다.

지금은 소련을 비롯한 공산주의 국가가 붕괴됨으로 그 이론이 설득력을 잃었지만, 한때 지구상의 많은 학자들이 그의 주장에 크게 영향을 받았다. 그래서 수많은 학자들을 비롯해 엄청난 수의 사람들이 사회주의 국가의 실현을 꾀해 왔던 것이다. 물론 일반학자들은 지금도, 마지막 단계인 사회주의 사회의 실현을 제외한 앞의 네 단계에 대해서는 상당히 신뢰하고 있다. 그러나 유물사관(遺物史觀)적이며 진화론적인 그런 주장은 인간의 머리로 상상해 낸 이론일 뿐, 전체 인간 역사를 설명할 수 있는 내용이 아님을 안다. 마르크스(Marx)가 예견했던 유토피아는 결국 이루어질 수 없음을 우리는 보았으며, 인간은 결코 그런 역사 법칙의 틀 안에서 그 역사를 전개한 것이 아님이 확증된 것이다.

역사 이해를 위한 기본적인 틀

역사를 올바르게 이해하기 위해서는 그 기본적인 틀을 이해해야 한다. 진화론자들은 항상 역사 해석을 현재 중심으로 한다. 현재로부터 과거로 갈수록 점차로 희미해지며 동시에 미래로 갈수록 불확실해진다. 그러므로 과거의 끝과 미래의 끝에 대해서는 알 수 없는 영역에 속한다. 그러나 진화론자들은 인간의 상상에 의한 논리를 제시하며 학문화하려고 한다. 이에 비해 기독교인들의 역사의 틀은 현재 중심이 아

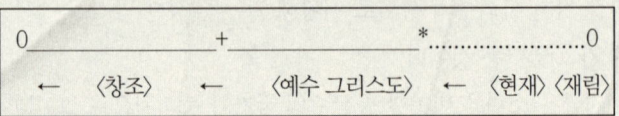

나라 처음과 끝, 즉 태초에 하나님께서 천지를 창조하신 때와 예수 그리스도의 재림으로 인해 세상이 끝나는 때가 명확히 역사를 붙들어주는 기준이 된다. 그 역사 가운데 있는 예수 그리스도의 십자가 사건은 역사의 핵심이며, '현재'를 살고 있는 인간의 삶은 그 역사에 대한 이해로부터 발생한다. 이를 도표로 그리면 다음과 같다.

```
0_____+_____*....................0
   ← 〈창조〉   ←    〈예수 그리스도〉  ←  〈현재〉 〈재림〉
```

2 장

후기 인간 문화의 전개

1. 기존 인간 문명의 대파멸:대홍수

노아(Noah) 홍수가 있기 직전의 세계 문명은 엄청나게 발달해 있었다.

그 당시 사람들의 삶은 오랜 수명을 살면서 먹고 마시고 인생을 누리는 데 모든 관심들을 집중하고 있었던 것이 틀림없다. 그런 유형의 삶은 상당히 진척된 문명 세계를 바탕으로 하고 있는 것이다.

물론 그들의 문명화된 사회의 구체적 내용들을 우리가 면밀히 알아볼 수는 없으나 그 당시의 진보된 생활 여건들은 충분히 짐작할 수 있다. 예를 들어, 노아의 방주만 해도 그렇다. 노아라는 나이 많은 노인이 혼자서 원시적인 방법으로 나무 조각들을 하나하나 갖다 모아 그 거대한 배를 건조했다고 생각한다면 그것은 잘못이다. 더구나 120년이란 긴 세월 동안 혼자서 미개(未開)한 방법을 사용해 방주를 지었다는 것은 타당성 없는 설명이다. 노아가 배를 건조할 당시 해양에는 많은 선박들이 떠다니고 있었을 것이며, 그 배들은 상당히 과학적(科學的)인 방법으로 건조되었을 것이다. 우리가 그런 사실을 염두에 둔다면, 노아가 지은 엄청나게 큰 배 역시 과학적으로 설계되고 건조되었음은 의심할 여지가 없다.

인간을 창조하신 신(神)은 그 인간들을 심판하려고 작정하시는데 그 이유는 인간들이 자신을 창조하신 신을 잊고(버리고), 자기들이 스스로 만든 대상들에만 관심을 가지며 누리려 했기 때문이다. 결국 하나님께서는 인간들과 그들의 문명을 대홍수로 멸망시키시고, 그 가운데 선택(選擇)한 몇 사람만 남겨 두시게 된다. 당시의 모든 문명의 유산(遺産)들은 대홍수와 지구의 대지각 변화로 말미암아 자취를 감추고 만다.

노아 홍수 이전의 인간의 종교

노아 홍수 이전에 살던 사람들의 종교는 무엇이었을까? 홍수 이전의 사람들도 종교적이었다. 우리는 홍수 이전 사람들의 타락상을 잘 알고 있다. 그들은 먹고 마시고 시집가고 장가가기를 좋아했다.

그렇다면 타락한 그들은 어떤 종교를 믿었을까? 그들은 유일신 하나님을 믿었다. 그러나 그들의 신앙은 잘못된 것이었다. 그들은 하나님을 믿었지만 자기를 위한 방편으로 하나님을 믿었던 것이다. 즉 하나님을 믿음으로써 자기가 잘 먹고 잘 살기를 바라며 그것을 종교의 목적인 양 생각했던 것이다. 그들은 하나님께서 인간 역사를 통해 회복하시고자 하는 그 뜻을 알고 순종하기 보다 자기들이 이 세상에서  먹고 마시고 행복한 가정을 이루는 것을 삶의 목적으로 생각했던 것이다. 결국 하나님께서는 그들의 삶의 행태를 보고 한탄하시면서 그들을 심판하기로 작정하셨다. 그들이 유일신 하나님을 신앙했음에도 불구하고 잘못된 신앙을 가졌던 것을 생각해 본다.

2. 문명 계승의 중단

노아(Noah) 때의 대홍수는 인간사(人間事)를 크게 구분 짓는 역할을 하게 된다. 지구 덩어리에 발을 붙이고 살던 모든 사람들은 지구의 대재난으로 인해 하나님께서 남겨 두기로 작정한 소수의 사람들(八人:노아 부부와 세 아들들의 부부) 이외에는 다 죽어 버렸다. 그때 얼마나 많은 인구가 지구상에 살고 있었는지는 알 수 없으나, 하나님의 '보호하심'을 입은 자들 이외에는 다 죽었다.

이때 모든 사람들이 한꺼번에 죽었다는 의미는 문명과 모든 기술, 기능들의 계승이 단절됨을 의미한다. 대홍수 이전에 존재해 있었던 많은 문명들이 일시에 초토화되고, 살아남은 몇 명의 사람들은 대홍수 이전 시대의 문명에 대한 기억만 남아 있을 뿐 실제적으로 잔존하는 것은 아무 것도 없었을 것이다. 대홍수와 대지각 변동으로 말미암아 아마도 모든 문명들이 땅 속으로 묻히고 말았을 것이다. 우리가 추론할 수 있는 것은 노아의 배와 그 배에 실려 있던 극히 일부 문명의 도구들만이 보존(保存)되었을 것이란 사실이다.

이를테면 가정생활을 위한 물건들이나 큰 배를 움직이는 기구들, 그 외에 한정된 '과거의 문명'들만 배에 실려 남아 있었을 것이다.

인간의 대재앙(홍수)이 끝난 뒤 살아남은 사람들은 과거의 문명에 대한 기억과 더불어 남아 있는 도구들을 그 기능이 다할 때까지 사용했을 것이다. 그러나 그들은 그것을 사용할 수는 있었으나 그것을 다시 만들지는 못했을 것이다. 이를테면 그들이 배에 보관하고 있던 의복들은 그 옷이 다해어질 때까지 입었겠지만 그 옷들이 다 떨어지고 난 후 다시 베를 짜고 옷을 만들어 입는 재주는 가지고 있지 못했던 것이다. 이러한 영향은 의복뿐 아니라 모든 생활의 영역에서 동일하게 나타났을 터인데, 그것은 문명 계승의 중단(中斷)을 의미하는 것이다.

노아 홍수는 국지적이었을까?

노아 홍수는 국지적이었을까, 아니면 전세계적이었을까? 어떤 사람들은 세계에서 가장 높은 산인 에베레스트 산까지 물로 완전히 덮는 것은 불가능하다고 이야기한다. 그러나 우리가 알아야할 바는 노아 홍수 이전의 지형은 현재 우리가 경험하고 있는 지형과 다르다는 점이다. 그때는 지금처럼 오대양 육대주가 아닌 다른 지형이었다. 당시의 산들은 지금처럼 높았던 것이 아니라 지금보다 훨씬 낮았다. 대홍수 중 하늘이 열리고 땅이 터지면서 지금과 같은 세계지형이 이루어졌다. 하나님께서는 전 세계를 뒤덮는 노아 홍수를 통해 지구상의 모든 동물들을 홍수로 심판하셨다.

그들이 홍수가 끝난 후 방주로부터 나왔을 때 그들이 살았던 과거의 세상은 온데간데 없었을 것이다. 워낙 큰 비에다 땅 속에서 샘들이 터지고 엄청난 지각 변동이 있었으므로 원래 그들이 살던 곳은 완전히 뒤바뀌었다. 노아의 가족이 방주에서 내려왔을 때 그들 앞에는 공허한 도시도, 폐허된 가옥도, 죽은 사람들의 시체도 널려 있지 않았던 것이다.

그들의 눈앞에 펼쳐진 세상(世上)은 전혀 새로운 세계였다. 그곳에서 그들은 방주에 보관했던 포도나무와 식물(곡물)들의 씨앗을 뿌리며 새로운 인간의 삶을 시작하지 않으면 안 되었던 것이다. 그리고 방주 안에서 함께 보존(保存)되었던 가축들을 기르며 농업과 함께 소위 1차 산업 사회를 시작했던 것이다.

3. 급격한 문명의 퇴보

　정말 중요한 문제는 바로 그 다음 세대(世代)에 일어난다. 그 살아 남은 사람들을 통해 태어난 자녀들은 그 이전 시대의 문명적 혜택을 직접 누려 본 경험이 없는 자들이었다. 그 홍수 세대의 사람들은 저들의 자녀들에게 이전 시대(以前時代)에 대한 설명을 했겠지만, 그 자녀들에게는 그것이 옛날 이야기 이상으로 들리지 않았을 것이다. 불과 몇십 년 전만해도 지구 위에 많은 사람들이 살고 있어서 도시 문명이 극도로 발달했으며, 그곳에는 수십 층의 고층 건물이 있었을 뿐 아니라 인간들의 생활을 편리하게 해주는 생활용품들이 가득히 있었다고 설령 그 부모들이 자녀들에게 이야기했다 하더라도, 그 부모들 앞에 앉아 있는 아이들은 그 이야기 내용을 이해하지 못했을 것이다.

　우리는 오히려 그 자녀들이 부모들의 말을 곧이곧대로 믿었을까에 대해 의심할 수 있다. 세월이 흘러 모든 자연들이 제 모습들을 회복하고 있는 세상 속에서는 홍수 사건마저도 그들과는 무관한 사건이었다. 나중에 세월이 더욱 흘러감에 따라 원래의 홍수 세대가 다 죽고 났을 때, 후세들에게는 그것이 마치 신화(神話)[3]나 지어낸 이야기로밖에는 들리지 않았을 수 있을 것이다. 이제 인간들은 문명 세계(文明世界)의 아무런 찌꺼기도 남아 있지 않은 세대에서, 그리고 새롭게 변화해 가는 환경조건 가운데서, 마치 원시인(原始人)[4]처럼 새로운 삶에 대한 투쟁을 해 나갈 수밖에 없었던 것이다.

---

3) 길가메쉬 서사시나 중국의 홍수 설화 등 대홍수에 대한 이야기가 성경 이외에도 나타나는 것은 조상들로부터 전승된 내용의 와전이다. 세속 학자들은 성경의 홍수 기사가 그런 설화들의 영향을 받은 것이라 거꾸로 주장하는데, 그것은 그 사건에 대한 본질적인 이해 부족 때문이다.
4) 급격한 문화의 퇴보에 대해 하나의 예화를 들어 보자. 한 가족이 남태평양의 어느 섬(무인도) 부근을 지나다가, 타고 가던 배의 기관 고장으로 인해 그 섬에 내려 살게 되었다. 그 가족은 배에 싣고 있던 도구들과 문명의 이기들도 함께 내렸다. 그들이 가졌던 도구들이 처음 얼마 동안은 매우 유용하게 쓰였다. 옷가지라든지 톱이나 칼 등은 큰 도움이 되었다. 그렇지만 TV라든지 컴퓨터 같은 전기, 전자 제품은 애초부터 무용지물이 될 수밖에 없었다. 그후 세월이 흘러 많은 자녀들이 태어났다. 그러나 그자들은 선대(先代)의 문명과는 아무런 관계가 없을 수밖에 없었다. 그들의 부모는 고도로 발달된 문명의 이기 속에서 살았음에도 불구하고 쇠로 된 못 하나도 스스로 만들지 못했기 때문이다. 결국 그 섬은 우리가 상상하는 원시 사회처럼 될 수밖에 없었던 것이다.

3 장

인간 문화의 새로운 전기(轉機)

1. 바벨탑 사건

노아 홍수에서 바벨탑 사건까지는 인간들이 어느 정도 균일(均一)한 문화를 소유하고 있었던 시대로 이해할 수 있다. 물론 노아의 세 아들들의 후손들이 지구 위 이곳저곳으로 흩어지므로 독립 문화를 이루어 갈 수 있었겠지만, 그때까지는 세계의 언어(言語)가 동일했기 때문에 어느 정도 통합된 문화를 소유할 수 있었을 것이므로 추정할 수 있는 것이다.

하나님의 심판(審判)을 이미 경험한 인간들이었지만 모두가 그것을 직접 경험한 것이 아니었으므로 인간들은 그것을 곧 잊었다. 그래서 그들은 또다시 신(神)을 무시한 삶을 위한 인간의 연합을 시도하게 되는데, 그것이 곧 바벨탑 건립(建立)이다. 인간들은 거대한 탑을 하늘로 치솟게 함으로써 스스로의 능력을 과시하고자 했던 것이다.

신은 그런 인간들을 또다시 심판하게 되는데, 그 심판의 내용은 다양한 언어(言語)를 통한 분산으로, 그것을 우리는 바벨탑 사건이라 부른다. 바로 이 바벨탑 사건으로 말미암아 인간들은 서로간에 원활한 의사소통을 할 수 없게 되었고, 결국 커뮤니케이션의 결핍으로 인해 서로 다투다가 각기 제 갈 길로 가게 된다.

2. 인간 문화의 새로운 양상

　인간들이 사용하는 언어가 혼잡하게 되어 여럿으로 나뉘게 되자 인간의 문화는 그 자체가 다양성(多樣性)과 독자성(獨自性)을 가지게 되므로 또다시 급격한 변화를 겪게 된다. 그리고 그 언어에 따라 흩어져 사는 사람들이 자녀를 낳고 인구가 늘어 감에 따라 복잡한 종족 집단이 생겨나게 된다. 흔히 우리가 말하는 종족별 씨족 사회니 부족 사회니 하는 것이 이때부터 형성되기 시작한 것이다. 언어(言語)와 혈통(血統)을 기준으로 사람들이 동질 집단을 형성하는 것은 지극히 자연스럽다.

　소유(所有)하려는 인간의 욕망은 점차 종족간의 갈등과 정복심을 유발하게 되어 힘이 강하게 된 종족은 더 큰 무리를 지었을 것이며, 그렇지 못한 종족들은 강한 종족에 흡수되거나 더 멀리 이주해 갔을 것이다. 그러하여 언어(言語)로 말미암아 분산(分散)된 각 종족들은 점차 온 세계로 흩어져 나름대로의 고유한 문화들을 형성하게 되었던 것이다.

3. 미개(未開)한 시대로의 돌입

바벨탑 사건 때 특별한 기술이나 기능이 없이 분산(分散)되었던 많은 신어족(新語族)들은 멀리 타 지역으로 옮겨 가면서 점차 미개한 형편으로 나아갈 수밖에 없었을 것이다.

그 사람들은 생업(生業)에 필요한 특별한 기술의 결여와 도구들의 절대부족으로 인해 순수 자연에 의존할 수밖에 없는 처지가 되었을 것이다. 그들은 우선 손쉬운 방법으로 나무의 과일들을 따먹기도 하고, 산에 있는 동물이나 바다나 강에 있는 물고기를 잡아먹으면서 소위 자연 의존의 생활을 했을 것이다.

기독교 관점에서 본 세계문화사

원시형 종교들의 발흥

바벨탑 사건 이후 사람들은 동서 사방으로 흩어지게 된다. 그 이전까지 언어가 하나일 때는 종교도 다양하지 않았으며 원시형 종교들이 있지 않았다. 그러나 소수의 무리 지은 사람들이 낯선 곳으로 흩어지면서 그들은 두려움을 느끼게 된다. 추운 지방으로 가는 사람들은 매서운 겨울나기가 쉽지 않았을 것이며 열대지방으로 가는 사람들 역시 위험하고 사나운 맹수들을 만났을 것이다. 뿐만 아니라 폭설과 가뭄 등 기상변화는 삶 자체를 위협했을 것이다. 바닷가로 이주해 가면서

사람들은 무서운 파도를 경험하기도 했을 것이다. 사람들은 멀리 이주해 가는 동안 점차 하나님을 잊었을 것이며 힘들고 불안한 생활 가운데 의지할 만한 다른 신들을 두게 된다. 그것이 샤머니즘, 토테미즘, 애니미즘 등 다양한 원시형 종교형태로 나타난다.

그러나 일반학자들이 주장(主張)하는 구석기 시대는 인간의 역사(歷史) 가운데 있지 않았다. 사람들의 지능이 낮아서 돌과 같은 물건을 가공하지도 못한 채 사용했다는 것은 있을 수 없다. 그렇지만 신석기 시대라고 일컫는 시대와 유사한 시대가 지역과 연대에 따라 상이(相異)한 형태로 나타날 수는 있었을 것이다. 다른 도구들이 없을 때 편리한 대로 가까이 있는 돌이나 나무와 같은 원재료들을 적절하게 가공해서 생활에 응용할 수는 있었을 것이다. 오늘날 고고학자(考古學者)들이나 사학자(史學者)들이 발굴하는 석기 시대 유물이란 바로 그렇게 해서 생겨난 것들이다.

그러나 우리는 구석기 시대, 신석기 시대, 청동기 시대, 철기 시대라고 하는 인간사에 있어서 획일적(劃一的)인 시대 구분(時代區分)은 인정하지 않는다. 즉 앞에서 언급한 바 지구의 어떤 곳에서는 석기가 주로 사용되던 동시대에 지구의 다른 어떤 곳에서는 철기가 사용되고 있었던 것이다. 그렇지만 우리는 바벨탑 사건 이후부터 언어(言語)로 인해 다양화된 종족들이 전반적으로는 미개(未開)[5]한 시대로 돌입한 것으로 추정할 수 있는 것이다.

---

5) 첨단 과학을 자랑하는 20세기에도 아프리카의 특정한 지역에는 미개한 종족들이 살고 있다. 그들 가운데는 실오라기 하나 걸치지 않고 우리가 생각하는 바 문명의 혜택을 전혀 받지 못한 채 살고 있다. 오늘날 지구상에 그런 종족이 군데군데 있다고해서 누가 20세기를 원시 시대라 할 것인가?

4 장

고대 문명에 관해
(아브라함 이전 시대)

1. 소위 말하는 문명의 발상지

**인간 역사를 시대적으로 구분 짓는데 아브라함을
그 중심 위치에 둘 수 있는가?**

역사에 있어서 시대 구분은 매우 중요하다. 중세 이후의 시대 구분은 다양하게 이루어지고 있으나 고대사에 있어서는 그것이 잘되지 않고 있다. 필자는 인간의 고대사에서 노아 홍수와 바벨탑 사건을 매우 중요한 시대 구분의 획으로 보고 있다. 그 사건들의 의미를 아는 성도라면 이에 대해 별 이의가 없을 것이다. 그러나 아브라함을 고대사를 구분 짓는 중심 위치에 둔다는 것은 그리 간단한 문제가 아니다. 영적인 의미가 강한 한 인물을 전체 인간 역사를 시대 구분하는 기준으로 삼는 점에 대해 부정적인 시각을 가질 수 있을 것이기 때문이다. 그렇지만 당시 주변 국가들의 형편을 고려하여, 아브라함을 시대 구분의 중심 자리에 두면서 역사 이해에 도움을 받을 수 있다면 긍정적으로 이해할 수 있으리라 생각된다. 특히 기독교의 구속사를 이해하는 성도의 입장에서 본다면 더욱 그러하다.

바벨탑 사건으로 인해 분산(分散)된 사람들은 다시금, 살기에 적절하고 편리한 지역으로 몰려들게 된다. 미지(未知)의 세계를 유리하던 각 종족들이 생활에 용이한 곳을 찾아 헤매다가 물이 풍족한 큰 강 유역으로 거처를 정하게 된 것이다.

일반 학자들은 인간의 4대 문명의 발상지(發祥地)라 하여 티그리스-유프라테스 강 유역, 나일 강 유역, 인더스 강 유역, 황하 강 유역을 꼽는다. 앞에서 이야기한 것처럼 물이 있어 생활이 편리한 곳에 사람들이 모여든 것은 지극히 당연한 일이다. 바로 그 당위성으로 말미암아 그곳이 다른 지역에 비해 미리 발전될 수 있었던 일이다.

그러나 그런 큰 강 유역들이 새로 시작되는 인간 문명의 발흥지이기는 하지만, 일반 학자들이 말하는 그 문명의 발상지라는 개념과는 근본적으로 다르다. 그들이 생각하기로는 문명이라는 것을 전혀 체험해 보지 못한 인간들의 진화적(進化的) 결실(結實)이 그때 즈음 일어나기 시작했다고 보는 것이다.

그렇지만 우리의 생각은 그렇지 않다.[6] 우리는 언어(言語)로 말미암은 대분산으로 인해 미개(未開)를 체험한 인간의 새로운 문명에 대한 시도가 그때 즈음 일어나고 있었다고 보는 것이다.

- 잘 알려져 있지 않은 세계

오늘날 일반적으로 인간 문화의 시발지(始發地)였다고 주장되는 중·근동지역의 형편에 대해서 우리가 알고 있는 지식들은 아주 미미하다. 그렇지만 그 세계에 대해서 우리가 알고 있는 것은 오늘날의 아라비아 반도와 터키 지방을 포함한 북쪽 지역과 아프리카 북부 지역으로 크게 나누어진 문화 여건들을 소유하고 있었다는 점이다. 북쪽 지역을 메소포타미아(사

---

6) 우리는 일반 학자들의 주장을 받아들이지 않는다. 그들은 진화된 원시인들이 여러 지역에서 다양한 문화와 문명을 창출하기 시작했다고 생각한다. 그러나 우리는 신(神)의 교훈을 저버린 인간들이 신(神)의 심판을 받은 후 새로운 문명을 시작한 것으로 믿는다.

실은 메소포타미아가 북쪽 지역의 중심 역할을 한 것으로 봄) 지역. 남쪽을 이집트 지역으로 볼 때 양쪽은 서로 다른 여건들을 가지고 있었음을 알게 된다. 즉, 메소포타미아를 중심으로 한 북쪽 지역은 자연 환경(自然環境)이 지리적으로 개방되어 있어서 항상 인종적·문화적인 측면에서 긴장과 교류가 활발했었다. 따라서 때로 예상되는 외부의 침입에 대한 대비를 하기도하고 서로간에 합병이나 분리되는 경우가 빈번했던 것으로 보인다. 생활양식이나 수단에 있어서도 목축과 농업 생활을 하는 가운데 활발한 교역들이 이루어졌을 것이다.

이에 반해 남쪽 이집트 지역은 자연 환경상 폐쇄적이고 독자적인 문화를 형성해 갔을 것으로 생각된다. 외부의 침입이 잦지 않아 고유한 테두리 안에서 문명이 발달해 감으로써 동일 문명의 진척에 있어서 유리했던 것으로 보인다.

양쪽 지역 모두 B.C. 3500년 이전부터 저들의 문화와 문명이 분명하게 존재하고 있었음이 현대에 알려져 있으며, 오늘날의 많은 고고학적(考古學的) 증거들이 그 당시를 조금씩 조금씩 밝혀 내고 있음은 우리의 관심을 끌기에 족하다.

– 하나님의 세계 간섭의 시기

노아 때의 대홍수로 말미암아 모든 문명의 파멸을 겪은 인류는 앞에서 살펴본 것처럼 바벨탑 사건으로 말미암아 또다시 엄청난 홍역을 치르게 된다. 대홍수와 바벨탑 사건 이후부터 비로소 오늘날 우리가 경험하고 있는 세계가 형성되었다고 사료된다.

즉, 노아 홍수 이전의 사람들이 생활하던 지구상의 지형의 형태들은 홍수 사건으로 말미암아 끝이 나고, 오늘날의 오대양 육대주의 골격이 그때 이루어진 것이다. 물론 태초에 하나님께서 창조(創造)하셨던 지구의 모습이 완전히 없어진 것은 아니며, 그 기본틀은 어느 정도 유지된 듯하다.[7] 말하자면 전혀 다른 모형이 아니라 크게 변화된 새로운 모습의 세상으로 바뀌어진 것이다. 그 후부터 인간의 외형적 모습들도 다양하게 변했을 것으로 생각된다. 대홍수 이전의 사람들은 넓은 견지에서는 외모상 동일 형상이었을 것이다.

그 홍수 이후 노아의 세 자녀들로부터 태어난 자녀들이 지구에 흩어지기 시작하면서 오늘날 우리가 보는 바 백인종, 황인종, 흑인종이라 불리우는 인종적 분화(分化)가 시작되었을 것으로 보인다. 노아 시대 이후, 사람들의 피부 빛깔이나 외형이 점차 다양화되어 갔던 것이다. 그런 측면에서 생각하면 인간의 외형이나 피부 빛깔이 다양한 것은 하나님의 심판(審判)에 의한 흔적으로 볼 수도 있을 것이다.

그렇지만 그때까지만 해도 모든 인간의 언어(言語)는 하나였다. 피부빛깔과 외형의 점차적인 변화에도 불구하고 인류는 하나의 언어를 사용함으로 전체 문화적 통일의 기반 위에서 역사를 전개해 나간다. 그러나 인간들은 또다시 하나님의 말씀을 무시하여 자신의 생각을 추구하다가 하나님의 심판을 부르게 된다. 그 심판으로 말미암아 이 지구상에는 다양한 언어족(言語族)들이 생겨나게 된 것이다. 지금 현재의 세계 사람들이 4계절을 경험하고 있는 바 자연의 변화와 지형의 구조, 그리고 각기 다른 인종(人種)의 존재와 그 언어들은 노아의 홍수와 바벨탑 사건 이후부터 이루어진 것이다.

노아 홍수 이후의 사람들로부터 아브라함 이전의 사람들은 어떻게 하나님을 알아 섬기며 경배했을까? 노아부터 아브라함 사이의 시대를 하나님의 세계 간섭의 시기라 할 수 있다. 그때는 하나님을 섬기고 경배함에 있어서 율법적 전형(典型)이 있지 않았다. 그 시대에는 하나님께서 특수한

---

7) 창세기 2장 10절 이하의 내용을 참조할 수 있을 것이다.

사람이나 특정한 민족 혹은 국가를 특별히 선택(選擇)하여 자신을 계시하신 것이 아니라, 스스로의 기쁘신 뜻에 따라 민족과 국가의 차별 없이 이미 만세전에 택하신 여러 개인들에게 계시하셨다.

노아와 그 가족들은 대홍수를 직접 체험하면서 하나님의 뜻을 알았을 것이고, 그들은 새로 태어난 인간들에게 그 사실을 계속하여 전하였을 것이다. 그런 '가르침'은 오랜 세월이 흘러감에 따라 차등적으로 전달되었을 것이 틀림없다. 즉, 어떤 사람들은 조상들로부터 전달받은 그 '신앙'을 순수히 지켰을 것이며, 또 다른 어떤 사람들은 그 '신앙'을 버렸을 것이다.

그것은 개인(個人)이나 집단(集團)에 공히 적용될 수 있다. 예를 들어서 지금의 아프리카로 간 초기 사람들 가운데 어떤 사람들은 비교적 오랫동안 하나님에 관해서(그의 존재와 섬김의 의미 등) 기억하여 가르친 경우도 있었을 것이고, 지금의 아시아 동쪽이나 아메리카 대륙으로 점점 나아가던 사람들 가운데는 노아 시대를 심판하신 그 하나님에 대해서 빨리 잊어버린 자들도 있었을 것이다. 그 하나님을 기억하지 못한 자들의 자녀들이 오늘날의 많은 민족과 국가의 조상(祖上)이 되었다면 그들은 애초부터 하나님에 대해 올바른 지식이 없었을 것이 자명하다.

기독교 관점에서 본 세계문화사

신라, 고려시대 사람들의 구원은 어떻게 되나?

많은 사람들이, 과거 우리의 조상이 구원을 받지 못했다면 그것을 어떻게 받아들여야 할지 궁금해 한다. 복음이 이 땅에 들어오기 전에 죽은 조상들이 복음 전파가 되지 않은 나라에 태어나 살다가 죽었으니 억울하지 않느냐는 사람들도 있다. 그렇지만 우리가 분명히 알고 있는 것은 예수 그리스도로 말미암지 않고는 구원에 이를 자가 없다는 성경의 기록이다. 그렇다면 그 책임이 누구에게 있는가? 한마디로 말한다면 그 책임은 전적으로 죄인인 인간들에게 있다. 노아 홍수와 바벨탑 사건 이후 인간들이 전 세계로 분산되는 과정에서 복음의 전수가 단절

되었는데 그것은 기본적으로 인간들의 책임인 것이다. 물론 그 단절은
하나님을 떠난 아담으로부터 발생한 인간의 죄에 기인한다. 그 죄로
말미암아 복음으로부터 단절된 인간들이 전 세계로 흩어지게 되었다.
한반도에 들어왔던 초기의 우리 조상들도 그와 동일한 상태였으며 그
들로부터 수많은 후손들이 이어졌다. 그들은 예수 그리스도를 알지 못
하므로 복음과 무관한 삶을 살 수밖에 없었던 것이다.

하나님을 올바르게 알지 못하면서 신(神)에 대한 인간들의 생각이 조합
된 것이 오늘날 우리가 말하는 종교이며, 따라서 그 종교들은 무수히 많은
것이다. 세상의 종교들은 인간이 만든 것이므로 윤리를 기준으로 우월을
가리기도 하고 타당성 여부를 논하기도 한다. 그 결과 그 추종도 혹은 그
정도에 따라 많은 사람들을 포교하기도 하며, 오랜 역사 기간 동안 존재하
기도 하는 것이다. 그러한 사실은 인간의 모든 역사에 적용될 수 있다.

하여튼 하나님께서 아브라함을 특별히 선택(選擇)하기 이전까지는, 인
간들은 저들이 소유한(역시 인격적 전달을 통해) 신앙으로 하나님과 교제
하며 그를 섬겼던 것이다. 물론 우리는 아브라함 이전의 전체 세계 인구가
얼마나 되었으며, 그들 가운데 하나님을 올바르게 믿은 사람들이 몇 명 혹
은 몇 퍼센트였는가에 대해서는 아무런 지식도 가진 것이 없다. 단지 우리
가 알 수 있는 것은 그 시대는 구속사 가운데 역사하신(창세기 11장) 하나
님의 세계 간섭의 시기라는 점이다.

2. 고대 오리엔트 문명(문화)

(1) 오리엔트(Orient) 문명의 의의

오리엔트라는 용어(用語)는 고대 로마인들이 사용하기 시작했다. 그 뜻은 '태양이 떠오르는 지역'으로 그들이 지금의 이탈리아의 동쪽을 막연히 그렇게 불렀기 때문에 그 범위는 매우 넓다고 할 수 있다. 그 당시는 아직 오늘날의 동부 아시아 지역과는 별다른 교류(交流)의 흔적이 발견되지 않으므로 그들이 염두에 두고 있는 오리엔트(Orient) 개념은 그리스와 오늘날의 중동 지역, 서남아시아, 북부 아프리카를 포함한 지역이었을 것이다. 오늘날의 역사학자(歷史學者)들은 고대 오리엔트 역사를 동양사로 분류하지 않고(지역적으로는 동양인데도) 서양사의 일부로 취급하는데, 이는 고대 오리엔트 문명이 서양사의 원류가 되기 때문이다.

(2) 고대 오리엔트의 민족과 국가들

아브라함이 하나님으로부터 특별히 부름을 받을 무렵 이전의 고대 오리엔트 지역에는 여러 민족과 국가들이 존재하고 있었다. 그 당시에 있었던 나라들 중 우리가 지금 알고 있는 이름들만이 전부라고 생각하면 크게 잘못이다. 또한 그 나라들이 그 당시 세계에 가장 영향력이 있었다고 단언하기에도 무리가 있다. 지금까지도 계속 그러해 왔듯이 앞으로 역사가(歷史家)들이 언제 어떻게 지금 현재의 이름들을 뒤집어 번복할지 알 수 없기 때문이다. 단지 현재 우리에게 알려져 있는 당시의 나라들에 대해서는 지극히 부분적인 측면에서만 살펴볼 수 있을 것이다.

1) 수메르

메소포타미아 지역에서는 수메르 민족(民族)이 대략 B.C. 3200년경부터 1000년 정도를 지배하게 된다. 수메르인들은 에리두(Eridu), 우루크(Uruk), 라가쉬(Lagash), 움마(Umma), 슈루파크(Shuruppak), 아다프(Adap), 니푸르(Nippur), 키쉬(Kish), 아카드(Akkad)등의 도시 국가를 세운 것으로 알려져 있다. B.C. 2000년경 당시 최대 인구를 가진 도시 국가인 우르(Ur)는 귀족과 성직자 계급, 평민 계급, 노예 계급을 둔 계층 사회였으며, 도시들의 중심에는 지구라트(Ziggurat)라는 거대한 탑신전이 있어서 이방 신전의 중심이 되었다.

그 당시의 농업은 관개에 의한 방식을 사용하였다. 그때 이미 문자(文字)가 발달해 있어서[8] 세계 최고(最古)의 법전으로 인정되는 둠기(Dumgi)법전이 제정되었다. 아울러 고대의 문자가 현대의 문자들에 비해 원시적이었을 것으로 막연히 판단하는 것은 옳지 않다. 문자는 일정한 사회에 있어서의 하나의 집단적인 약속(約束)이다. 고대(古代)의 어느 지역사회에 기록된 문자에 대한 사회적 약속이 있었다면 그것 자체로서 충분한 것이다. 현재 우리가 소유하고 있는 고대인(古代人)들의 토판 기록 자료들은 전부가 아니며, 그 당시에 실제로 사용되었던 것의 수천 수만분의 일에도 미치지 못하는 일부라는 점을 알아야 한다.

그들이 만들었다고 전해지는 60진법이나 숫자 개념은 매우 뛰어났으

---

8) 그때가 지금보다 문맹률이 훨씬 낮았다고 단정할 근거는 희박하다.

며, 건축술이나 예술에도 능했던 것으로 알려져 있다. 뿐만 아니라 당시의 국제 정치 외교나 교역도 매우 활발했음이 틀림없다.

아브라함은 수메르 시대의 맨 마지막 즈음에 갈대아 우르(Ur)로부터 하나님의 부르심을 받았는데, 그는 어떤 사람들의 상상처럼 수수한 촌로(村老)가 아니라 상당한 문명·문화적인 식견을 가졌던 인물이었음에 틀림없다. 이집트(Egypt)에 가서 파라오(Parao)를 접견할 정도였다면 당시의 상당한 인물이었을 것이다. 아브라함은 수많은 사람 가운데 한 사람이었지만 하나님의 구속사적 경륜 가운데 선택된 특별한 인물이었음을 우리는 기억해야 한다.

그리고 그 당시 이미 우르(Ur)시에 상당한 규모의 도서관이 있었던 것도 오늘날 증명되고 있는 실정이다. 이때가 보통 수메르-아카드(Sumer-Akkad)시대와 거의 중첩됨을 우리는 알 수 있다(B.C.3000-2100 경).

2) 이집트

수메르족이 왕국을 세운 시기와 비슷한 때(B.C.3400-3100) 아프리카 북부 지역에는 나일 강을 중심으로 이집트 왕국으로 알려진 나라가 세워지게 된다. 그 나라는 수천년간 지속되는데, 아브라함(Abraham)이 살던 시대에도 막강한 힘을 소유하고 있었던 것이 분명하다. 성경에는 아브라함이 이집트의 파라오를 만났던 일과 여러 사건들이 기록되어 있다. 이집트인들은 실용과학(實用科學)의 선구자들이었다고 할 수 있는데, 범람하는 나일 강으로 말미암아 농사를 짓기 위한 각별한 연구가 필요했을 것으로 짐작할 수 있다. 그 결과 천문학과 기하학 부문에서 뛰어난 발달을 보였으며, 그때 이미 훌륭한 달력을 사용했는데, 그것에 약간의 변형을 가한 것이 현재 우리가 사용하고 있는 것이다.

천문학(天文學)에 대한 기본 지식은 아담(Adam)의 지혜로부터 출발하는 것으로 보아야 한다. 그렇지 않고서는 도저히 이를 설명할 길이 없다.

성경(聖經) 창세기 2장의 끝부분에서는 아담이 지상의 각 생물들의 이름을 짓는 내용이 소개되는데, 이때 아마 천상의 천체들과 천하의 모든 만물들의 이름들까지 그가 붙였을 것으로 생각해 볼 수 있을 것이다. 그러한 지식들이 나중 후대에까지 전달되어 고대(古代)의 과학(科學)이 형성되었던 것이다.

그리고 고대 이집트인들의 건축술과 예술성은 뛰어난 것으로 평가되고 있다. 현재 우리가 볼 수 있는 거대한 피라미드 등을 포함한 모든 피라미드들은 주로 아브라함 이전 시대에 건축된 것으로 알려진다

물론 그 오랜 기간 사이 보이지 않는 정치적·경제적 변화들이 무수히 많았을 것은 두말할 나위가 없다. 대략 아브라함 이전의 시대를 편의상 이집트 고왕국 시대와 거의 중첩되는 것으로 볼 수 있다(B.C. 3400-2160경).

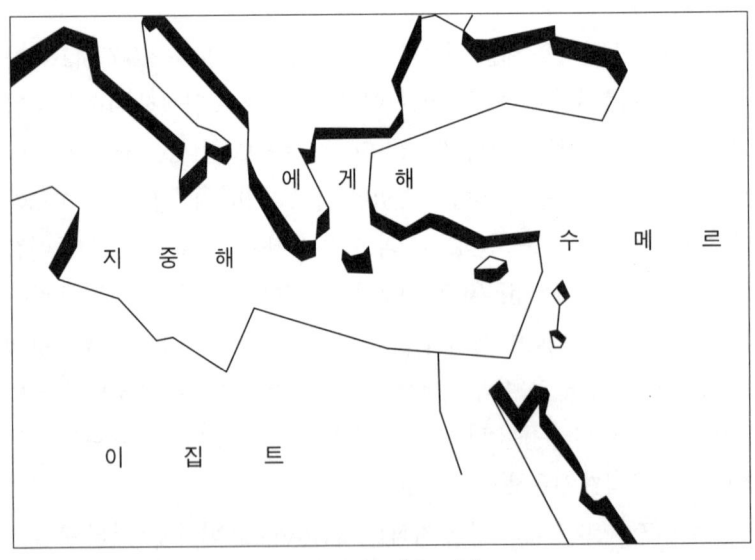

(그림2. 수메르, 이집트, 에게)

3) 에게문명

에게(Aege) 문명이라 함은 에게 해 주변, 즉 오늘날의 소아시아(터키)서부와 그리스 등을 포함하지만, 아브라함 이전 시대까지의 에게 문명의 중심지는 크레테(Crete) 섬이었다. 우리가 생각하는 하나님의 일반적인 세계 간섭의 시기, 즉 아브라함 이전까지의 크레테(Crete) 문명기는 초기 미노아 시대(Early Minoa:B.C. 2800-2100경)와 상당부분 중첩되는 것으로 볼 수 있다.

크레테(Crete)섬을 중심으로 한 미노아(Minoa) 문명에 대해서는 1900년 고고학자 에반스(J. Evans:1851-1941)가 크놋소스를 발굴하면서부터 그 문화가 세상에 더욱 분명한 모습을 드러냈다. 그들은 자기들의 독자적인 문자(文字)를 사용하고 있었으며, 건축술과 도예술이 뛰어난 것으로 알려진다. 오늘날의 많은 학자들은 크레테(Crete)가 섬인 만큼 막강한 힘을 가진 해상 국가(海商國家)였을 것으로 믿으며, 해상 활동을 통한 활발한 해상 교역을 한 것으로 이해하고 있다. 그 당시는 금속 문명, 청동기 문명이 매우 발달했었다.

4) 동부 아시아와 그 이외의 지역

많은 역사학자들은 B.C. 2000년 경 이전의 사회가 거의 지중해를 중심으로 하는 그 주변 지역에 국한된 것으로 보려는 경향이 있는 듯하다. 아놀드 J. 토인비는 *Mankind and Mother Earth*에서 B.C. 2000년 경까지 인더스 강 동쪽에는 어떠한 문명이 존립하고 있었는지 고고학적 증거를 찾을 수 없다고 한다. 그리고 남북 아메리카 대륙의 어느 곳에서도 농업(農業)으로 먹고 살아가는(재배 능력을 갖춘) 촌락 공동체가 B.C. 2000년경 이전까지는 아직 나타나지 않는다고 주장한다.

그러나 다른 일련의 학자들은 그렇게 설명하지 않는다. B.C. 3000년 경부터 이미 중국에서는 농경문화(農耕文化)가 일어났다고 하며, 한반도(韓

半島)에도 이때 벌써 사람이 들어왔다고 한다. 또한 인더스 강 상류의 하라파(Harappa)와 하류의 모헨조다로(Mohenjo-Daro)에서 발굴된 고대 도시(古代都市)들은 B.C. 3000-2500년 경에 존재했던 것으로 보며, 그 도시들은 벽돌로 된 성 안에 하수도 시설을 갖추었고, 포장된 도로와 벽돌 주택, 집회소, 학교, 시장, 목욕탕, 등의 큰 건물이 즐비했다고 한다.

　발견되는 인장(印章)에는 상형 문자가 새겨져 있어 그 당시 고유한 문자(文字)가 있었을 것으로 보이며, 수메르 문화와도 유관했을 것으로 보고 있는 것이다.

5 장

고대 국가들의 발흥 및 확산
(아브라함 이후 시대)

1. 이스라엘 민족의 형성 및 정착, 그리고 주변 정세
2. 민족들의 대이동과 새로운 국가 시대의 시작
3. 새로운 강국(强國)들의 등장

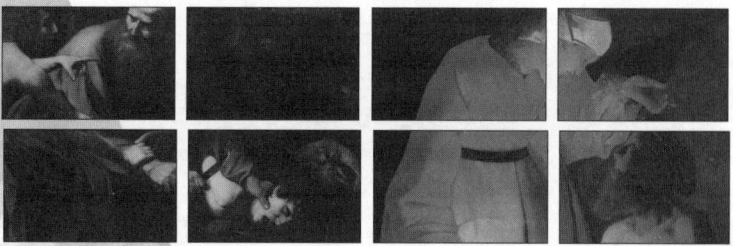

1. 이스라엘 민족의 형성 및 정착, 그리고 주변 정세

고대(古代) 오리엔트 사회를 전반적으로 조심스럽게 살피다 보면 아주 흥미로운 사실(史實)을 발견하게 된다. 그것은 아브라함(Abraham) 시대를 전후해서 오리엔트(Orient) 국가들의 중요한 역사적 획이 그어지기 때문이다. 앞에서 이미 대략 살펴보았듯이 메소포타미아 지역의 수메르-아카드(Sumer-Akkad)시대가 종언(終焉)을 고하게 되고, 이집트에서는 고왕국 시대가 막을 내린다. 그리고 에게 문명의 크레테 섬에서는 초기 미노아 시대가 끝이 나고 새로운 시대를 맞게 된다.

물론 그러한 사실(史實)은 우연의 일치일 수도 있으며, 혹은 시대 구분에 대한 오류의 가능성이 전혀 없는 것도 아니다. 그렇지만 아브라함(Abraham)의 시대를 기존의 역사 구분 속에 삽입시키는 조심스러운 시도를 하려는 학도에게는 적잖은 흥미를 던져 준다.

아브라함(Abraham)의 시대를 특별히 구분하는 이유는 인간 역사(人間歷史)에 있어서 하나님의 새로운 개입이 시도되기 때문이다. 아브라함 이전 시대에는 특정한 가족을[9] 통해 나중에 있을 하나님의 구체적 언약이 예

---

9) 셋이나 노아의 계보를 생각할 수 있으나 다른 측면에서 해석된다. 하나님께서 아브라함을 특

언된 일이 없었다. 그 이전의 하나님의 세계 보편 간섭의 시대에서, 이제 아브라함을 선택하여 당신의 뜻을 계시하심으로써 하나님께서 예비하신

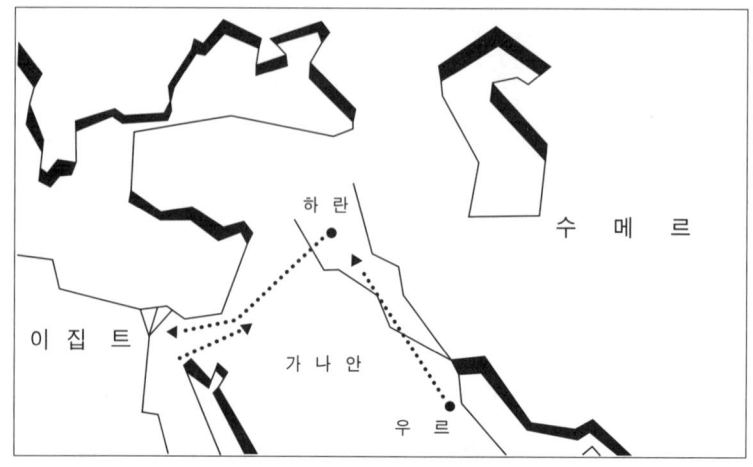

(그림3. 아브라함의 이동 경로)

땅으로 가라고 지시하신 것은 인간 역사의 새로운 장을 연 너무나 중요한 역사적 사실이다.

　하나님께서 많은 인간들 가운데 한 인간을 특별히 선택했을 그때에도 대다수 인간들은 죄와 자신에 취해 자기들의 문명 생활을 지속하고 있었으며, 인간의 역사는 지금과 별 차이 없이 지속되었다. 사람들은(통치자, 정치가, 군인 등)나라를 세우고, 경제를 부흥시키기도 했으며, 전쟁을 하다가 이기기도 하고 지기도 했다.

　아브라함(Abraham)이 하나님의 부르심을 입은 때로부터 다윗 왕으로 말미암아 이스라엘 왕국이 세워질 때까지의 약 1000년 간의 세계 정세를 한번 살펴보자.

별히 선택하신 것은 예수 그리스도를 이 땅에 보내시기 위한 구체적인 언약 실천의 중요한 한 과정이다.

앞에서 언급한 대로 수메르(Sumer)왕국이나 이집트, 그리고 에게 문명권에서 일대 전환이 이루어지고 있을 무렵, 하나님께서는 수메르-아카드(Sumer-Akkad) 영역에 있는 갈대아의 우르(Ur)시에서 아브라함(Abraham)에게 특별히 신적(神的) 계시를 하게 된다. 그것은 아브라함이라는 특별한 한 사람과 이루어진 구속사적 섭리 가운데 발생한 신(神)의 언약이지만 실제로는 모든 인간을 대표한다는 의미에서 매우 중요한 사건이다. 그 당시 우르(Ur)시는 상당한 규모를 갖춘 도서관을 비롯해 많은 공공 시설들이 갖추어진 도시였는데, 신(神)은 그곳에서 살고 있는 아브라함(Abraham)에게 명하기를 그곳에서 살지 말고 다른 곳, 즉 아직 아브라함 자신은 알지 못하지만 신(神)께서 예비해 두고 있는 서쪽 지중해를 끼고 있는 가나안 땅으로 가라고 하신 것이다.

아브라함(Abraham)은 많은 사건들을 만나면서 하란(Haran:지금의 터키 남부에 있는 도시)를 거쳐 오랜 여행 끝에 가나안, 즉 팔레스틴 지역에 도착하게 된다. 그는 가나안에 도착한 후 바로 그곳에서의 삶을 누리게 되는 것이 아니라 남쪽의 이집트로 가서 파라오(바로)를 만나는 등 파란만장한 여정 끝에 결국 죽어서는 가나안 땅의 헤브론(Hebron)에 묻히게 된다.

그 후 아브라함(Abraham)의 아들 이삭과 그 자손들은 그 가나안 땅에서 목축 생활을 한다. 그들이 목축 생활을 하던 중 한 놀라운 정치적 사건이 일어나는데, 그것은 곧 그들의 가문에서 이집트(애굽)의 제 2인자의 지위에 오르는 막강한 권력을 소유한 고위 공직자가 출현한 것이다. 상식적으로 생각해서는 쉽게 이해가 될 수 없는 일이 신(神)의 강권적 개입(介入)으로 말미암아 이루어지게 된다. 물론 그 과정에는 당시 세계의 혹심한 기근으로 말미암은 경제적 여건과 이집트의 경제 정책이 신의 섭리 가운데 맞물려 있음을 보게 된다.

당시 세계의 최강국의 제 2인자인 총리 대신(수상)으로 군림하게 된 자는 야곱(Jacob)의 열두 아들들 가운데 끝에서 두 번째인 요셉(Joseph)이다. 결국 그 막강한 권력을 배경으로 아브라함의 후예 가문(家門)은 팔레스틴 지역에서 이집트 북부 지역으로 집단 이주하게 된다.

아브라함 가문의 야곱의 후예들은 대략 400여년 동안의 이집트 생활에서 파란만장한 역정들을 겪는다. 그들은 요셉이 고위 권좌에 있는 동안에는 특별한 대우를 받으며 비옥한 땅에서 목축과 농사일을 하게 되었다. 그러나 그들의 이집트에서의 특권이 끝까지 지속되지는 못했다. 요셉이 죽고, 정권이 교체되고 세월이 지나면서 그들은 도리어 외국에 사는 교포 집단으로 정치적 박해를 받게 된다. 더구나 아브라함의 후손들은 신체적으로 건강해서 많은 자녀들을 분만하게 되고, 그 수(數)가 급격히 불어나자 이집트의 집권자들은 그로 말미암은 위기감을 느끼게 되었다. 그래서 이집트 정부에서는 이스라엘 민족에 대한 인구 억제 정책을 쓰게 된다. 그 정책은 매우 잔혹한 내용이었는데, 그것은 신생아를 분만할 때 남아(男兒)일 경우 살해하라는 것이었다.

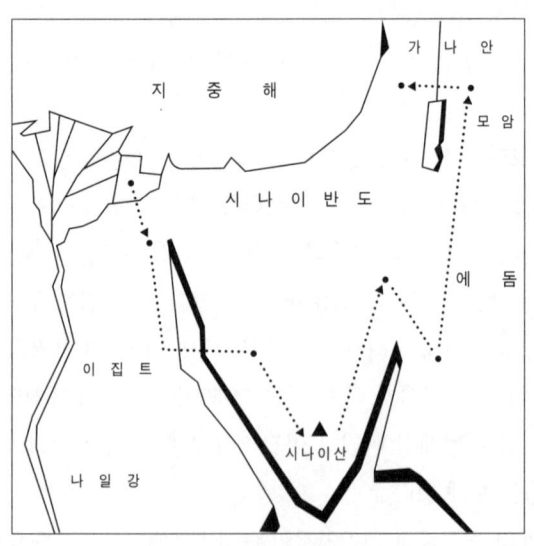

(그림4. 이스라엘 민족의 이집트 탈출 경로)

그러는 동안 그들은 이집트에 노예화되어서 각종 건설 사업이나 국가적 사업에 강제 동원되었다. 신(神)을 섬기기로 작정되어 특별히 선택받은 그 민족이 신이 아니라, 신에게 반기를 들고 있는 한 국가를 섬기고 있었던 것이다.

당시 이스라엘 민족은 신에 대해 어느 정도 올바른 이해가 있었던 것으로 생각된다. 아브라함이 그 자손들에게, 자기에게 계시하신 신에 대한 것과 언약(言約)을 전수함으로 그 교훈이 그때까지 지속되고 있었기 때문이다. 그 증거로 그 당시의 모든 사람들은 할례를 받음으로 신과의 관계를 확인하며 유지하고 있었던 것이다. 그런 그들이었기에 불평불만은 여간 아니었을 것이며, 그들의 불평불만이 이집트 정부에 제대로 반영되지 않았을 때, 그들은 그 조상들의 신이자 저들의 신인 하나님에게 간구할 수밖에 없었을 것이다.

그 민족(民族)이 극도의 곤경에 처해 있을 때, 신(神)은 또다시 한 사람을 통해 자기 백성들을 인도해 내기로 작정하신다. 그는 이스라엘 백성이면서 이집트 왕궁에 입양되어 궁중 교육을 받은 '모세'(Moses)였다. 하나님의 섭리 하에 이스라엘 민족의 지도자가 된 모세는 인구 수십만이 되는 민족을 이끌고 이집트를 탈출해 나온다. 그때가 B.C. 15세기 중엽이다.

이스라엘 민족은 이집트를 탈출한 후 시나이 반도의 광야에서 40년 간을 보낸다. 그들은 그 광야 40년의 생활 동안 하나님의 특별한 섭리와 전적인 간섭 속에서 생활하게 된다. 왜냐하면 노예 생활에서의 해방 후 이스라엘 민족은 스스로 생계(生計)를 책임질 만한 능력이 전혀 없었기 때문이다.

그런 이스라엘 민족을 하나님께서는 '기적'으로 인도하신다. 낮에는 구름기둥, 밤에는 불기둥으로 인도하셨으며, 그 구름기둥과 불기둥으로써 그 민족을 더위와 추위에서 보호하셨다. 또한 하나님께서는 친히 기적으로 식량을 제공하셨다. 만나와 메추라기를 하늘로부터 내려 주심으로 이스라엘 민족은 식생활을 했던 것이다. 오늘날 많은 사람들은 그것이 불가능한 것이며, 하나의 신화라고 주장한다. 그러나 그것은 인간의 유한한 경험에 제한된 이성적 판단일 따름이다.

이스라엘 백성의 광야 사십 년의 의미

이스라엘 백성의 광야 사십 년의 생활은 매우 특이하며 그 의미는 매우 중요하다. 이는 인간이 자기 노동을 통해 살던 시기가 아니라 전적으로 하나님의 공급하심으로 말미암아 살아가던 때이기 때문이다. 하나님께서 날마다 만나와 메추라기를 식량으로 공급하셨기 때문에 사람들은 음식을 준비하기 위한 다른 노동이 필요하지 않았다. 그러므로 모든 사람들이 공평하게 먹고 마실 수 있었으며 당시에는 배고픔이 있지 않았다. 그 기간을 통해 하나님께서는 이스라엘 백성들에게 하나님을 섬기는 일이 인간들에게 가장 중요한 일임을 가르치셨으며, 사람의 생명은 자기 노력에 달려 있는 것이 아니라 전적으로 하나님께 달려있음을 보여주셨던 것이다.

우리는 신의 존재를 믿는다. 신이 실제로 살아 있다면, 그 정도 기적쯤은 아무 것도 아님을 우리는 안다. 온 우주와 천지 만물을 말씀(word)으로 창조(創造)하신 신의 능력이 사람들을 특별한 방법으로 보호하고 먹이는 것쯤은 아무 것도 아닐 것이다. 이스라엘 민족은 40년 광야 생활 동안 하나님의 능력을 철저히 체험한 후 가나안 땅에 들어가게 된다.

그 가나안 땅은 500여년 전 신(神)이 아브라함에게 주겠다고 약속한 언약(言約)의 땅이다. 그러므로 이스라엘 민족의 생각으로는 신의 약속에 따라 정당한 권리를 가지고 그 땅을 소유(所有)하려 했던 것이다. 그러나 그곳의 실상은 그렇게 간단하지 않았다. 그 이유는 이미 그곳에 터를 잡고 사는 많은 종족들이 있었기 때문이다. 그들은 저마다 그곳에 크고 작은 국가들을 세워 두고 통치력을 행사하고 있었던 것이다. 그런 형편 가운데서 외부 출신인 이스라엘 민족이 갑자기 들어가서 '이 땅은 우리 것이니 내어 놓아라'고 윽박질렀던 것이다. 그러니까 그곳에서는 피비린내 나는 전쟁 (戰爭)이 일어날 수밖에 없었다.

이스라엘 민족의 그 정복 전쟁은 무려 300여년이나 계속된다. 처음 사해(死海) 북쪽 요단 강 서편 여리고 시(市)를 거점으로 하여 시작된 전쟁은 그처럼 오랜 기간 동안 치고 밀리고 하는 전쟁이 되었던 것이다. 그 전쟁은 B.C. 1000년이 되기 얼마 전, 사울(Saul)과 다윗(David)을 통해 가나안 땅에 이스라엘 독립 왕국이 세워짐으로써 어느 정도 지역적 평정이 이루어졌다고 할 수 있다.

한편 에게 해 주변에는 놀라운 변화들이 일어나게 된다. 이스라엘 백성들이 홍해를 건너 탈출할 무렵, 에게 문명을 주도하고 있던 크레테(Crete) 문명이 갑작스럽게 파괴된다. 나중에 그리스 계통의 사람들이 남하(南下)하여 그곳을 지배하게 되지만, 크레테(Crete) 문명이 멸망한 직접 원인은 그 당시 있었던 화산 폭발이었을 것이란 견해가 지배적이다.

B.C. 1400년경 지중해 연안의 테라(Thera)섬 대화산 폭발은 우리에게 커다란 흥미를 불러일으키는데, 그 이유는 그 화산 폭발의 때가 이스라엘 백성들의 이집트 탈출 시기와 비슷하기 때문이다. 그 당시의 기록들을 근거로 하여 B.C. 1400년경 크레테(Crete)문명이 파괴될 때 문명의 중심지였던 크노소스(Knossos) 궁전이 해일(海溢)로 말미암아 멸망했다는 학설(學說)이 강력하다. 그리고 이집트 18왕조(약 B.C. 1400년경) 때 만들어진 파피루스 초지에 기록된 내용을 보면, "태양이 가리워져서 빛을 볼 수 없었다. 화산 폭발 무렵에는 농사도 되지 않았고, 거무스름하게 희미한 환경이 되어 모든 생물이 죽어가고 기근이 들었다"고 증언한다. 또한 소아시아 지방의 힛타이트 민족이 B.C. 1400년경 자연의 변화를 힘입어 그 주변 일대를 크게 정복한 사실 역시 그 화산 폭발과 관련이 있을 것으로 추측된다.

최근에 있었던 가장 큰 화산 폭발은 지금으로부터 약 100여 년 전인 1883년 8월 인도네시아 크라카타오(Krakatao)섬[10]에서의 화산 폭발로 알려져 있다. 당시 화산 폭발의 규모는, 폭발 기둥이 30km 상공까지 올라갔으며 해일의 높이가 무려 135m나 되었다고 한다. 그 결과 자바 섬에는 엄청난 파괴가 일어났고, 그 영향은 전 세계에 미쳤다고 전해진다. 그래서 미국의 예일(Yele)대학에서는 갑작스런 하늘의 붉은 색이 세계적인 대화재가 난 것으로 알려져 일대 소동이 일어났다고 한다.

그런데 전문가들은 B.C.1400년경 테라(Thera)섬 화산 폭발이 크라카타오(Krakatao)섬 화산 폭발의 4배 정도가 될 것으로 추정한다. 그러므로 우리는 B.C. 1400년경의 지중해에서의 대화산 폭발이 이집트에서 이스라엘 민족이 탈출할 때 임했던 하나님의 심판과 무관하지 않은 것으로 보고 있다. 크리테(Crete)섬에는 그 후 미케네(Mycenae)문명이 지배하게 되며, 그와 비슷한 시기에 소아시아 서부 지역과 흑해 연안을 중심으로 트로이(Troy) 문명이 번성하게 된다. 트로이(Troy) 문명에 대해서는 아직껏 신비에 싸인 부분이 많은데, 19세기 말엽 슐리만(Schliemann)이 발굴을 시작한 후 계속 발굴이 되고 있다. 특히 옛 트로이(Troy) 시(市)의 계보가 불분명한 9층 도시(都市)가 존재하고 있음은, 지금도 많은 사람들의 관심의 대상이 되고 있다.

– 신(神)의 기록 계시(聖經)의 출현

B.C. 1400년경, 모세 시대에 하나님의 기록 계시가 지구상의 인간에게 주어지기 시작한 사실은 인간 역사상 획기적인 사건이다. 신(神)으로부터, 기록된 말씀으로서의 자기 계시는 그 기록된 말씀을 통한 신과 인간의 지

---

10) 크라카타오 섬은 자바로부터 160km떨어져 있는 자바와 수마트라 사이의 작은 섬이다.

속성 있는 교제의 가능성을 의미한다.

모세가 이스라엘 민족을 이끌고 시나이 반도로 나왔을 때, 그때부터 그들은 하나님을 섬기면서 하나님의 규례에 따라 섬기는 방법을 배우게 된다. 하나님은 그 규례를 모세를 통해, 기록된 말씀으로 인간들에게 주기 시작한 것이다. 물론 그 기록된 하나님의 특별 계시는 한꺼번에 다 주어진 것이 아니라 예수 그리스도가 이 땅에 온 이후까지 대략 1600여 년간에 걸쳐 구속 역사(Redemptive History)에 따라 점진적으로 주어지게 된다.

하나님의 기록 계시가 인간들 가운데 있게 되면서, 사람들은 그 계시된 말씀을 통해 신을 알게 되고, 신의 뜻을 배워가게 된 것이다. 보이지 아니하는 신이 인간의 언어를 통해 스스로를 계시하심으로써 자신을 적절히 노출하신 것은 인간들에게 크게 다행한 일이다.

모세를 통해 주어진 다섯 권의 성경(창세기, 출애굽기, 레위기, 민수기, 신명기)이후 구약 성경은 34권이 더 기록되었으며, 신약 성경은 27권이 기록되어 모두 66권의 성경이 지금 우리에게 전해진다. 그 기록된 성경은 인간의 초기부터 미래에 있을 마지막까지의 의미를 알려 주며, 인간들에 대한 신의 특별한 섭리와 계획을 나타내 보이고 있다.

2. 민족들의 대이동과 새로운 국가 시대의 시작

(1) 민족들의 대이동기

B.C. 2000년 이후 약 천 년간은 각 민족(民族)들의 이동이 특히 많았던 시기라 할 수 있다. 아브라함이 우르(Ur)시를 떠나 이주한 것이나 나중 그 후예들이 이집트로 집단 이주해 간 사실, 그리고 그로부터 수백 년 후 한 민족을 이룬 이스라엘 백성들이 이집트(애굽)를 탈출해 가나안 땅, 즉 팔레스틴으로 이주해 간 것도 당시 세계의 대이동의 한 부분을 차지한다고 볼 수 있다.

또한 B.C. 2000년경에 인디아 지역에서는 아리아인들이 서부 인도로 이주하기 시작했다. 그리고 B.C. 1800년경에는, 아케아인들이 그리스 남단으로 내려왔으며 수 백년 후에는 그들이 크레테 문명 파괴 이후 미케네 문명의 주인공으로서 그리스의 맹주가 된다. 그들은 B.C. 1100년경 도리아인들이 남하하여 여러 지방에 안주(安住)할 때까지 찬란한 미케네 문명을 꽃피우게 되는 것이다. 한편, 그 동일한 시대 중반기쯤 이베리아 반도에는 페니키아인들이 들어와 철기를 사용하면서 철무기들을 사용했다.

이 시기 동안 민족들의 대이동이 많았다는 사실은 일종의 정복 운동이 일어났음을 의미한다. 마치 모자이크처럼 각 민족들마다 자기 영역을 차지하고 있다가, 민족의 이동으로 말미암아 그 모자이크 구성에 변화(變化)가 생긴 것이다.

특히 이 시기에 있어서 괄목할 만한 사실은 이스라엘 민족이 가나안 땅으로 진입할 비슷한 어간에 소아시아 지역에서 해양 민족(海洋民族)이라 일컬어지는 한 민족이 지중해 동부 연안으로 진출하게 되는데, 그 민족은 아마 이스라엘과 줄곧 대립 관계에 놓이게 되는 블레셋 족속일 것이다.

우리가 여기서 필히 살펴보아야 할 사실은 이 기간 어느 때에 이집트를 지배했던 힉소스(Hyksos)족과 텔 엘 아마르나 서신(Tel-EI-Amarna Letter)에 관해서이다. 일반 역사학자들은 이스라엘 민족이 이집트(애굽)에서 노예 생활을 하던 그 동일한 시기에, 힉소스족이란 이집트족 아닌 이방 민족이 이집트를 통치했던 적이 있었음을 사료(使料)들을 근거해서 밝히고 있다. 그 이방 민족들이 약 150년 간(B.C. 1730-1580) 이집트를 강력(强力)으로 통치했다는 사실 외에는 그에 대해 알려진 것이 별로 없다.

즉 그들이 어디에서 어떤 연유로 이집트에 들어오게 되었는지, 그리고 그들이 이집트 왕조에 의해 추방되었을 때 어디로 갔는지에 대한 점 등은 알 수 없다고 한다. 힉소스(Hyksos)족은 그들 자신에 관한 사료(使料)나 문학 작품 등을 거의 남겨 놓지 않았기 때문에(남겨 놓았으나 분실되었을 지도 모름), 역사학자들은 그들에 관한 확인 문제를 가장 어려운 역사적 난제(難題)들 가운데 하나로 보고 있다.

우리는 여기서 조심스럽게 힉소스(Hyksos)족과 이스라엘 민족을 동일한 민족으로 간주해 볼 수 있다. 그들이 어디서 왔는가 하는데 대해서는 우리의 견해가 옳다면 전혀 문제가 되지 않는다. 즉, 성경의 연대를 기준으로, 약 B.C. 1900년 경 70여 명의 조그만 한 씨족이 이집트에 들어왔다면 그것을 한 민족의 이동으로 보지 않는다. 그 후 약 200년 동안 그들의 인구가 급속하게 많아져 한 민족으로 불리워질 수 있었을 것이며, 그들은 자기들의 역량으로 이집트의 정부 요직과 실력을 취함으로 실세(實勢)로

군림할 수 있었을 것이다. 역사적 논리에 의하면 그 힉소스(Hyksos)족은 이집트 왕조로부터 추방을 당했다. 이에 비해 이스라엘 민족은 약간의 추방의 개념[11]과 아울러 사실은 탈출해 나왔다.

사실, 우리는 여기서 그에 대한 역사 이해를 위해 중대한 열쇠를 발견할 수 있다고 생각된다. 그것은 힉소스(Hyksos)족의 추방이 해외(국외) 추방이 아니라 막강한 통치력의 완전 상실로 볼 수 있다는 점이다. 그로부터 힉소스(Hyksos)민족은 이집트 내에서 노예 생활을 면치 못했을 것이란 점을 짐작할 수 있다. 이것을 연대별로 다시금 설명한다면 다음과 같다.

B.C. 약 1900년경 이스라엘 민족(야곱의 가족)이 이집트에 이주했을 때, 그 가문의 요셉은 이집트 전체에서 제 2인자인 총리 대신(수상)이었다. 그 후 약 200년간 요셉의 권력적 영향으로 이집트의 정부 요직에 앉은 동족(同族)들이 상당수 있었을 것이다. 약 200년 쯤 지났을 때에는 그들의 수(數)가 많아져 한 민족을 이루어 이집트 전체를 통치하기에 이르러 그들은 이집트 사람들에게 힉소스(Hyksos)족이라 불리워졌을 것이다.

정치적 실권을 상실한 이집트인들은 자존심이 크게 상했을 것이며, 약 150년의 주권 상실 이후 결국 이집트의 왕조는 짐작 가능한 정치적 갈등(power game) 끝에 다시 통치권을 회복했을 것이다. 그들은 그 힉소스(Hyksos)족들로부터 모든 권력과 관직을 박탈했을 것이며, 그것을 힉소스(Hyksos)족 '추방'(권력으로부터의 축출)으로 표현할 수 있을 것이다.

그리하여 B.C. 1580년부터 실제적으로 이집트를 탈출하기까지 약 130여 년 동안 혹독한 노예 생활을 했을 것이다. 그 후 B.C. 1446년이 되면 이스라엘 백성들은 모세를 영도자로 하여 이집트를 탈출하게 된다. 앞에서 언급한 바대로, 역사학자들은 이집트로부터 추방당한 힉소스(Hyksos)족의 행방을 전혀 발견하지 못하고 있다. 즉 힉소스(Hyksos)족이 추방 당했

---

11) 모세를 통해 이집트에 베풀어진 각종 재앙(피, 흑암, 장자 죽음 등…)에 진저리를 낸 당시의 파라오는 이스라엘 민족을 추방하듯 했으나, 얼마 지나지 않아 그 생각을 바꾸었다.

을 무렵의 주변 국가들을 살펴볼 때, 그와 비슷한 새로운 민족의 이주나 침입의 흔적을 아무 데서도 발견하지 못하고 있는 것이다.

그러나 B.C. 1400년 대 즈음에는 팔레스틴 지역의 파괴의 흔적들이 도처에서 나타나고 있다. 즉 이집트를 탈출한 이스라엘 민족의 가나안 정복의 흔적들이 가나안 지역 전역에 있는 것을 보면 일반적인 관점에서 본다 할지라도 그 민족의 탈출 대이동이 증명되는 것이다. 물론, 위에서 말한 연대들은 약간씩 차이가 있을 수 있음을 고려해야 할 것이다. 또한 텔 엘 아마르나 서신(書信)은 우리에게 매우 흥미 있는 사실을 보여 준다. 텔 엘 아마르나 서신의 명칭을 따서 B.C. 1400년 경(이집트 18왕조)의 약 70여 년을 아마르나(Amarna)시대라 한다. 그것은 이집트의 텔 엘 아마르나에서 발견된 서신들 가운데 반영되어 있는 국제적(國際的)서신 연락의 시대를 의미하는 것이다.

1886년, 농사를 짓던 한 이집트 여인이 텔 엘 아마르나에서 약 400개 정도의 진흙으로 된 서판들을 발견했는데, 그 서판들은 팔레스틴에 있던 여러 통치자들이 이집트의 통치자 파라오(Parao)에게 보낸 서신들로서 '아피루(하비루)' 라고 불리우는 사람들의 침입에 대한 언급을 많이 내포하고 있다. 그 가운데 압디-히바(Abdi-Hiba)라는 예루살렘의 지배자가 이집트의 파라오(Parao)에게 원군을 보내 달라고 요청한 내용은 다음과 같다.

"아피루(하비루)들이 왕의 땅 전부를 약탈하고 있습니다. 만일 금년에 활 쏘는 사람들이 있다면, 나의 주시여! 왕의 땅은 보존될 것입니다. 그러나 만일 이곳에 활 쏘는 사람들이 없다면, 나의 주시여! 왕의 땅들을 잃어버리게 될 것입니다. 강력한 왕의 군대가 나하라임 땅과 구스 땅을 정복하고 있습니다. 그러나 지금 아피루(하비루)들이 왕의 도시를 점령하고 있습니다. 왕에게 남아 있는 지배자는 한 사람도 없습니다. 나의 주시여! 모두가 죽고 말았습니다. 짐레다(Zimreda)를 보십시오. 라

기스의 사람들이 쳐부수었으며, 종들이 아피루(하비루)가 되었습니다."

이 문서(文書)들에 나오는 아피루(하비루)는, 그들이 과연 누구였을까에 대해 논쟁을 불러일으켰다. 학자들 가운데는 하비루인을 히브리인과 동일한 민족으로 보지 않는 자들도 있지만, 우리는 그 당시의 정황이나 히브리 민족 이외의 하비루족이란 무리들에 대한 역사적 증거를 전혀 찾을 수 없으므로 하비루족을 히브리족으로 보아도 무관할 것이다.

(2) 이스라엘 민족의 이집트 탈출(출애굽)의 연대문제
– B.C. 1446년 이집트 탈출에 관한 근거

출애굽의 연대 산정을 이렇듯이 정확하게 할 수 있는 것은 구약 성경 열왕기상 6장1절에 근거한다.

"이스라엘 자손이 애굽(이집트) 땅에서 나온 지 480년이요 솔로몬이 이스라엘 왕이 된 지 4년 시브월 곧 2월에 솔로몬이 여호와를 위하여 전(성전) 건축하기를 시작하였더라" (왕상 6:1).

다윗 왕이 죽고 그 아들 솔로몬(Solomon)이 이스라엘 왕국의 왕위를 계승한 해는 B.C. 970년이다. 위 성경 말씀에서 솔로몬 왕 즉위 4년이라 함은 B.C. 966년을 가리킨다. 그러므로 B.C. 966년에서 480년 이전이 곧 이스라엘 자손이 이집트를 탈출해 나온 때로 B.C. 1446년이 된다. 대부분의 보수주의 계통의 크리스천들은 출애굽 연대가 B.C. 1446년인 것으로 받아들인다. 그러나 자유주의 계통의 학자들은 그 연대를 부정하는 경향이 짙다. 그 이유는 열왕기상 6장1절의 '480년'이란 햇수 계산에 근거를 둔다. 즉 구약 성경의 '480년'은 40년 곱하기 12인데, 그것은 곧 12세대를 가리킨다는 것이다. 다시 말해서 이스라엘 백성들은 보통 한 세대를 40년 으로 보아서 12세대가 된다는 것이다. 그러므로 12세대는 경우에 따라 360년(30년×12)이 될 수도 있고 240년(20년×12)이 될 수도 있다고 한 다. 그러나 우리는 그런 견해를 받아들일 수 없다. 왜냐하면 이스라엘 백 성들이 이집트를 탈출하여 사울, 다윗 이후 독립 왕국이 세워질 때까지의 사사 시대를 고려하기 때문이다. 사사기 11장26절에 보면 사사들이 이스 라엘 민족을 치리하던 시대가 300년이었음을 증거한다. 따라서 우리가 출 애굽 연대를 B.C. 1446년 어간으로 잡는 데에는 아무런 문제가 없다.

3. 새로운 강국(强國)들의 등장

(1) 오리엔트 지역

민족들의 대이동(大移動)과 더불어 당시의 세계 곳곳에는 막강한 국가들이 세워지게 된다. 앞에서도 살펴보았듯이 이집트 지역에서는 고왕국 시대가 막을 내리고 중왕국 시대가 열리게 되었으며, 에게 해의 에게 문명의 중심 역할을 하던 크레테 섬에서는 초기 미노아 시대를 이어 중기 미노아 시대로 접어들었다. 한편, 메소포타미아를 중심으로 한 오리엔트 지역에서는 수메르-아카드(Sumer-Akkad) 시대가 끝이 나고 새로운 강대국들이 서서히 그 모습을 드러내기 시작했다.

B.C. 1900년경에는 강력한 고대 바빌로니아 국가가 세워져 찬란한 문화가 전개된다. 그 왕국의 비교적 초기의 통치자였던 함무라비 왕(B.C. 1728-1686)의 함무라비 법전(法典)은 그 당시의 시대가 얼마나 조직적인 사회였던가 하는 점을 충분히 보여 준다. 또한 이스라엘 민족이 모세를 영도자로 하여 이집트를 탈출해 나올 무렵, 오리엔트 다른 한 쪽에서는 고대 앗시리아가 자리를 잡아 나중에 막강한 앗시리아 제국의 기틀을 마련하게 된다.

그리고 B.C. 1900년경 소아시아 지역에서는 히타이트 왕국이 세워짐으로 강력한 철기 문화 시대를 열게 된다. 그들은 B.C. 1190년 멸망하기까지 대단한 문명사회를 이루었던 것으로 보이며, 그들이 남긴 히타이트 법전 (法典)을 보면, 그 당시 이미 노동과 인권에 관한 법조항들이 제정되어 있어서 그때의 사회상을 엿보게 한다. 히타이트인들은 철을 제련하는 우수한 기술을 보유하고 있었으며, 당시 세계 교역의 중심 역할을 할 만큼 강국으로서 군사력도 막강했던 것으로 보인다.

(2) 중국 지역

또 다른 한편 대륙의 동방에는 B.C. 2000년 경 앙소(仰詔)문화와 용산 (龍山)문화가 차례로 일어났으며, B.C. 1400년경 은(殷)나라가 세워지게 된다. 그들은 갑골 문자를 사용하는 등 문명을 누렸다. 그들의 경제 생활은 곡물 경작, 가축 사육 등 농목축업 외에 양잠, 양조 등의 수공업이 성행했던 것으로 알려진다. 그때 이미 그 시대 나름대로의 화폐를 사용했으며 상업 활동도 성행했다.

은(殷)왕조의 특성 가운데 하나는 제사가 정치의 가장 중요한 행사였으므로 제정 일치(祭政一致)의 사회였다는 점이다. 그러므로 은나라의 왕이 소유한, 정치적인 왕으로서의 지위와 사제(司祭)로서의 권력은 절대적이었던 것이다. B.C. 1120년 경에는 그 동안 은나라에 항쟁하던 무리들이 호경(鎬京)에서 주 왕조(周王朝)시대를 열게 된다.

(3) 아메리카 대륙의 올르메크 문명의 출현

지금까지 알려진 남북아메리카 대륙에서의 최고(最古)의 고대 문명은 멕시코만 부근의 '올르메크 문명'이다. 그곳은 지금의 산 로렌조 부근으로 B.C. 1500년경 이후부터 그들의 문명(文明)은 최고절정기에 이르렀다. 그들이 남긴 역사적 흔적인 거대한 건축물들과 예술성 있는 조각 작품들이 그것을 증명한다.

　그들은 자신들의 고유한 신(神)을 섬겼던 것으로 보이는데, 그 신(神)에 대한 신앙이 올르메크인의 물질적 업적을 산출케 한 정신적인 원동력이 되었을 것이다. 이들의 문명이 나중 남쪽 아메리카 대륙을 향해 점차적으로 널리 퍼져나가게 된다.

6 _장

고대 제국 시대의 도래

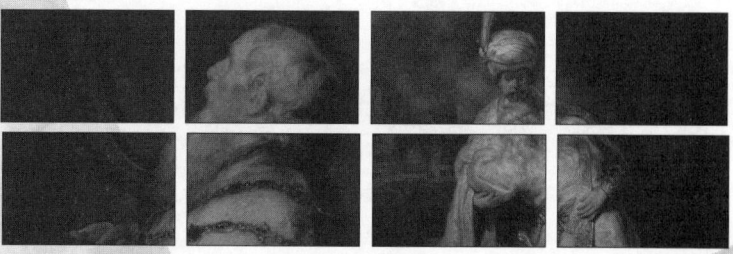

1. 제국들 속의 다윗 왕국과 이스라엘 민족

(1) 통일 왕국

이집트를 탈출(脫出)하여(기독교에서는 시내 광야 40년의 의미를 매우 중시한다) 가나안 땅에 들어간 이스라엘 민족은 약 300년 동안 피비린내 나는 정복 전쟁을 하게 된다. 이미 가나안 지역을 차지하고 있던 여러 민족들을 몰아내고 그곳을 차지하는 일은 결코 쉬운 일이 아니었다. 그들은 때로는 승리하기도 하고 때로는 패망 직전에 이르기까지의 위기를 당하기를 수없이 되풀이했다. 이스라엘 역사 가운데 그 당시를 살펴보면 민족이 위기에 처할 때마다 특출한 인물들이 나타나 그 위기를 수습하곤 했는데, 성

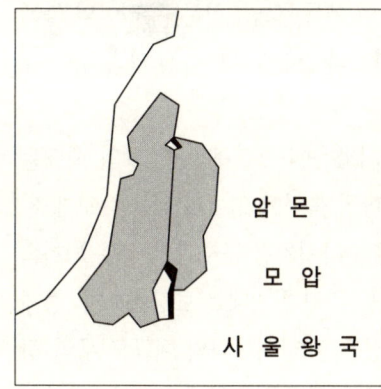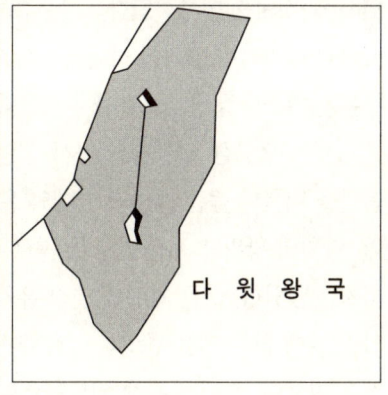

(그림5. 다윗 시대의 지도)

경은 그들(사사:판관)이 하나님으로부터 보냄을 받은 자들이라 증거한다.

이스라엘 민족은 정복 전쟁을 시작한 후 약 300년 쯤 지났을 때에야 비로소 가나안 땅에서 주도권을 장악하게 된다. 그러자 백성들은 주변의 다른 나라들처럼 정치와 군사적 체제를 완비한 강력한 왕국으로 발돋움하기를 원하게 되는데, 결국 그들은 B.C. 1050년경 사울(Saul)을 초대 왕으로 옹립하게 된다. 사울 왕은 이스라엘의 초대 왕으로서 집권 초기에는 민의(民意)를 살피는 등 선정을 펴게 된다. 그렇지만 나중에는 교만한 마음을 갖게 되어 하나님으로부터 이스라엘 왕국을 다스리는 왕으로서 부적격자로 판명받게 된다. 결국 그는 외국과의 전투에서 치욕적으로 전사한다.

사울 왕의 뒤를 이은 다윗 왕은 사울과는 즉위 동기에서부터 현저한 차이를 보인다. 즉 사울이 백성들의 의사에 따라 어느 정도 민주적(民主的)인 방법에 의해 선출된 왕이었다면, 다윗은 종교적(宗敎的) 이유로 말미암아 왕이 된 자이다. 다윗이 왕이 된 것은 백성들의 의사와는 전혀 관계가 없었으며, 단지 종교적으로 하나님의 인정을 받았으므로 왕좌를 차지한 것이다.

다윗 왕은 헤브론(Hebron)에서 즉위했으나, 그 후 수도를 예루살렘(Jerusalem)에 정하고 군사적으로 강대한 세력을 세웠으며, 중앙 집권적인 신정 정치를 이룩하였다. 그는 주변의 에돔, 모압, 암몬, 수리아와 블레셋까지 공략하여 일찍이 하나님께서 아브라함에게 허락하신 약속의 땅 대부분을 이스라엘 왕국으로 흡수시켰다.

다윗이 훌륭한 정치가요 군사 전략가였음에도 불구하고, 그의 생애는 음악을 비롯한 높은 예술적 기예와 문학적 숙련이 엮어져 있음을 보게 된다. 다윗의 왕위를 세습 계승한 솔로몬은 다윗처럼 군사적인 정복을 계속하지는 않았다. 그는 자신의 권좌 유지를 위해 친위대를 보강했으며, 경제와 외교에 많은 힘을 쏟았다. 그는 이집트, 히타이트와의 대규모 무역 정책을 폈으며, 홍해를 통해 인도양으로도 무역망을 확보했다. 그는 아카바

만(Gulf of Acabah)에 동광 제련소를 건립하여 산업에 박차를 가했다.

그는 또한 외교적 차원에서의 정략결혼(政略結婚)을 마다하지 않았다. 이집트의 공주를 왕비로 맞이하는 등 세심한 계산까지 한 것이다. 그는 그뿐 아니라 처첩을 많이 두어 호화롭고 사치한 생활을 하였다. 결국 그는 백성들에게 과다하게 세금을 징수하여 궁전 비용으로 충당했으며, 결과적으로 백성들 가운데 상당수는 그러한 솔로몬의 정책에 저항하게 된다. 나중 왕국이 남북으로 분열된 이후 북쪽 왕국의 초대 왕이 되는 여로보암은 솔로몬 당시 반정부 운동을 하던 인사(人士)로서 이집트에서 망명 생활을 하던 자였다.

한편, 솔로몬은 예루살렘에 거대한 건축 사업을 벌였다. 솔로몬 자신의 궁궐, 이집트의 공주인 왕비의 궁전, 국정 거론 회의장, 소단위 심판정, 그리고 예루살렘 성전이 곧 그 사업의 내용이었다. 그는 그 건축 사업을 위해 최고급 재료들을 외국으로부터 비싼 값에 수입하였고, 높은 기술을 가진 기술자들을 페니키아로부터 불러 왔다. 그 건축물 가운데 특히 예루살렘 성전은 그것이 파괴될 때까지 이스라엘 민족의 신앙적 · 정신적 지주로서의 역할을 했다.

오늘날까지 세계인들은 솔로몬 왕을—그에게 많은 문제점들이 있음에도 불구하고—역사상 가장 위대하고 화려한 그리고 가장 지혜로운 왕 가운데 한 사람으로 이해하고 있다.

(2) 분열 왕국

1) 남 · 북 분열의 과정

B.C. 931년, 솔로몬 왕이 죽고 난 후 통일 왕국이었던 이스라엘은 분열하게 된다. 왜냐하면 왕위를 세습한 르호보암이 기본 정책 결정에 오판(誤

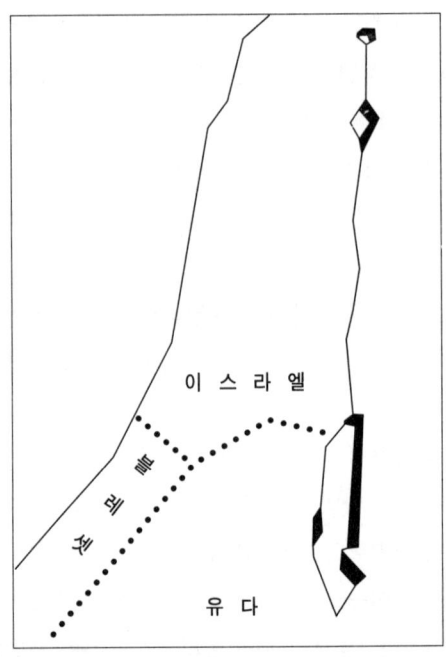

(그림6. 남 · 북 이스라엘 왕국의 분열)

判)을 했기 때문이다. 솔로몬 왕의 집권 말기 즈음에는 백성들의 정서가
그다지 좋지 않았다. 집권자의 비도덕적이며 화려한 생활, 외국 문물의 무
분별한 도입, 과중한 세금 부담 등으로 인해 백성들은 이미 마음이 심히
상해 있었던 것이다.

솔로몬 왕 사후(死後) 백성들은 새로운 정치를 기대했다. 그러나 새로
왕위를 계승한 르호보암 왕은 여러 부류 사람들과의 대화와 자문을 거쳐
스스로 강권 정치를 표방하고 실행하게 된다. 그러자 백성들은 대대적인
저항 운동을 했고, 승리한 백성들은 당시 반정부 지도자였던 여로보암을
옹립하게 된다. 그렇게 되자 이스라엘 왕국은 분열되어 세습왕 르호보암
을 따르는 무리들은 예루살렘을 중심으로 약화된 채 원래의 왕국을 계승
해 유다 왕국을 출발시키게 된다. 그러나 새로운 정치를 바라는 무리들은

여로보암을 중심으로 북쪽에서 이스라엘 왕국을 세우게 된다.

2) 북(北) 이스라엘 왕국

북쪽 이스라엘 왕국은 정변(政變)을 통해 세워진 왕국이다. 그래서 다윗 왕국의 정통성이 없는 그 나라에는 늘 불안감이 떠나질 않았다. 가끔씩 선정을 편 왕들이 전혀 없었던 것은 아니지만 대개의 왕들은 자신의 위치를 구축하기에 급급했다.

북쪽 이스라엘 왕국은 B.C. 722년 앗시리아 제국으로부터 멸망당할 때까지 약 200년 동안 여러 차례의 정변을 통해 정권 즉 왕조가 바뀌었다.

이스라엘 왕국의 특성

이스라엘은 다른 일반 국가들과 구별되는 특별한 나라이다. 세상의 수많은 국가들이 인간의 합의에 의한 역사적 산물이라면 이스라엘 왕국은 하나님께서 특별한 도구로 사용하신 언약적 나라이기 때문이다. 그러므로 이스라엘 왕국은 다른 나라들과는 구별되는 특별한 국가조직을 가지고 있었다. 이스라엘에는 왕을 중심으로 한 정부관료들, 제사장을 중심으로 한 성전 종사자들, 그리고 선지자를 중심으로 한 선지자의 무리들이 일반 시민들을 위해 봉사하고 지도하며 가르치고 있었다. 왕을 중심으로 일반적인 정치가 이루어졌지만 이스라엘 왕국은 왕 중심의 국가가 아니었으며 제사장을 중심으로 하나님을 섬겼지만  이스라엘은 단순히 제사장 중심의 국가가 아니었다. 이스라엘은 하나님의 예언을 전하는 선지자들을 중심으로 하여 인도되는 특별한 나라였던 것이다. 즉 이스라엘 민족의 중심에는 선지자들의 가르침이 존재하고 있었다. 이는 이스라엘 왕국이 앞으로 오시게 될 메시야를 예비하는 도구로서 특별한 국가였음을 보여주는 것이다.

3) 남(南) 유다 왕국

북쪽 이스라엘 왕국은 정변으로 말미암아 새로 세워졌기 때문에 여로보암 왕이 초대 왕이라 할 수 있다. 그러나 남쪽 유다 왕국의 르호보암 왕은 제 4대 왕이다. 그렇지만 민의(民意)에 의해 세워진 사울 왕은 하나님께서 세우신 다윗 왕조와 무관하므로 실제적으로는 3대왕이다.

르호보암 왕 이후 B.C. 586년 예루살렘이 신바빌로니아 제국에 의해 멸망할 때까지 유다 왕국은 다윗 왕 이후 단일 왕조였다. 북쪽 왕국에 왕위를 찬탈하기 위해 계략을 짜는 자들이 늘 있었던 점을 감안한다면, 남쪽 왕국은 비교적 순탄했다. 그래서 유다 왕국의 왕들 가운데서는 선정(善政)을 펴는 사람들이 많이 있었고, 하나님을 두려워할 줄 아는 왕들이 많이 있었던 것이다.

4) 남(南)유다 왕국과 북(北)이스라엘 왕국과의 관계

이스라엘의 남북 왕국의 관계는 현재 우리나라(한반도)의 남북한 관계처럼 완전히 단절된 상황은 아니었다. 정치 지도자들(특히 북쪽 왕국)은 자기 왕국에 속한 백성의 상대편으로의 동요를 막기 위해 노력을 했으나 완전히 성공하지는 못했다.

분열의 초기에는 모든 백성들이 예루살렘 성전에 대한 깊은 관심이 있었기 때문에, 북쪽의 여로보암 왕은 북쪽에도 그와 비슷한 성전을 세우는 일을 시도했다. 남북 왕국이 같이 존재하던 약 200여년 기간 동안 사람들은 상대 지역을 내왕(來往)했으며, 구약의 선지자들은 남북 왕국에 대해 폭넓게 하나님의 말씀을 예언(預言)하였다.

5) 왕국 멸망 후의 이스라엘 민족

B.C. 586년 예루살렘 성전 파괴와 더불어 유다 왕국은 신바빌로니아 제국에 의해 멸망하나 새로 패권을 차지한 페르시아 제국의 유화 정책에 의

해, 포로로 잡혀 갔던 민족들이 본국으로 귀환하게 된다. 그들이 본국으로 귀환한다는 의미가 나라의 독립을 의미하는 것은 아니다. 그들은 정치적으로 완전히 독립했던 것이 아니라 종교적 자율성을 어느 정도 보장받았던 것이다.

그들이 나라 없는 민족으로서 고향(故鄕)에 돌아와 정착한 후, 약 500여 년 동안 저들의 정치적 주권자는 여러 차례 바뀐다. 페르시아의 통치를 받는 시기에 고향으로 돌아온 그들은 나중에 헬라 제국의 지배를 받게 되고, 후에는 이집트와 시리아, 그리고 로마 제국의 지배를 받게 되는 것이다.

그들은 나라를 되찾는 독립 운동(獨立運動)을 여러 차례 시도해 보았지만 옛날의 다윗이나 솔로몬 왕국의 시대를 회복할 수는 없었다. 그 기간 동안 이스라엘 민족은 저들을 인도하고 다스릴 참된 왕에 대한 소망을 더욱 절실히 가지게 된다. 그것은 사실상 이스라엘 민족의 '민족적 사상' 속에 흐르고 있는 소망이었다. 그들은 이미 그전의 왕국과 왕들을 통해서 경험한 바 있는 정치 세계를 잘 기억하고 있었다. 그러므로 그들은 이제 지난 시대에 있었던 그런 불완전한 왕이 아니라 신(神)이 보내는 절대 완전한 왕을 바라게 된 것이다. 그러한 민족적 소원이 곧 이스라엘 민족의 메시아(Messiah) 사상이다.

2. 지중해 연안에서의 여러 제국들의 통치

(1) 페니키아

페니키아족(族)은 셈족의 일파로서, B.C. 10세기경 레바논 산맥의 서쪽에 정착하게 된다. 그들은 도시들을 중심으로 국가를 건설하였으며, 활발한 해양 활동(海洋活動)과 더불어 식민 개척을 했다.

그들은 지중해와 에게 해, 그리고 북쪽으로는 흑해까지 진출하여 부(富)와 힘을 축적하였다. 그들의 해상 활동은 그리스인과 카르타고인들에 의해 멸망당할 때까지 계속되었다.

페니키아의 문자(文字)는 이집트, 바빌로니아 및 크레타 문자를 기초로한 표음 문자이며, 이 문자는 후에 그리스를 거쳐 로마 문자로까지 발전되었는데, 이것이 현대의 서구 대부분 국가들의 문자인 알파벳이다.

(2) 앗시리아 제국

앗시리아는 B.C. 1800여 년경 고대 바빌로니아 왕국의 힘이 약화된 틈을 타서 독립한 나라이다. 그들은 오랜 세월이 지나 이스라엘 왕국의 솔로몬 왕의 집권 말기 즈음(B.C. 933년경)부터 제국으로서의 융성 시기를 맞는다. B.C. 800년경에는 메소포타미아 지방을 평정하고 계속해서 시리아,

이집트를 정복하여 전 오리엔트를 지배하는 최초의 세계적인 거대 제국(帝國)을 이룩하였다.

그들은 정복 정책을 계속 펴는 가운데 B.C. 722년에는 사마리아를 함락하고 이스라엘 왕국을 흡수하게 된다. 그들은 이스라엘 왕국의 사람들을 포로로 잡아가는 한편 그 지역에는 다른 지역의 이방 민족들을 강제 이주시킴으로써 소위 혼혈 정책을 썼다. 그러나 무리한 전제 정치와 무력에 의한 강압 때문에 점차 국력이 쇠퇴하게 된다. 결국 B.C. 612년에는 신바빌로니아와 메디아의 연합 세력에 의해 멸망당하고 제국은 메디아, 신바빌로니아, 리디아, 이집트의 네 왕국으로 분열되었다.

(3) 신바빌로니아 제국

앗시리아가 함락되자 메디아-신바빌로니아 동맹(同盟)이 결성되었는데, 이 동맹은 메디아의 아미티스 공주와 바빌로니아의 느부갓네살 황태자의 결혼으로 굳게 되었다. B.C. 605년, 느부갓네살 황태자가 이끄는 바빌로니아 군대는 갈게미쉬(Carchemish)를 기습 공격하여 거기에 주둔해

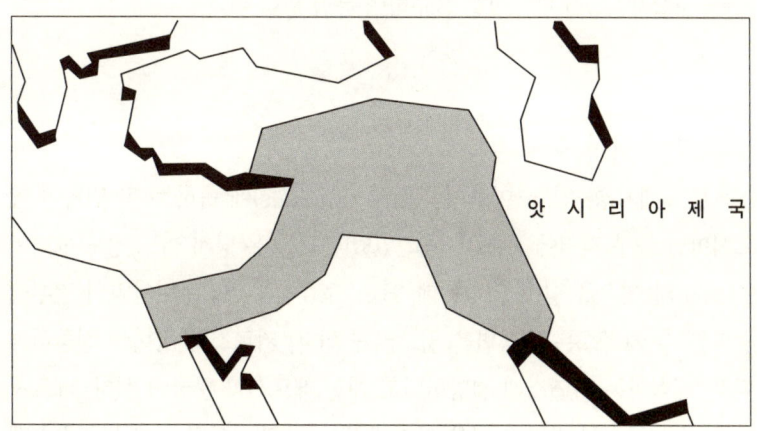

(그림7. 앗시리아 제국의 영향권)

있던 이집트 군대를 내쫓았다. 그들은 이집트 국경까지 추격했다가 귀국 길에 이집트 군대 포로와 그 동안 이집트의 속박을 받고 있던 서아시아 국가들의 인질들을 붙잡아 왔다. 이와 같이 한번 강타함으로 모든 국가들은 이집트에서 바빌로니아의 세력권으로 넘어갔으며, 이로 인해 바빌로니아는 급속한 성장을 하게 되었다.

이리하여 메디아는 앗시리아 제국(帝國)의 북쪽 지역을 차지하였으며, 바빌로니아 제국은 앗시리아 제국 남쪽의 대영역을 차지하게 된 것이다. 대제국의 왕이 된 느부갓네살은 주변 국가들에 대한 정복을 지속해 나갔다. B.C. 586년에는 예루살렘 성을 함락시킴으로써 유다 왕국을 멸망시켰으며 이스라엘을 바빌로니아에 예속시켰다.

B.C. 570년 이후에는 제국 내에 반란을 일으키는 세력이 곳곳에서 생겨났다. 느부갓네살이 죽은 후 몇 년 동안은 제국 국경의 위협적인 동향과 함께 반란과 내란이 끊이지 않았다. 결국 바빌로니아 제국은 힘을 잃어 갔다. B.C. 550년경에는 한때 동맹국이었던 메디아가 페르시아와 동맹을 맺고 바빌로니아와 결정적인 전투를 치르게 되는데, 이때 바빌로니아는 패망하게 된다. 그 후 전투에 승리한 동맹군 가운데서 페르시아의 키로스 (Cyr-us:고레스)가 메디아를 흡수하여 통합 왕이 된다.

(4) 페르시아 제국

B.C. 7세기경, 인도-이란어족(Indo-Iranians)에 속하는 한 민족이 페르시아만 동부 지역에 흩어져 살고 있었다. 그들은 당시 어느 정도 메디아 (Media)의 예속을 받고 있었는데, B.C. 550년경 바빌로니아와의 전투에 승리한 후 키로스는 대정변을 일으키게 된다. 키로스가 정변에 성공하게 되자, 메디아는 자연스레 멸망하였고 대신 페르시아 왕국이 섰다. 페르시아 왕국은 급속히 막강한 힘을 가지게 되어 곧 리디아와 신바빌로니아 제

국을 무너뜨리고 대제국으로서 군림하게 되었다(B.C. 539).

페르시아는 각 주(州)에 부(部)를 두어 다스리게 하고 다시 중앙에서 왕 직속의 감독관을 파견하여 속주의 동태를 감찰케 함으로써 조직적인 통치를 실시했다. 그리고 페르시아는 초기부터 유화 정책을 실시하여 정복지의 관습을 존중하였으며 모든 민족의 종교들을 인정하였다.

또한 페르시아 문화는 이집트, 메소포타미아 및 그 밖의 여러 문화를 흡수한 절충혼합적 성격을 띠었다. 그들은 도로와 항만 시설을 정비하여 해륙(海陸) 교통을 발달시켰고, 도량형과 화폐 제도를 확립하였다.

B.C. 586년 신바빌로니아에 의해 포로로 잡혀 갔던 유대인들이 페르시아의 유화 정책으로 말미암아 본국(本國)으로 귀환하게 되는데, 그때 그들이 돌아와 파멸된 예루살렘 성전을 다시 건축하고, 무너진 성벽과 성문들을 재건하게 된 것이다. 이는 사실상 키로스 왕의 칙령(勅令), 곧 유대인 망명자들은 고국에 돌아갈 수 있고 예루살렘에 그들의 성전을 재건할 수 있다는 특별 법령 아래에서 이루어진 것이다(스룹바벨, 에스라, 느헤미야).

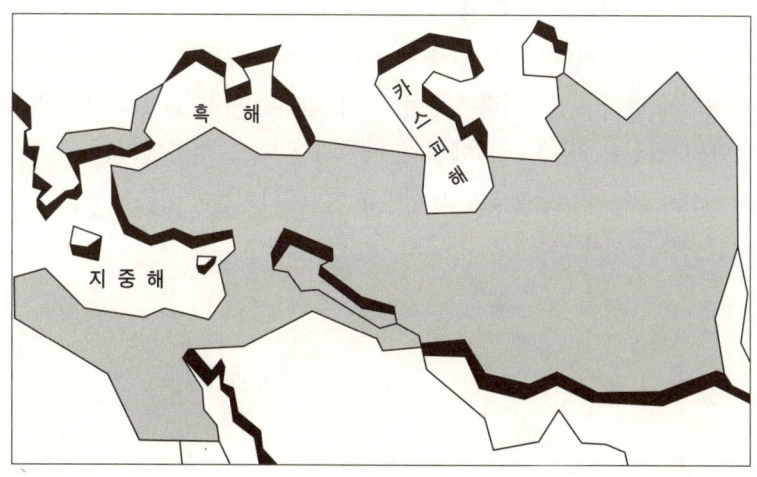

(그림8. 당시의 페르시아 제국)

(5) 헬라 제국

페르시아 제국이 동방 지역에서 막강한 힘으로 성장해 가고 있을 때 서방 세계에서는 그리스 세력이 자라나게 된다. 그리하여 그 양대 세력은 서로 충돌하게 되는데(페르시아 전쟁, B.C. 500-479), 끝내 그리스 세력이 승리하였다.

마케도니아 왕 필립(Philip) II세(B.C. 359-336)는 전 헬라스(Hellas)를 통일하였고, 그 아들 알렉산더(Alexander)는 선왕의 유지(遺志)를 계승하여 동방 페르시아 대원정의 길에 올랐다(B.C. 334). 그는 먼저 전 오리엔트를 석권한 다음 동진(東進)하여 페르시아를 완전히 정복하고 인더스 강 일대를 침략한 후 원정을 시작한 지 10년 만에 바벨론에 개선하였다(B.C. 324). 알렉산더(Alexander)대왕이 젊은 나이에 갑작스레 죽고 나서 그의 헬라 제국은 크게 보아 이집트, 시리아, 마케도니아 세 개의 왕국으로 분열되었지만, 알렉산더(Alexander)가 수립한 문화 정책(文化政策)은 오히려 동서 문화의 통합 형식으로 융화되었다.

알렉산더 대왕의 사후(死後)인 B.C. 323년부터, 로마가 이 지역을 통합한 B.C. 30년까지의 약 300년을 헬레니즘 시대라 부르며, 이 시대에 형성된 문화를 헬레니즘 문화라 일컫는다. 이 헬레니즘 시대를 통하여 그리스 문화의 영향은 멀리 동방에까지 파급되어 인도 지역에서는 간다라(Gandhara)문화가 탄생되었고, 서방에서는 로마인들이 이를 받아들여 라틴 문화를 형성하였다.

(6) 로마 제국

1) 로마공화정
이탈리아 반도에서는 B.C. 8세기경부터 에트루리아(Etruria)인들이 왕정(王政)을 베풀고 있었다. B.C. 6세기말경부터 공화 정치가 시작되어 귀족들의 권력이 강화되었는데 원로원이 그들의 기반이었다. B.C. 3세기경에는 시민권의 확립으로 전 로마인의 법률상의 평등이 이루어져, 점차 평민의 지위 향상과 함께 민주화가 이루어졌다. 그들에게는 초기부터 원로원과 민회(民會)가 정치의 기초가 되었다.

B.C. 3세기는 헬레니즘 문화의 전성기였으나, 동시에 로마가 이탈리아 반도를 통일하여 지중해 세계로 진출한 시기이기도 하다. 로마인들이 지중해 진출을 꾀한 동기는 상업적 요인으로 상권의 확대를 해외에서 구한 데 있다. 그 당시 지중해를 장악하고 있던 나라는 카르타고(Cartago)였는데, 로마의 세력이 점차 강해지자, 로마와 카르타고(Cartago)는 지중해 제해권을 두고 자연적으로 충돌할 수밖에 없었다.

그들은 B.C. 264년에서 146년까지의 약 120년 동안 세 차례에 걸쳐 포에니 전쟁을 치르게 된다. 제 1차 포에니 전쟁(BC 264-241)에서 로마군이 카르타고(Cartago)를 격파하고 시실리 섬을 획득하였다. 제 2차 전(B.C. 218-201)에서는 카르타고가 명장 한니발을 필두로 복수전을 펴게 되는데, 그로 인해 약 13년간 이탈리아 반도는 카르타고에 의해 유린당한다. 그러나 로마의 명장 스키피오가 역으로 카르타고 본국을 공격하여 승리함으로써 로마는 지중해 패권을 장악하게 된다. 제 3차 전(B.C. 149-146)에서는 카르타고의 전시(全市)를 초토화시킴으로써 로마는 지중해역의 전 지배권을 완전히 장악하게 되었다.

이후 로마는 힘을 얻어 그리스, 마케도니아, 시리아, 이집트를 속령으로 만듦으로써 세계 제국의 기틀을 마련하게 된 것이다. 이렇게 하여 원래 농업국(農業國)이던 로마는 상업국(商業國)이 되어 갔으며, 공화 정치도 변모 할 수밖에 없었다. 나라가 비대해지면서 로마 시민권자가 격증하여 민회 소집이 불가능해지자 원로원의 권력이 강화되었는데, 소수의 귀족(Nobiles)이 원로원을 독점하였다. 이로 인한 결과로 로마는 공화정의 기

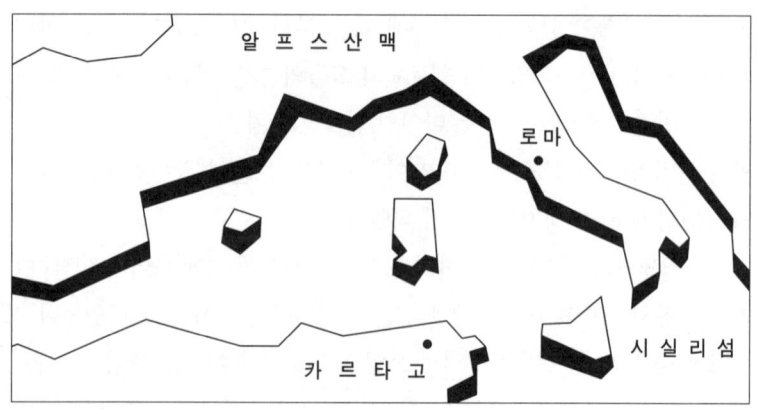

(그림9. 로마와 카르타고, 시실리 섬)

초가 흔들리면서 과두 정치가 되어 빈부의 격차가 심해지고 사회는 혼란
해지게 되었다.

그러자 B.C. 133~121년 그락쿠스(Gracchus) 형제가 토지를 기초로 한
경제 개혁(經濟改革)을 시도하지만 귀족들의 반대에 부딪혀 성공하지 못
한다. 그 어간에 군인 출신 정치가들인 마리우스(Marius. B.C. 156~86,
평민당:민회의 지지를 받음)와 술라(Sulla)가 권부의 전면에 등장하게 된
다. 술라(Sulla)가 죽은 후 그의 부하였던 폼페이우스(Pompeius)가 권력
을 장악했으나, 마리우스(Marius)의 부하였던 카이사르(Caesar)와 부호
인 크라수스(Crassus)와 더불어 B.C. 60년에서 B.C. 45년까지 삼두(三頭)
정치를 펴게 된다. 크라수스(Crassus)가 파르티아 전투에서 전사한 후 카
이사르(Caesar)의 갈리아 지방에서의 활약이 너무 두드러지자 이에 불안
감을 느낀 원로원과 폼페이우스(Pompeius)가 결탁하여 카이사르(Caesar)
을 제거하려 하였으나, 수 차례의 전투에서 결국 카이사르(Caesar)가 승
리함으로써 그는 단독으로 권력을 행사하게 된다. 그러나 불과 몇년 후에
카이사르(Caesar)가 공화주의자들에 의해 암살당함으로 제 1차 삼두 정치
는 막을 내린다.

그 후 곧 바로 제 2차 삼두 정치가 시작되어(B.C. 43~31) 옥타비아누스

(Octavianus), 안토니우스(Antonius), 레피두스(Lepidus)가 영토를 분할
했으나, 레피두스(Lepidus)는 일찍 실각했다. 그 후 B.C. 31년의 악티움
해전에서 옥타비아누스(Octavianus)가 안토니우스(Antonius)와 클레오
파트라(Cleopatra)의 연합군을 무찌름으로써 로마 공화 정치는 끝이 나
고, 옥타비아누스(Octavianus)는 독재권을 장악하게 된다.

2) 로마 제정(帝政)의 시작

옥타비아누스는 B.C. 27년 아우구스투스(Augustus:존엄한 자)의 칭호
를 받아 원로원과 공동 통치 형식으로 문무의 요직을 혼자 겸하였다. 그
당시의 정치적 형식에 있어서는, 원로원이 우월하여 공화정의 전통을 유
지하고 있는 것 같았으나, 사실상은 옥타비아누스가 독재 군주였다. 그래
서 그의 정치를 원수정(元首政)이라 하기도 한다.

아우구스투스 이후, A.D. 2세기 말에 이르는 약 200년 동안 로마는 소
위 평화(Pax Romana)의 시대를 구가하게 된다.

3. 중국의 여러 나라들

(1) 주(周)나라

한편 B.C. 1120년 경, 무력으로 은(殷)왕조를 토멸하고 천하를 통일한 주 왕조(周王朝)는 봉건 제도를 취하여 통치하게 된다. 주(周)는 각 영지를 나누어 공신들을 제후(諸侯)로 봉(封)하고 분봉 세습(分封世襲)케 하였다.

왕(王)은 제후(諸侯)에 대하여 가부장적 권위로써 공납과 군사적인 봉사 의무를 부과하였다. 왕과 제후는 각각 경(卿), 대부사(大夫士) 등 가신(家臣)을 두고 지배 계급을 형성하고 충성의 의무를 부과하여 정치적 관계를 유지했던 것이다.

경제적인 측면에서는 농업의 발달과 인구의 증가에 따라 정전법(井田法)이라는 토지 제도가 마련되었으며, 노동, 지대(地代)의 조법(助法)과 함께 세제(稅制)가 시행되었다. 또한 교육에도 많은 관심을 기울여 육예(六藝)를 가르쳤는데, 육예(六藝)는 지배 계층의 필수 교양이었다.

이스라엘 민족 사회에서 다윗 왕국이 세워지며, 솔로몬 왕의 번영시대와 남북 이스라엘 왕국의 분열로 인한 혼란의 시대가 이어지는 것이 대략 이 시기에 속한다. 주(周)나라가 한창 번성할 때 즈음 팔레스틴 지방에서는 신(神)의 뜻을 떠난 이스라엘 민족의 지도자들에 대해 엘리야, 엘리사와 같은 선지자들이 예언(預言)을 하다가 핍박을 당해 피신해 다니던 바로 그 시기였던 것이다.

(2) 춘추 전국 시대

주(周)나라의 봉건 제도는 지방 제후들에게 힘을 길러 주는 결과가 되었으며, 특히 서부 지역에서의 동요는 심했다. 결국 주(周)는 그 근거지였던 위수 유역(渭水流域)을 버리고 동부 낙읍(東部洛邑)으로 천도하게 된다(B.C. 770). 동천(東遷) 후의 동주(東周)는 춘추 시대(春秋時代, B.C. 770-403)와 전국 시대(戰國時代, B.C. 403-221)로 나누어지게 된다. 이 양 시대를 춘추 전국 시대라 하는데 이때가 오리엔트(Orient)지역의 앗시리아, 바빌로니아, 페르시아, 헬라 제국들의 시대와 일치한다.

특히 춘추 시대는 이스라엘 민족에 있어서 북왕국(이스라엘 왕국)이 앗시리아 제국에 의해 멸망당하며, 남왕국(유다왕국)이 바빌로니아 제국에 의해 멸망당하는 바로 그 시대에 준한다. 그리고 전국 시대의 중반기는 서방에서 알렉산더 대왕이 세계를 제패하고 있던 바로 그 시대이다.

중국에서의 춘추 전국 시대는 일대 변동기로서 종래의 도시 국가, 봉건 국가가 중앙 집권적 통일 국가, 군현 제도(郡縣制度)로 이행하는 시기였다. 춘추 시대는 제후들이 패권을 다투던 시대였으며, 점차 실력을 위주로 하는 하극상과 약육강식의 아수라장이 된 혼란 시대로서 명분 여하를 막론하고 강자들이 등장하게 되었다.

이른바 전국 칠웅(戰國七雄)인 진(秦), 초(楚), 연(燕), 제(齊), 한(韓), 위(魏), 조(趙)는 제각기 독립 국가의 면모를 갖추고 자국(自國)의 확장을 위해서 힘을 겨루게 되는데, 그 중에서도 서방 변경에 위치하고 있던 진(秦)이 드디어 부국 강병책(富國强兵策)에 성공하여 중국을 통일하게 된다(B.C. 221). 이때까지의 전국 시대의 특성은, 각 국가들이 국력을 비축할 목적으로 필요상 문벌과 계층에 무관하게 인재 등용을 하게 되므로 개인의 자유경쟁과 함께 서민 계층의 진출 기회가 열렸다는 점이다.

(3) 진(秦)나라

B.C. 221년 진(秦)의 시황제(始皇帝)는 천하를 통일하여, 모든 영역에서 통일 정책을 강행했다. 군현 제도(郡縣制度)를 펴고, 중앙 집권적 관료 지배 체제를 확립하여 승상(丞相, 行政), 태위(太尉, 軍事), 어사대부(御史大夫 監察)를 두고 그 밑에 구경(九卿)을 두어 정책을 분담케 하였다.

군사 정책을 위해 만리장성을 수축했으며, 경제 정책을 위해서는 화폐와 도량형을 통일했다. 또한 교육 정책에 있어서는 문자(文字)를 발전시켰으며, 사상과 언론의 통제를 강행하기도 했다. 진(秦)의 과감한 정책은 15년 정도의 짧은 기간에 끝나게 되지만 근세까지 중국의 국가 형태에 기본이 되는 전제 군주의 중앙 집권 국가를 실현하였다는 점은 주목할 만한 일이다.

진(秦)나라 말기 때 초(楚)의 귀족 출신인 항우(項羽)와 한(漢)의 평민 출신인 유방(劉邦)이 대립하여, 소위 초한 상쟁(楚漢相爭)이 전개되므로 진(秦)나라는 막을 내리게 되는 것이다. 1974년 중국 섬서성 시안(Xian)에서 발견되어 지금껏 발굴이 진행중인 진시황제의 '병마용'은 당시 황제의 위용을 확연하게 보여주고 있다.

(4) 한(漢)나라

초(楚)의 항우(項羽)와 한(漢)의 유방(劉邦)이 대립한 끝에 유방(劉邦)이 항우(項羽)를 타도하고 B.C. 202년 천하를 통일하니 그가 한(漢)의 고조(高祖)이다. 이후 약 200년간 전한(前漢)시대가 열리는데, 한무제(漢武帝) 때는 고대 제국으로서의 면모를 갖추게 된다.

전한 시대의 서방은 로마인들이 발흥하여 대제국으로 발돋움하던 시기로서, 우리가 괄목할 만한 사실은 이때 동서 교통이 발달하였다는 점이다. 한무제(漢武帝)때 이미 동양과 서양은 상호 사정이 소개되고 문물이 교류되기 시작했으며, 그 후에 교통로(Silk Road)의 기초가 놓이게 된 것이다.

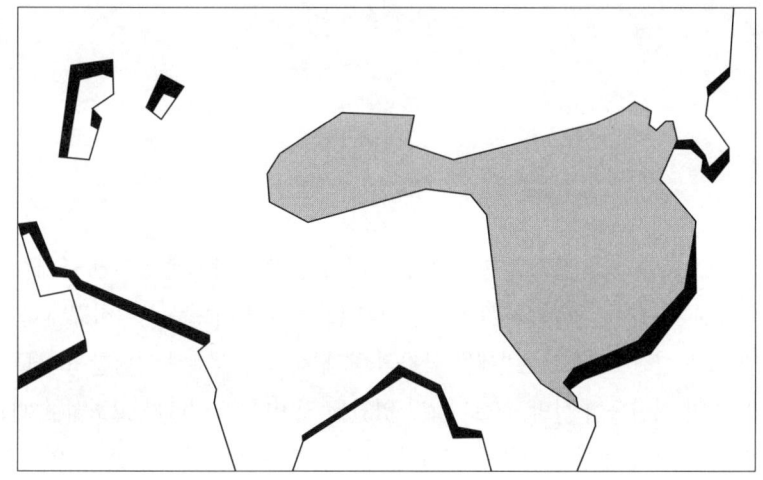

(그림10. 무제 시대의 한)

전한(前漢)의 말기 즈음에 팔레스틴에서는 그 동안 신(神)의 섭리와 계획에 따라 예언되어 오던 메시야 예수 그리스도가 이 땅에 강림하게 된다. 당시 팔레스틴을 지배하고 있던 서방의 로마 제국은 신(神)의 역사를 거부하였고, 동방의 한(漢) 제국은 신(神)의 역사에 무관심하고 있었던 것이다.

4. 한반도 문명

B.C. 1000년을 전후로 한 시기부터 한참 동안 한반도에 일어난 구체적 상황에 대해서는 상세하게 알려져 있지 않다. 일반적으로 생각하건대 그때 즈음 한반도와 그 주변에는 국가적 체제를 아직 갖추지 아니한 소규모의 거민 집단들이 산발적으로 살고 있었을 것이다. 그러다가 고조선(古朝鮮)이 국가적 체제를 갖추기 시작한 것은 B.C. 8세기 정도로 볼 수 있다. 중국의 춘추 전국 시대에 대립되는 세력으로서의 고조선이 그 기틀을 잡아 갔던 것이다. B.C. 4세기경이 되어서는 고조선이 국왕의 지배하에 관료 기구들을 갖추었으며, 군사적으로는 점차 철기를 갖춘 힘을 소유하게 되었다. 그 당시 박사(博士), 비왕(裨王), 상(相), 경(卿), 대신(大臣), 장군(將軍) 등의 관직이 있었음이 확인된다.

B.C. 221년 진(秦)이 중국을 통일하고 나서 B.C. 195년 연(燕)의 노관(盧綰)이 흉노(Huns)로 망명하는 사건이 일어나며 그로 인해 대규모의 유이민(流移民)이 발생하게 된다. 이때 위만(衛滿)이라는 사람이 무리 일천명 가량을 거느리고 고조선으로 망명하게 되었다. 그는 고조선의 준왕으로부터 서쪽 변방의 수비 임무를 부여받았으나, 반란을 일으켜 정권을 빼앗게 된다. B.C. 194년경 위만(衛滿)이 고조선을 멸망시키고 위만 조선을 세웠으나, B.C. 108년경 중국 한(漢)의 공격으로 위만 조선은 멸망당하게 된다.

한(漢)이 중국 천하를 지배하게 되었을 때 무제(武帝)는 고조선이 흉노와 동맹할 것을 크게 두려워하여 대침략을 개시하지만 철제 무기를 갖춘 고조선을 쉽게 정벌할 수 없었다. 그러자 한(漢)은 정면 대결을 피하고 고조선의 지배 계층을 매수하여 분열시키는 방법을 썼다. 결국 고조선은 지배 계층의 분열과 배신 행위들로 얼룩져 B.C. 108년 왕검성이 함락당해 멸망하게 된 것이다.

한(漢)은 조선을 멸망시킨 뒤 낙랑, 현도, 진번, 임둔의 한 4군을 설치하게 된다. 그 후 얼마 있지 않아 진번, 임둔군은 폐지하고(B.C. 82), 현도군은 만주로 옮겨 가게 된다. 그래서 4군 가운데 낙랑군만 남게 된다.

로마 공화정 말기와 제정 초기에 신라, 고구려, 백제의 삼국이 세워진다. 학자들의 일반적인 견해에 의하면, 신라는 로마의 제1차 삼두 정치 기간에 세워지며(B.C. 57), 고구려는 제2차 삼두 정치 기간 중에 주몽에 의해 세워진다(B.C. 37). 그리고 백제는 로마 제정 초기 아우구스투스가 치세하던 동일한 시기에 온조 왕이 세우게 된다(B.C. 18).

5. 인도 문명

(1) 카스트 제도 성립과 초기 종교

B.C. 1000년경의 인도의 구체적 형편에 대해서는 명확하게 말할 수 없다. 그러나 대략 이 정도의 시기부터 아리아인들이 갠지스 강 유역에서 문명을 발달시킨 것으로 알려진다. 이때부터 서서히 종교를 배경으로 한 4등급의 카스트(신분)제도가 성립된다. 최고(最古)의 계급은 브라만(Brahman)으로서 승려 계급의 특권층이었고, 그 다음인 크샤트리아(Kshatrya)는 정치, 군사 계급, 바이샤(Vaisya)는 서민 계급이었으며, 수드라(Sudra)는 노예 계급이었다. 이 카스트 제도는 수천 년 간 계속되어 최근까지도 유효한 제도였다. 1950년 카스트 제도는 악법(惡法)으로 인정되어 헌법에 의하여 폐지되었으나 오래도록 내려온 그 전통은 갑자기 없어지지 않아 현재도 그 잔재가 곳곳에 남아 있다.

B.C. 6세기가 지나면서 브라만교에 대한 불만들이 표출되는데, 그 결과 불교와 자이나교가 일어났다. 불교는 석가모니에 의해 생겨나, 카스트를 부정하고 자비와 평등을 설파하였다. 불교는 당시 널리 민중의 지지를 받았는데 특히 크샤트리아 계급 사이에 신자가 많았다. 자이나교는 불교와 교리가 비슷한데 상공업자들이 많이 믿었으나, 뒤에 브라만교와 다시 타협하게 되었다.

사실 페르시아의 키루스(고레스:Cyrus) 2세는 B.C. 539년 바빌로니아를 정복하고 나서 인더스 강 유역을 페르시아 제국에 병합시킴으로써 오리엔트와 인도 지역의 문명 교류(文名交流)는 더욱 분명해진다.

(2) 인도의 통일 시대

마가다(Magadha)가 북부 인도 지역을 정치적으로 통일한 것은 B.C. 500년에서 B.C. 450년경의 일이다. 이후 알렉산더(Alexander) 대왕은 B.C. 327년경 인더스 강 유역을 습격해 점령하게 된다. 그러나 알렉산더 대왕의 죽음과 함께 B.C. 322년경에 찬드라굽타 마우리아는 인더스 강 유역으로부터 마케도니아 주둔군을 몰아내고 그 지역의 지배자(支配者)가 되었으며, 그 후 마가다(Magadha) 제국을 정복하여 자기 나라에 병합시켰다. B.C. 305년경 찬드라굽타는 시리아의 셀류쿠스 1세와 충돌하게 되지만 B.C. 303년 양 제국 사이에 국경선 협정이 이루어진다.

아쇼카 왕(Asoka:B.C. 273-232)은 전 인도를 통일했는데, 왕은 불교 정신에 입각하여 통치를 했다. 이때는 불교 미술이 성행하던 시대였다. B.C. 184년 이후에는 안드라(Andra)왕조가 드라비다(Dravida)인들에 의해 남인도에 세워졌는데, 이 시대에는 브라만교가 부흥되었다.

이때 즈음 인도 문명은 그 영역을 동쪽으로 계속 확대해 나갔으며 B.C. 1세기에는 바다를 넘어서 동남아시아로 그 범위를 확대하기 시작했다. 이때 인도 문명화의 요인은 군사적 정복이 아니라 교역(交易)과 종교(宗敎)였다는 특색을 지니고 있다.

6. 중미(中美) 문명과 안데스 문명

　세계 정세가 이러할 때 중미의 올르메크 문명은 산 로렌조에서, B.C. 1150년경부터 B.C. 900년경까지의 기간이 그 절정(絶頂)에 이르렀다. 그들은 예술과 기술 문명에서 뛰어난 면모를 소유하고 있었다. 그 후에 산 로렌조의 올르메크 문명은 침략적 폭력에 의해 소멸되고 말았다. 그러나 멕시코만 연안 가까이에 위치한 다른 지역의 올르메크 문명은 대략 B.C. 800년경에서 B.C. 400년경 사이에 번성하고 있었다. 그리고 올르메크 문명이 사멸하기 전까지 그것은 중미 여러 지역의 문화에 영향을 미치고 있었던 것이다.

　한편 B.C. 800년경부터 남미(南美)에서는 안데스 문명이 출현하는데(차빈 문명), 그 문명의 양식은 올르메크 문명과는 다른 독자적 성격을 지니고 있었다. 그들 역시 종교적 표현으로 이해되는 기념비적 건축과 조각에 있어서 상당한 재능을 갖추고 있었다.

　말하자면, B.C. 800년 이후부터 약 500년에 이르기까지 중미의 멕시코 지역에서는 올르메크 문명이 꽃피고 있었고, 남미의 안데스 지역에서는 차빈 문명이 번성하고 있어서, 아메리카 대륙에 양대 문명사회가 이루어져 있었던 것이다. 그 양대 문명의 전파에 있어서 차이는, 올르메크 문명이 적어도 부분적으로는 군사적 정복으로 달성되어 간점에 비해 안데스 문명 즉, 차빈 문명은 평화리에 진행되었을 것이란 점이다. 그 양대 문명은 적어도 B.C. 1세기 무렵까지는 존속하고 있었던 것 같다.

7. 고전 고대 시대 문화의 사상적 바탕

(1) 서구 세계의 사상적 배경이 된 그리스의 사상 체계

그리스의 '원시' 종교는 자연 숭배의 다신교(多神敎)이다. 그래서 수많은 신들을 산, 삼림, 초목 등과 연관시켰으며 지방에 따라 각기 다른 신을 섬겼다. 그러나 그리스의 신들은 초월적인 절대적 신이 아니라 지극히 인간적이고 인간의 이성적인 상태로서의 신이었다. 그리스 신들 중에는 가장 중요한 열둘의 신들이 있었으며 전 그리스인들을 통해서 숭배되었다. 그리스인들은 성대한 제전과 운동 경기를 통해서 신들에게 경의를 표했는데, 특히 제우스(Zeus)신을 위한 경기는 최대의 것이었다.

그리스인들이 이룩해 놓은 가장 주목할 만한 업적은 철학(哲學)이다. 오늘날 옛 그리스인들은 역사상 최초의 합리적 사고방식을 가진 이들로 생각되고 있다. 그리스 철학은 자연 철학의 시기, 소피스트 학파의 시기, 그리고 고전 철학의 시기로 구분할 수 있다.

먼저 자연 철학이 소아시아의 밀레토스 시(市)를 중심으로 B.C. 7세기 말기로부터 B.C. 6세기 초에 일어나서 B.C. 6세기 말경에는 이탈리아로 건너간다. 그들의 탐구 대상은 우주 형성의 기본 물질 및 물질계에 있어서의 생성과 운동에 관한 제문제(諸問題)에 집중되었는데 이들은 밀레토스 학파 혹은 이오니아 학파로 불린다. 이 세상에 존재하는 모든 사물은 그것의 기원인 일차적인 물질로 환원될 수 있는데 물, 불, 공기 등이라고 믿었다. 결국 데모크리토스는 우주의 궁극적인 구성 요소가 무수한 원자(atom)라고 주장함으로써 그 이전부터 논의되던 원자론을 확립하면서 자연 철학을 성숙시켰다.

그 후. B.C. 5세기에 일어났던 페르시아 전쟁에서의 승리로 자신감을 얻었던 그리스인들에게 지적 혁명(知的革命)이 전개되어 갔다. 그로 말미암아 그들이 사고하는 대상은 자연으로부터 '인간' (人間)으로 전환되었다. 철학자들은 '자연의 본질' 에 관한 문제보다는 '인간 사회의 움직임' 에 대해서 탐구하게 되었는데, 여기에서 소피스트(Sophist)들이 등장하게 된다. 그들은 우주의 근본을 이야기한 것이 아니라, 그들의 민주 정치에 실제적으로 활용될 수 있는 변론술, 수사학 등을 연구하고 가르쳤다. 또한 그들은 국가와 사회가 합리적으로 구성되어야 한다는 합리적인 사상을 확립하여 가르쳤다.

가장 대표적인 소피스트인 프로타고라스가 "인간은 만물의 척도이다." 라고 말한 것에서 알 수 있듯이, 그들에게 있어서 진리와 정의 등은 인간 자신의 필요와 이익에 따라 달라질 수 있었던 것이다. 또한 그들은, 절대적이고 객관적인 지식은 있을 수 없으며 상대적이고 주관적인 진리만이 존재한다고 주장했다. 소피스트들은 궤변론자로 불리우며 비판을 받고 있지만, 초기의 자연 철학에 비해서 인간 철학이나 사회 철학이 대두된 것은 전적으로 소피스트들의 기여에 의한 것이라 할 수 있다.

소피스트들의 상대주의에 반대해서 절대적이고 객관적인 진리를 추구했던 사상가가 소크라테스였다. 그는 보편적인 진리(眞理), 절대 미(美), 절대 선(善)을 인정하고 거기에 도달하기 위한 방법으로는 분석, 비교, 변증, 종합 등의 방법을 제시하였다. 그는 비록 사형당했지만, 그의 사상은 플라톤에 의해서 기록되었으며 발전되었다. 플라톤은 영원 불변의 진리를 믿었으며 '이데아론' 으로 그의 사상을 집약했다. 그에 따르면 우리가 보고 경험하는 모든 사물들은 단순한 이데아의 반영에 불과하며 절대적인 진리, 미, 선은 오직 이데아의 세계에서만 가능하다는 것이다.

따라서 플라톤의 철학은 물질과 정신, 육신과 영혼, 현상계와 이데아가 대립하는 이원론(二元論)이었다. 플라톤의 수제자는 아리스토텔레스였지만 그의 철학은 여러 측면에서 플라톤의 것과는 상이했다. 그는 플라톤보다 구체적이고 실제적인 지식을 추구하였으며, 실재(實在)란 보편적인 이데아에 있지 않고 개별적이며 구체적인 것에 있다고 주장하였다. 아리스토텔레스는 플라톤보다도 유형적인 것에 대한 연구에 많은 관심을 보였으며 그래서 물리학, 생물학, 천문학, 논리학, 시학, 형이상학 등의 다양한 방면에 저술을 남기고 있다.

그리스 문화, 헬레니즘 문화, 히브리 문화

그리스 문화와 헬레니즘 문화의 차이는 무엇인가? 그리스 문화란 아테네, 스파르타 등 폴리스를 중심으로 형성된 문화를 의미한다. 이에 반해 헬레니즘 문화란 알렉산더 대왕의 정복 운동을 통해 그리스 문화와 동방 문화가 융화된 형태의 문화를 말한다. 알렉산더 대왕이 B.C. 334년 이후 동방 지역을 통일하고 나서 로마 제국의 문화가 들어설 때 까지 300여년을 우리는 헬레니즘 문화라 일컫는다. 이는 그리스 문화와 대비되는 용어로 사용되고 있으며 서양 문화의 기초를 이루고 있다. 그리고 히브리 사상이 동방 사상에서 두드러진다고 판단하는 세속학자들은 헬라 사상과 히브리 사상이 상호 대비되는 것으로 이해하기도 한다. 그러나 정통적인 기독교 신학자들은 헬라 사상과 히브리 사상의 연관성 및 비교가치를 인정하지 않는다.

(2) 동양의 사상들

춘추 전국 시대의 사회적 변동은 서민의 지위를 높였다. 이에 따라 그들은 학문을 할 수 있는 자유를 획득하게 되었다. 특히 전국기에 들어서면 각국은 우수한 학자나 사상가들을 구하여 그들의 지도로 국력을 충실히 하여 천하의 패권을 잡고자 했다. 이에 자극을 받아 학문하는 분위기에 더욱 박차를 가하였다.

공자(孔子)의 제자 자하(子夏)는 B.C. 5세기 말 위(魏)의 문후(文侯)에 초빙되자 많은 인재를 길러 문후 밑에 입사시켰다. B.C. 4세기 후반부터 B.C. 3세기가 되면 제(齊)에서는 전국에서 학자를 초빙해 국도인 직문(稷門)부근에 저택을 세워 그들을 살게 하고 생활비를 주어 논쟁이나 저술에 전념케 했는데, 이를 직하학사(稷下學士)라 부른다. 이곳에서 맹자나 순자 등이 활약하였다.

공자의 덕치주의(德治主義)에 대해 최초의 이견(異見)을 낸 사람은 묵자(墨子)였다. 그는 공자의 인(仁)을 차별적인 사랑이라고 물리치고 만민에 대해 무차별한 박애주의의 입장에 서서 전쟁을 부정하고 노동과 검약을 주장하여 묵가의 시조가 되었다. 또한 공자의 인(仁)을 인위적인 것이라 하여 일체의 인위(人爲)를 부정하고 무위(無爲)의 세계에서 도(道)를 구하여 무위자연(無爲自然)의 철학을 역설한 노자(老子)와 장자(蔣子)는 도가(道家)의 시조가 되었다. 그밖에 농가(農家), 명가(名家), 음양가(陰陽家) 등이 이어서 출현했다.

약육강식의 전란 시대에 살아남기 위해서는 무엇보다도 부국강병이 최우선이었으므로 새로운 정치 방식이 요구되었다. 이에 등장한 것이 상앙이 취한 신상 필벌의 법치주의였다. 또한 B.C. 3세기 후반에는 한비자(韓非子)에 의해 법가 사상이 완성되었다.

7 장

제 1세기와 A.D. 시대 초기

인간 역사에 있어서 기원 첫 세기는 매우 중요한 시기이다. 왜냐하면 신(神)이 인간의 모습으로 와서 인간과 함께 했던 때였기 때문이다. 오늘날 많은 사람들이 기독교인의 이 주장을 받아들이지 않는 것이 사실이다. 어떻게 보이지 않는 신이 인간처럼 이 세상에 와서 인간들과 먹고 마시고 생활했겠느냐는 것이다.

그러나 성경(聖經)은 그 사실을 증언한다. 그것을 믿고 믿지 않고는 그만 두고서라도 우리가 명백하고도 확실히 알 수 있는 것은 성경에는 그렇게 기록되어 있다는 사실과 그것을 믿고 있는 사람들이 지구상에 무수히 많이 있다는 사실이다. 정통적인 기독교인들은 인간의 몸을 입고 오신 하나님을 믿고 있다.

우리가 이 점에 대해서 분명히 생각해야 할 것은 만일 신이 존재해 있다면 적어도 신의 능력으로는 그것이 가능할 것이란 점이다. 그리고 신이 할 수 있는 일을 인간의 경험이나 이성으로써 신의 능력마저도 부인해 버리는 것은 잘못이다. 우리가 깨달아야 할 바는, 하나님의 뜻을 배반하여 범죄에 빠진 인간을 구원함으로써 하나님의 영광을 회복하기 위하여 약속에 따라 신이 친히 인간의 몸을 입고 이 세상에 오셨다는 사실이다.

기독교 관점에서 본 세계문화사

예수 그리스도와 하나님 나라의 도래

예수 그리스도는 하나님 나라의 왕이다. 그 왕이 세상에 침투해 들어오면서 그의 왕국이 함께 들어오게 된다. 그것은 세상 왕과 왕국에 대한 전쟁 선포를 의미한다. 이는 창세기 3장15절에 기록된 대로 '그 여자의 후손' 이 뱀 곧 사탄의 머리를 상하게 하고 뱀은 그 여자의 후손의 발꿈치를 상하게 하리라는 말씀이 성취되고 있는 것이다. 오늘 예수 그리스도께 속한 그의 백성들은 하나님의 나라에 속해 있으면서 세상의 왕국과 대치하여 싸움을 지속하고 있다.

성령의 오심과 역사 (요 14:17)

 성령의 오심은 과연 역사적 사실일까? 일반 역사학자들은 이 지구상에 성령이 오셨음에 대해서 인정하지 않는다. 실체적 안목으로 볼 수 없는 성령의 오심을 역사적 사실로 인정하지 않는 것이다. 그러나 하나님을 믿는 기독교인들은 성령이 오신 사건을 중요한 역사적 사건으로 이해하고 있다. 성경은 예수 그리스도의 오심과 오순절 성령의 오심이 동일한 역사적 사건임을 기술하고 있다. 인간역사를 이해함에 있어서 성령의 오심에 대한 사실을 이해하는 것은 매우 중요하다. 이는 그로 인해 교회의 기초가 확립되며 구원의 서정이 이루어졌기 때문이다.

하여튼 이 지구상에 신이 왔다고 주장되는 그 시기 어간에 이 지구상에는 전반적으로 어떤 일들이 벌어지고 있었는가? 이 지구상에는 여전히 많은 사건들이 일어나고 있었다. 사람들은 눈앞의 목적에 얽매여 신이 이 세상에 왔다는 사실에는 전혀 아랑곳하지 않은 채 각기 제 갈 길을 가고 있었던 것이다.

1. 로마 제국

(1) 제국의 통일

두 차례의 삼두 정치를 거친 로마는 옥타비아누스가 B.C. 31년 악티움 해전(海戰)에서 안토니우스 군대를 격파한 후, 한 사람의 단일 지배하에 놓이게 된다. 옥타비아누스가 아우구스투스(Augustus) 칭호를 받아 초대 로마 황제가 된 것이다. 그는 B.C. 27년부터 A.D. 14년까지 대 로마 제국을 강권(强權)으로 다스리게 되는데, 예수 그리스도는 그의 치하(治下)에 있던 유대 지역(팔레스틴)에서 태어났다.

아우구스투스(Augustus)의 통치는 전반적으로 현상 유지 및 방어 · 정비의 체제를 취하게 됨에 따라 이른바 '로마의 평화'(Pax Romana) 시대가 시작되었다. 평화 시대의 로마는 국가 영토의 극대화를 달성했으며, 대내적으로 정치 · 경제를 안정시켜 사회적으로 안정 시대를 구현했고, 학문과 예술을 발달시켰다. 로마 제국 내에는 그 후부터 도시에 교량과 수도가 설치되고 도로가 정비되었다.

A.D. 1세기의 로마 제국은 헬레니즘 문화를 확대한 대규모의 보편 문화를 형성하여 찬란한 정치 기틀을 마련했다. 대리석의 도시가 된 로마 시는 거대한 로마 제국을 통치하는 중심부였으며, 각 지역마다 주요 도시가 있어서 지역 경제 활동의 중심이 되었다. 그 도시와 도시들을 연결하는 도로

들이 매우 발달하여 제국은 전체적으로 내적 통일을 이루고 있었던 것이다. 아우구스투스가 죽은 후 티베리우스, 칼리굴라, 클라우디우스, 네로 등이 황제에 오르게 되며 A.D. 68년 네로 황제가 자살한 이후 수년간 정치적으로 다소 복잡한 시기를 맞게 되나 곧 평정을 회복한다.

(2) 대 제국 속의 유다 왕국

B.C. 586년 신 바빌로니아에 의해 예루살렘이 멸망당한 후 사실상 정치적 독립국으로서의 유다 왕국은 없어졌다. 페르시아 제국의 유화 정책으로 포로로 잡혀 갔던 이스라엘 민족이 다시 본토로 돌아와 예루살렘 성전을 새로 건축하고 민족의 기틀을 다시금 세워 나가지만, 민족만 있었을 뿐 한 국가로서의 왕국은 존재하지 않았다. 왕이 없고 나라가 없어 독립하지 못한 이스라엘 민족은 수백 년간 민족 독립을 추구하지만 성공하지 못했다. B.C. 165~135년 사이 마카비우스 반란이 일시적으로 성공하는 듯했으나 그것도 잠시 후 끝나 버렸다.

B.C. 63년, 예루살렘이 로마 군대에 의해 함락됨으로써 이스라엘 백성의 터전은 로마의 속령이 된다. 그 후 유다 왕국은 독립하게 되는 데, 물론 그 독립은 완전한 것이 아니라 대 로마 제국 가운데서의 다소간 특수한 지위를 누리게 되는 것이다. 즉 B.C. 37년 헤롯 대왕이 유다 지역의 왕이 되어 A.D. 70년 로마 군대에 의해 예루살렘이 함락될 때까지 어느 정도 부분적인 독립 상태가 되는 것이다.

세계 역사 가운데 그때의 유다 왕국은 마치 계란의 노른자위처럼 선명한 섬으로 떠 있음을 보게 된다. 평면적으로 보아 유다 왕국은 거대한 로마 제국 내에서의 어렴풋한 섬으로 떠 있고, 역사적 시점으로 보아 B.C. 586년 멸망한 유대 왕국 이후의 오랜 기간과 1948년 다시 독립한 이스라엘 국가가 있기까지의 사이에 어렴풋한 섬으로 떠 있는 것이다. 그 어렴풋

하면서도 한편 선명했던 반 독립(half-independence)의 100여년 기간 사이에 신(神)이 그 왕국을 통해 이 세상에 왔다는 사실은 신비스럽기까지 하다.

B.C. 44년, 카이사르가 암살당했을 때 로마는 일시적으로 혼란에 빠졌고, 그보다 몇 년 후인 B.C. 40년에 시리아 지방과 유대는 파르티아인들(Partians)의 침략을 받았다. 그 당시 유대의 분봉왕으로 있던 헤롯은 로마로 도피했다. 거기서 로마 원로원은 헤롯을 유대인들의 왕이라고 선언했던 것이다. 헤롯은 상징적으로 유대의 왕이 되어 있었으나 빼앗긴 땅의 재정복은 결코 쉬운 일이 아니었다. 그러나 B.C. 37년 10월경 헤롯이 로마군의 도움을 힘입어 석달 동안의 포위 끝에 예루살렘을 함락시킴으로 영토 회복에 성공한다. 유대 왕이 된 헤롯의 33년간에 이르는 통치는 이렇게 시작된 것이다. 그가 사망한 해인 B.C. 4년경에 유대 땅에서 예수 그리도가 태어났다.

예수 그리스도의 출생 연도

오늘날 대다수 국가들은 서력기원 연대를 사용하고 있다. 즉 기원년을 중심으로 하여 전·후로 나누어 연대를 산정한 연대를 사용하고 있는 것이다. 이는 곧 예수 그리스도의 출생을 중심으로 하여 B.C.와 A.D.로 구분하는데, B.C.(Before Christ)는 '그리스도 이전 시대'라는 말이며, A.D.(Anno Domini)는 '우리 주님의 시대'라는 뜻이다. 이 연대 산정법은 6세기 로마제국 시대의 신학자 디오니시우스 엑시구스가 '부활절의 서(書)'(525)에서 처음으로 사용한 것으로 알려져 있다. 그렇지만 원래는 예수 그리스도 출생연도를 0으로 잡아 연대를 산정했으나 처음부터 그 기준에 착오가 있었다. 즉 예수 그리스도의 출생이 4년 정도 늦게 잡혀 있었던 것이다. 즉 예수님의 출생은 0년이 아니라

 B.C. 4년 경이었다. 그것은 예수님 탄생시 이스라엘 왕이었던 헤롯대왕이 B.C. 4년 경에 죽었으므로 예수님의 출생은 최소한 그 보다 앞섰다는 점에서 알수 있다.

헤롯은 원래 안토니우스의 친구였으나 안토니우스가 옥타비아누스와의 전투에 패배해 죽은 후에는 옥타비아누스에게 충성을 맹세함으로 로마의 이익을 계속적으로 도모했다. 헤롯은 훌륭한 건축가였는데, 곳곳에 공공건물을 세우고 도로를 닦는 일에 힘을 쏟았다. 특히 B.C. 19년에 착공한 예루살렘 성전의 건축은 괄목할 만하다. 그 성전은 매우 화려했으며 예수가 본 성전이 바로 그 건축물이다. 그 성전은 헤롯 당대에 완공하지 못하고 실제로 마지막 손질은 그것이 파괴되기 꼭 7년 전인A.D. 63년에야 비로소 끝이 났다.

헤롯은 무자비한 성격의 소유자로서 가정생활은 매우 불행하였다. 그는 여러 번 결혼한 경력을 소유하고 있으며, 자기 아내와 자식들을 처형하기도 했다. 그는 B.C. 4년 질병으로 말미암아 죽게 되었고, 후계자 문제는 유서(遺書)를 통해 결정했다. 그는 유서를 통해 그의 왕국을 그의 아들 세 명에게 분할해 주었는데, 안티바스(Antipas)는 분봉왕(Tetrarch)으로서 갈릴리와 베레아(Peraea)를 다스리게 되었고, 아켈라우스(Archelaus)는 사마리아와 이두메를 포함한 유대 지방을 받았다. 그리고 또 다른 아내(예루살렘의 클레오파트라)가 낳은 필립(Philip)은 헤롯이 아우구스투스에게서 받은 갈릴리 호수의 동쪽과 동북쪽에 있는 영토의 분봉왕으로 지명되었다.

나중에 아우구스투스(Augustus)의 재가가 있고 나서 그 세 사람은 영토를 분할해서 통치하게 되지만, 성격이 괴팍하고 강압적이던 아켈라우스(Achelaus)는 A.D. 6년 황제에 의해 추방된다. 그때부터 유대 지역은 로마영지로 격하되어 로마의 총독이 다시 주둔하게 된다.

한편 안티바스(Antipas)와 필립(Philip)은 각기 42년과 37년간의 장기간 동안 재위하게 된다. 헤롯 안티바스는 그의 아버지처럼 헬레니즘 문화의 장려자이며 위대한 건축가였다. 그는 소위 능력 있는 정치가였으나 형

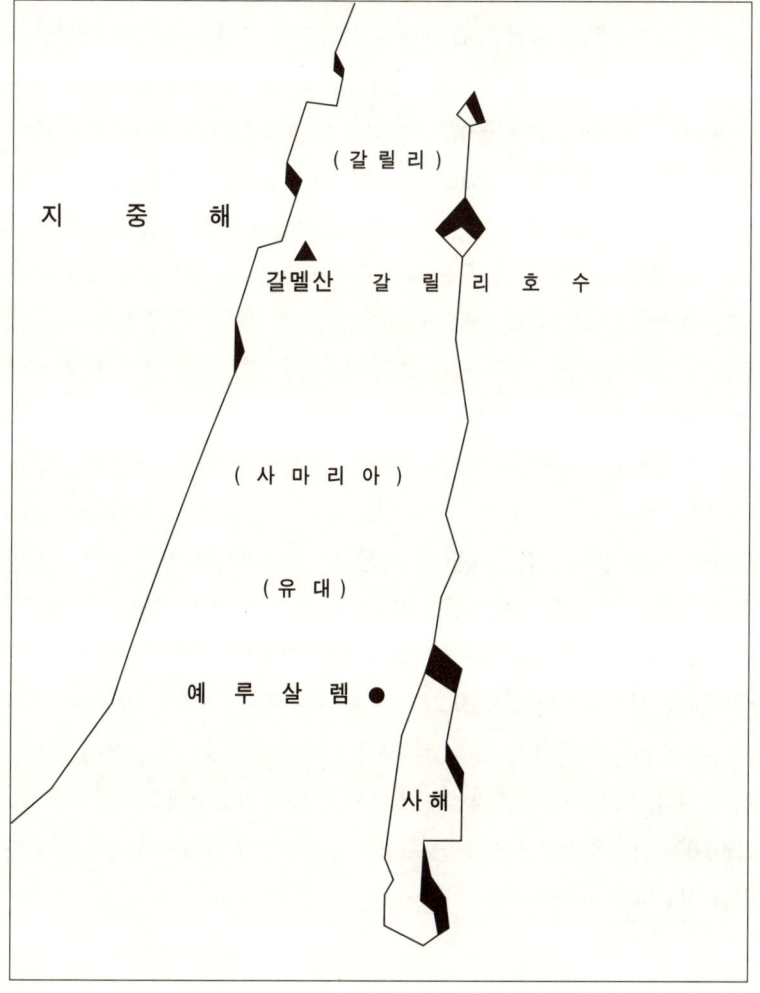

(그림11. 유대 지도)

수 헤로디아를 강제로 취함으로 백성들의 원성을 샀다. 반면 필립은 중용적이며 관대한 통치자로서 온순한 성격을 소유한 자로 알려져 있다. 그는 황제를 존경하는 뜻에서 가이사랴(Caesarea)를 세우고, 동전에 아우구스투스(Augustus)와 티베리우스(Tiberius)황제의 화상을 그려넣는 등 로마에 적절히 아부함으로써 권좌를 누렸다.

예수 그리스도는 사실 헤롯 대왕이 사망한 무렵에 탄생하여, 아티바스(Antipas)와 필립(Philip)이 북부 지역을 다스리고 로마의 총독이 유대지역을 다스리던 때 주로 활동했던 것이다. 티베리우스(Tiberius) 황제 재임 기간 중 본디오 빌라도(Pontius Pilate)가 유대 총독일 때 예수는 공개적인 활동을 하다가 A.D. 30년경 십자가에서 로마법에 의해 처형을 당하게 된다. 기독교인들은 그 후 사흘 만에 예수가 다시 살아나서 나중 하늘로 올라간 것으로 믿고 있는데, 성경(聖經)에는 그 사건에 대해 증언을 하는 사람들로 가득 차 있다. 예수 이후 그의 제자들은 기독교를 로마 제국 전역에 전파하게 된다.

그런 중에서 유대인들은 많은 사회적 · 경제적 혼란과 어려움들을 겪는다. 특히 유대 지역에는 조직적인 민족 독립 운동을 하는 사람들이 많이 있었다. 네로 황제의 집권(A.D. 54-68)말기였던 66년부터는 대대적인 민족 봉기가 일어나지만 결국 실패로 돌아가고 만다. A.D. 70년 로마의 장군 티투스(Titus)가 반란군을 진압하고 예루살렘을 함락하게 되었다. 그때 예루살렘 성전은 완전히 파괴되고 잔당들(Partisans)은 사해(死海) 바다 서남부에 있는 마사다(Masada)로 가서 투쟁하지만 2년 후 완전히 멸망당하게 된다. 그리하여 이스라엘은 또다시 완전히 멸망하게 되었다. 티투스(Titus)는그때 유대인 포로들을 로마로 잡아갔는데 이들이 로마의 콜롯세움을 지었다고 한다.

– 신(神)의 역사(歷史) 속 직접 개입

예수 그리스도가 이 땅에 태어난 것은 역사적 사실인 것으로 누구나 받아들인다. 문제는 예수 그리스도가 신(神)이냐 단순한 인간(人間)에 지나지 않느냐 하는 데서 받아들이는 차이가 날 따름이다.

일반 역사학자들이나 그들을 통해 배운 사람들은 B.C. 4년경 예수가 팔레스틴 지역에서 태어났다가 A.D. 30년경 로마 제국에 의해 처형당한 것으로 기억하고 있다. 그러나 기독교인들은 예수의 존재를 신의 인간 역사에 대한 실제적 개입으로 믿고 있다.

'임마누엘'의 의미

기독교에서는 예수님을 임마누엘 하나님이라 부른다. 이사야 7장14절에서 "보라 처녀가 잉태하여 아들을 낳을 것이요 그 이름을 임마누엘이라 하리라"는 말씀이 성취되어 그리스도께서 오신 것이다. 여기서 임마누엘이라는 말의 의미는 곧 "하나님이 우리와 함께 계시다"(마 1:23)는 뜻이다. 그렇다면 '하나님이 우리와 함께 계시다'는 말은 무슨 뜻일까? 그것이 영적인 의미로 해석되어 예수님은 낮이나 밤이나 혹은 집에 있으나 일터에 있으나 항상 우리와 함께 계신다는 의미일까? 깨어 있을 때나 잠을 잘 때, 그리고 병중에 신음할 때도 항상 우리와 함께 계신다는 그런 의미일까? 그러나 임마누엘은 그런 뜻이 아니다. '임마누엘'이란 말은 하나님이 인간의 육체를 입고 성육신(incarnation)하셨음을 말하고 있는 것이다. 즉 거룩하신 하나님께서 인간처럼 눈과 코를 가진 인간으로 오셔서 인간 가운데 계심을 말하고 있는 것이다. 그러니 많은 사람들이 인간의 모습을 한 하나님을 알아보지 못하고 인간으로만 오해했던 것이다.

예수님의 탄생일과 12월 25일

예수님의 탄생일이 12월 25일이라고 한 것은 로마 제국이 기독교를 공인하고 난 후에 생겨난 개념이다. 그 전에는 예수님의 탄생일을 기념한 적이 없다. 신약 성경에서도 제자들이나 사도교회 성도들이 예수님의 탄생일을 기념한 적이 없으며 더구나 12월 25일을 성탄절로 지킬 아무런 이유가 없었다. 로마제국이 12월 25일을 성탄절로 정한 것은 태양숭배 사상 축제와 연관된 것이다. 그러므로 종교개혁자들은 성탄절을 없애려고 하였다. 그리고 17세기 영국의 청교도들은 성탄절을 거부했으며, 영국의회에서는 1643년 성탄절을 지키지 못하도록 법령을 제정했다. 미국으로 이주해 간 청교도들 역시 성탄절을 지키지 않았으며, 1659년에 제정된 메사추세츠 법령은 12월 25일을 성탄절로 경축하는 사람들에게 벌금을 내도록 했다. 오늘날 전세계인들이 성탄절을 지키는 것은 신앙적인 원인에서 출발한 것이 아니라 상업주의의 결과라 할 수 있다. 우리에게 중요한 것은 예수님의 탄생이며, 탄생일을 기념하는 것이 아니다.

– 로마 제국과 초대 기독 교회 – 박해받는 교회

로마 제국은 유대 왕국의 예수가 정치적 성향을 띤 인물이 아닌 줄 알면서도 저들의 정치적 목적을 달성할 심사로 예수를 정치범으로 몰아 처형했다. 로마 제국과 유대 민족의 지도자들은 처음 한 종교 일파의 리더 (Leader)인 예수만 처형하면 모든 잡음들이 끝날 것이라 생각했던 것이다. 그러나 사건은 저들의 계산대로 진행되지 않았다.

예수의 십자가(十字架) 처형 사건 이후, 그를 따르던 많은 무리들은 도리어 더 적극적이 되었으며, 예수에 관한 이야기들은 그야말로 삽시간에 전(全) 로마 제국으로 퍼져 갔던 것이다. 유대인 지도자들이 그것을 막기 위해 예루살렘에 살고 있는 기독교인들에게 철저한 박해를 가하게 되자 그들은 동서사방으로 흩어졌다. 그 흩어진 사람들은 마치 불씨를 안은 것처럼 가는 곳마다 그 불씨들을 지핌으로 도리어 정반대의 효과가 나타났다.

원래 기독교를 박해하던 사도 바울(Apostle Paul)은 기독교(基督敎)로 회심하고 나서 더욱 조직적으로 기독교를 전파했다. 그는 그 당시 큰 도시들인 안디옥(Antioch), 에베소(Ephesus), 고린도(Corinth), 로마(Rome) 등을 순회하며 기독교를 전파했던 것이다. 그렇게 되자 로마 제국도 그냥 방관하지만은 않았다. 그것이 바울과 직접적인 연관 때문은 아니었어도 기독교인들은 상당한 어려움에 봉착하게 되었다. 클라디우스 황제는 A.D. 46년경 로마에 살고 있는 모든 기독교인들에 대해 추방령을 공포했다. 그 이유는 그들이 비밀 집회를 열고 있으며, 로마 제국이 지향하는 바 새 시대에 적합하지 않다는 것이었다. 로마 제국은 기독교인들의 정기적인 집회를 정치적 목적을 가지고 있는 것으로 오해했던 것이다.

그 후 네로(Nero)황제 때 기독교인들은 더욱 혹심한 박해를 당한다. 네로 황제는 A.D. 64년에 있었던 로마 시(市)의 대화재에 대한 혐의를 기독교인들에게 뒤집어 씌움으로써 대학살을 자행했다. 기독교에 대한 박해가 계속되다가 도미티안 황제 (A.D. 81-96) 때는 기독교에 대한 더욱 적극적인 박해가 시작된다. 이는 황제 자신이 신으로 자처했기 때문이다. 그래서 로마 제국은 기독교인들에게 "황제냐 아니면 예수냐" 하여 둘 중 하나를 선택할 것을 강요했던 것이다.

2. 제 1세기 및 초기 기독교 시대의 세계

(1) 중국 지역

전한(前漢)의 무제(武帝, B.C. 141-87)이후 개인 사유지의 수와 면적이 증대해 감으로써 한제국(漢帝國)의 경제적 타격은 컸다. 막대한 노동력이 필요했던 때에 유가(儒家)인 관료가 새로운 지주 계층으로 바뀌었다는 것은 제국 경제가 유지되어 가기에는 너무나 과중한 부담이었다. B.C. 6년에는 개인이 소유할 수 있는 토지 면적의 한도를 설정한 포고령이 발표되었다. 그러나 그 법령 시행 여부는 행정관 겸 지주(地主)였던 유가(儒家)들에게 달려 있었으므로 그 법령은 사문화(死文化)되었으며, 결국 A.D. 9년 전한(前漢)은 몰락하고 만다.

한 왕조(漢王朝)를 물리치고 대신 들어앉은 자는 왕망(王莽)이었는데, 그는 국호를 신(新)이라 하고 스스로를 신황제(新皇帝)라 칭했다. 왕망(王莽)은 유가 출신 관료 계급들이 방해했던 농업 문제를 해결하기 위해 관제전제(官制田制)를 대폭 개혁하려 했다. 그러나 그것은 관료 계급의 저항으로 좌절되고 말았다. 왕망은 농민의 곤궁을 완화시켜 주려고 애썼으나 결국 실패했다. 농민들은 반란을 일으켰으나 왕망의 제국을 상속하지도 못하고 그 문제를 해결하지도 못했다.

왕망의 신 제국(新帝國)이 A.D. 23년 멸망한 다음 국내에는 상당한 혼란이 오게 된다. 그 후 후한(後漢)이 수립되어 낙양(洛陽)에 수도를 설치했다. A.D. 36년까지 후한(後漢)의 창건자인 광무제(光武帝)는 농민 폭동을 진압하고 몰락했던 유가(儒家) 관료 체제를 다시금 복구시켰다. 이때 생겨난 새로운 사회 계급, 즉 관료 계급은 이제 자신의 위치를 확고히 세우게 되었다. 이는 신(新)의 왕망이 극단적인 중앙 집권 정책과 경제 통제(토지 국유화, 노예 매매 금지)를 시행함으로써 상인들과 관료, 농민들의 반감을 샀던 15년간의 시대 이후에 생겨난 체제였다.

A.D. 1세기 동안에는 호족의 세력이 강했으며 비단길(Silk Road)이 번영하였고 로마 제국과의 교섭이 있었다. 그리고 이때 즈음 중국에 불교가 전래되었다. 인도에서 불교가 일어난 지 약 550여년 후인 명제(明帝, A.D. 57-75)때 불교를 수입하여 낙양(洛陽)에 백마사(白馬寺)를 건립했던 것이다.

고대 한족(漢族)과 가장 활발한 접촉을 가진 민족은 스키타이(Scythai) 문화(騎馬民族)의 영향을 받은 흉노족(Huns)이었다. 후한(後漢) 시대에는 흉노족이 남북으로 분리되어 남흉노는 한(漢)에 복속되고, 나중 북흉노족은 서진(西進)하여 게르만 대이동의 직접적인 도화선이 되었다. 그리고 1세기 말엽에 괄목할 만한 것은 후한 화제(後漢 和帝, A.D. 88-105)때 환관(宦官) 채윤(蔡倫)에 의하여 발명된 제지법(製紙法)인데, 이것은 문화사상(文化史上)에 있어서 특기할 만한 일이다.

(2) 한반도 및 요동 지역

B.C. 2세기 경 고조선이 멸망하자 그 후 한(漢)이 그 지역을 다스리게 되었다. 그러자 침략 세력인 한(漢)에 대한 항거로 작은 세력들이 연합하게 된다. 그때 부여의 왕족 출신인 주몽이 거느린 기마(騎馬) 집단이 그 지역의 토호 세력을 포섭하여 고구려를 건국했다. 주몽은 활쏘기의 명수로

서 동명성왕으로 불렸다.

고구려는 건국 초기부터 강대한 국가를 형성한 것으로 보이며, A.D. 1세기에는 국제 무대에 두각을 나타내는 강대한 세력으로 성장했다. A.D. 12년 전한(前漢)을 대신한 신 제국(新帝國)의 왕망이 흉노를 정벌하기 위해 고구려의 주몽에게 출병을 요구할 정도였다. 당시 고구려는 북방 정벌을 시도하기도 했으며, A.D. 32년에는 후한(後漢)에 사신을 파견함으로써 중국과의 외교적 교류를 돈독히 하기도 했다.

그때 이미 후한(後漢)과 로마 제국, 그리고 후한과 인도 지역 국가들과 상당한 교류가 있었음을 감안할 때 한반도에서도 1세기 로마 제국에 대한 상당한 지식이 있었으리란 점도 생각할 수 있다.

A.D. 1세기경의 신라 지역에는 6촌(村)의 촌장(村長), 나중의 6부주(部主)가 있어서, 그들이 모여 왕을 선출했는데, 그 왕이 곧 박혁거세이다. 신라는 초기에는 행정 기관을 정비하는 등 국가 안정에 힘을 기울인 듯하다. A.D. 32년 신라는 6부(部)의 이름을 고치고 17관등을 시행했다. 그리고 당시 백제는, 고구려로부터 완전히 독립하여 북방의 압력에 대항할 만한 힘을 구축하던 시대로 짐작된다.

A.D. 42년에는 수로왕이 가야국(加耶, 加羅, 迦洛, 任那라고도 함, A.D. 42-562)을 세우게 된다. 가야의 김수로왕은 인도 출신의 허 왕후와 국제 결혼을 한 것으로 이해된다. 삼국사기의 「가락국기」에는 가야국 제 7년인 A.D. 48년, 허 왕후가 인도에서 배를 타고 가야국인 김해에 도착했다는 내용이 있다.

최근의 기독교 계통의 역사학자들 가운데는 1세기에 벌써 한반도에 기독교 복음이 들어왔을 것이라 추측하는 학자들이 있다. 이는 1세기 당시 로마 제국과 인도 지역의 교역이 성행했고, 그것으로 보아 로마와 다른 기독교도들이 인도에 가서 기독교를 전파했을 가능성이 얼마든지 있기 때문이다. 그리고 만일 그때 인도에 복음이 전해진 것이 분명하다면, 다시 한반도에 기독교가 소개되는 것은 생각하기에 따라서 상당히 자연스러운 일이다.

몇몇 성급한 역사학자들은 일부 고고학적 흔적을 토대로 도마(Thomas)가 직접 한국에 왔을 것이라 추정하는 이들도 없지 않다. '땅끝까지' 가서 전도하려는 당시 기독교 신앙를 생각할 때 그럴 가능성이 전혀 없다고 단정하기는 어렵지만, 아직껏 그에 대한 명확한 역사적 자료를 가지고 있지 못하다.

(3) 인도 지역

B.C. 20년경 쿠샨인(중앙아시아의 유목민인 스키타이계)의 헤라우스는 통일 사업을 시작한다. A.D. 45년 쿠샨(Kushan)왕조(A.D. 45-388)를 세웠으며, 그 후 불교(대승 불교)가 번영하여 간다라(Gandhara) 미술이 일어났다. 이 간다라 미술은 인도적 요소와 그리스적 요소가 결합되어 발생했는데, A.D. 1세기에서 2세기 중엽에 걸쳐 크게 발달했다. 이 간다라 미술은 점차 동아시아 방면으로 전파되어 아시아 문화권에 중대한 영향을 끼쳤다.

A.D. 90년경에는 쿠샨 왕조가 서역(西域) 지방으로 출병하여 후한(後漢)의 반초(班超)의 군대와 교전하였고, 펀잡의 파르티아인을 정복하여 북서인도 지역의 패권을 장악했다. 이 무렵 쿠샨(Kushan) 왕조는 로마 제국에 사절을 파견하는 등 외교 활동도 활발히 했다.

한편 안드라 왕조(B.C. 184-A.D. 236)는 드라비다(Dravida)인이 남 인도 지역에 세운 왕조인데, B.C. 28년경에 북인도 지역까지 병합하게 된다. B.C. 26-20경에는 로마 제국의 아우구스투스(Augustus)에게 사신을 파견하는 등 외교적 활동이 있었으며, 남부 인도 지역에는 로마인들의 거류지(居留地)가 생겨났다. 뿐만 아니라 그때 즈음에 그들은 이집트와의 무역도 발달시키고 있었다. 안드라 왕조에는 힌두교가 성행했는데, A.D. 1세기경 힌두교 경전인 『바가밧드 기타』가 완성되었다.

많은 사람들이 기독교 첫 세기에 인도에 복음(福音)이 전파된 것으로 생각하고 있다. 지금의 인도 동남부 지역에 위치한 마드라스(Madras)에 가면 도마역(St. Thomas Station) 부근에 '도마의 언덕'(St.Thomas Mount)이 있는데 그곳에서 도마가 순교했다고 한다. 지금도 그 언덕 입구에는 "사도 도마가 A.D. 72년 여기서 순교했다"고 적혀 있다.

언덕 아래에서 정상까지 수백 미터가 되는 꾸불꾸불한 계단길에는 양옆으로 고난당하는 예수의 형상 조각품들이 즐비하게 줄을 잇고 있다. 정상에 오르면 조그만 성당이 있고 그 내부에는 '도마의 뼈조각'이라 쓰인 크고 작은 기념품들이 유리관 속에 진열되어 있다. 그 곳에서 7 km 가량 떨어진 도마 성당 내부의 지하에는 '도마의 무덤'이 있다. 그 지하 무덤의 묘비에는 "A.D. 52~72년 도마가 순교하기까지 이 지역에 일곱 개의 교회를 세웠다"는 내용이 기록되어 있다.

물론 우리는 도마(Thomas)에 대한 이러한 이야기가 역사적인 사실인지는 잘 알 수 없다. 그러나 우리가 분명히 알 수 있는 것은 그 당시의 인도 지역이 서방의 로마 제국과 교류가 있었으며, 중국의 후한(後漢), 그리고 동남아시아의 상당한 교류가 있었다는 점이다.

(4) 남북 아메리카 대륙

대서양(大西洋) 연안을 따라 발견되는 올르메크 문명의 유적들의 흔적은 기독교 기원이 시작되는 무렵까지 존속하고 있다. 또한 B.C. 100년경부터 A.D. 150년까지의 기간에 마야 문명 지역의 두 지역에서는 기념비적인 문명이 시작되었다. 중부 마야 지역인 페텐은 열대 다우림(多雨林)에 덮여 있으며, 북부 마야 지역인 유카탄은 비교적 건조하고 황량한 지역이다.

일단 중미 문명은 중부 마야 지역에 정착하게 되는데, 그들의 문명에는 종교(宗教)가 자리 잡고 있었다. 그들은 상형 문자를 사용했으며, 그 상형 문자는 연대 표시의 상형 숫자이고 그 중에는 연속적 시간을 제시하는 장기 산정법(長期算定法)의 숫자와, 반복되는 52년 주기로 연대를 제시하는 숫자가 있다. 그리고 아직 해독되지 않고 있는 문자들이 있는데, 그 상형 문자가 일반 문자라고 추측되고 있다. 그 당시의 도기나 직물 제조 기술, 그리고 야금술 등을 통해 볼 때, 그들이 상당히 발달된 문명을 소유하고 있었음을 알 수 있다.

8 장

제1세기 이후와 중세의 세계

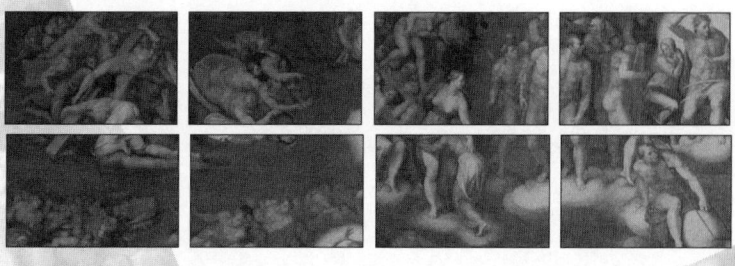

1. 중세 유럽의 형성

(1) 게르만(German)민족의 대이동 –로마 제국의 약화

이른바 로마의 평화(Pax Romana)의 시대에는, 게르만 민족이 로마 제국의 영역을 부분적으로 침입했으나 역부족이었다. 그러다가 콘스탄틴 대제 이전의 약 1세기 반 정도 때는 다시금 적극적인 공세를 펴다가 잠시 주춤하게 된다.

그 후 375년부터 500년 대까지 게르만 민족은 서쪽으로의 대규모 이동을 감행하였는데, 그들은 약탈과 파괴를 수반할 수 밖에 없었다. 375년 경부터 게르만 민족이 로마 제국의 영역으로 들어오게 된 이유는 두 가지로 이해되는데, 그것은 인구 증가로 말미암은 농경지의 부족과 372년 경 아틸라(Attila)의 지휘하에 훈족(Huns)들이 볼가 강을 건너 동고트 족을 정복했기 때문이다. 동고트족이 정복당하는 것을 목격한 서고트족은 위기의식을 느낀 나머지 376년경 다뉴브 강을 건너 로마 제국의 영토 안으로 이주하게 된다.

이리하여 게르만족의 부족(部族)들은 로마 제국과의 평화적인 협상 아래 문화적인 융합을 꾀했으며 로마군의 복무도 허용되었다. 그러나 로마 관리들의 학대로 그들은 대규모의 반란을 일으키게 되어 대략 500년대까지의 백수십 년간 게르만의 여러 부족들은 로마 제국의 여러 지역을 거의

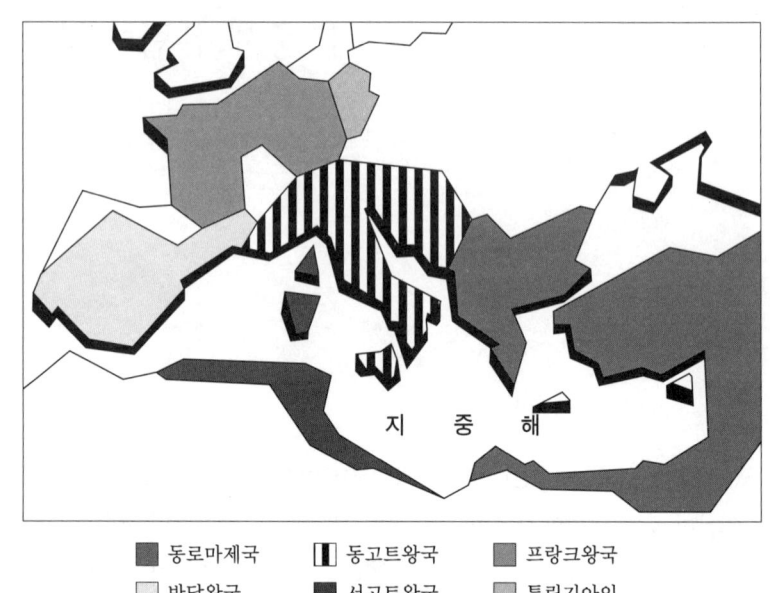

지 중 해

■ 동로마제국	Ⅲ 동고트왕국	■ 프랑크왕국
▢ 반달왕국	■ 서고트왕국	▨ 투링기아인

〈그림12. 게르만 여러왕국들과 동로마 (6세기 초)〉

마음대로 이동하면서 로마의 행정 조직을 마비시켰다.

게르만족은 크게 북게르만, 동게르만, 서게르만 족으로 나눌 수 있는데, 그들이 전체 유럽 사회에 흩어지게 된다. 게르만족의 한 부족인 반달족은 갈리아 지방을 거쳐 스페인 지역에 반달 왕국을 세웠지만, 이탈리아를 침입했던 서고트족이 스페인에까지 쳐들어오자 반달족은 서고트족에 밀려 아프리카 북부에 반달 왕국을 세우게 된다(429). 그 사이 서고트족은 스페인과 남부 갈리아에 서고트 왕국을 세웠다(415). 한편 발틱해 연안으로부터 남진한 부르군트족은 제네바를 중심으로 부르군트 왕국을 세웠으나 (443), 곧 프랑크 왕국에 흡수되었다.

그리고 그 비슷한 시기에 앵글로족(Angles)과 색슨(Saxons)족이 브리튼 섬을 공략하여 자기들의 왕국을 세우게 된다. 유럽의 형편이 이렇게 되어 가는 동안 서로마 제국에서는 군대를 장악하고 있는 군인들이 실권을 장악해 황제는 유명 무실한 존재가 되고 만다. 그러다가 476년 게르만 출신의 용병대장 오도아케르(Odoacer)는 황제를 완전히 무시하고 자신을 스스로 왕으로 선포함으로 서로마 제국은 사실상 멸망하게 된 것이다. 그때 즈음 다른 두 게르만 민족이 또다시 로마의 영역에 침입해 들어왔으니, 곧 프랑크족(Franks)과 동고트족이었다. 동고트의 왕 데오드릭(Theodric)은 이탈리아에 침입하여 오도아케르(Odoacer)를 죽이고 동고트 왕국을 세웠다.

그리고 프랑크족의 왕 클로비스(Clovis)는 그보다 몇 해 앞서 갈리아 지방을 점령하여 프랑크 왕국의 기반을 닦게 된다. 이처럼 서로마 제국의 거의 모든 지역에는 게르만 민족들의 여러 왕국이 세워지게 되었다. 그렇지만 대부분 그 왕국들의 생명은 오랫동안 지속되지 못하였고, 프랑크 왕국만이 그 세력을 확장해 나가게 된다.

(2) 프랑크 왕국의 성립

그 당시 대부분의 게르만 민족들은 로마 교회에서 이단으로 규정하고 있던 아리우스파의 교리를 받아들이고 있었기 때문에, 정통 기독교의 교리를 수용하고 있던 로마인들과의 융화가 어려웠다. 그러나 프랑크족은 다른 게르만 민족과는 달리 일찍부터 정통 기독 교리를 받아들임으로써 로마계 주민들과의 융화를 쉽게 꾀할 수 있었다.

프랑크 왕국은 로마 가톨릭 교회와 제휴하여 서로마 제국을 부흥시킴으로써 서유럽 사회에 새로운 질서를 마련했다. 그들은 게르만 문화와 로마 문화를 기독교 신앙으로 묶어 새로운 유럽 문화의 바탕을 마련하게 되었던 것이다.

2. 동·서 로마 제국의 분열과 비잔틴 제국

콘스탄틴 대제는 313년 밀라노 칙령을 통해 기독교를 공인한 후, 로마 제국의 동부 행정 중심지로서 비잔티움(Byzantium)에 새 로마(Nova Roma)를 창건했다. 그가 그 도시를 자신의 이름을 본따 콘스탄티노플 (Constantinople)이라고 명명한 이래 로마 제국은 행정상으로 양분되었으며 두 개의 수도를 지니게 되었다. 그 후 392년에는 테오도시우스 황제에 의해 기독교가 로마 제국의 국교로 선포되었다. 그리고 395년에는 테오도시우스 황제가 자기의 두 아들에게 제국을 분할하여 상속함으로 제국은 완전히 분리되었다.

기독교 관점에서 본 세계문화사

로마 제국의 기독교 공인과 국교화의 의미

기독교에 있어서 A.D. 313년과 392년은 매우 의미 깊은 해이다. 콘스탄틴 황제는 밀라노 칙령을 통해 기독교를 공인했으며 테오도시우스 황제는 기독교를 국교로 선포했던 것이다. 기독교가 공인되기 전에는 로마 제국에서 예수를 믿는 것은 범죄행위로써 다른 일반범죄와 마찬가지로 기독교 신앙을 가진다는 것은 일종의 범법행위였다. 로마 황제가 기독교를 공인했다는 사실은 예수를 믿는 것이 범법행위가 아니라는 선언이며, 국교화 선포는 예수를 믿지 않는 것이 도리어 범죄행위가 된다는 선언이었다. 우리가 관심을 가지는 것은 기독교 공인과 국교 선포가 교회에 미친 영향이다. 즉 그것이 교회에 유익을 가져왔느냐 아니면 해악을 가져왔느냐 하는 문제이다. 그것은 몇 가지로 생각해볼 수 있다. 우선 범죄자로 취급받던 기독교인들이 더 이상 숨어서 신앙생활을 하지 않아도 된다는 점과 신앙에 대한 강제성으로 인해 모든 국민이 형식상 기독교인이 되었다는 점이다. 그리고 기독교가 개방되고 국교화됨으로 말미암아 급격한 세속화가 이루어졌다는 점이다. 기독교 공인 이전에는 생명을 담보로 하는 신앙고백이 없이는 교회에 가입하는 자가 없었으나 공인이 되고 국교화된 후에는 고백이 약화되어 외형적 관심을 가진 형식적 종교인들이 교회의 주인이 됨으로써 점차 세속화되어 갔다는 점이다. 결국 교회는 313년 기독교 공인과 392년 국교화를 통해 새로운 역사적 국면을 맞게 되었다.

서로마 제국은 불과 백 년을 넘기지 못하고 게르만 민족의 침입으로 멸망당하게 되고, 동로마 제국은 독특한 새로운 문명으로 돌입하게 된다. 그것이 곧 동로마의 비잔틴 문화이다. 동로마 제국은 비잔틴 제국으로 불리게 되었으며, 그들의 문화는 서방 문화와 오리엔트 문화의 융합된 양식으로 나타나게 된다.

제국의 본토를 상실한 동로마 제국은 상한 자존심을 스스로 어떻게 할 도리가 없었다. 그러다가 6세기에 이르러서야 유스티니아누스(Justinianus:527-565)황제가 옛 로마 제국의 회복에 관심을 기울여 적극성을 띠게 된다. 그는 우선 옛 제국의 영토 회복을 위한 강력한 정책을 폄으로써 게르만 민족들로부터 영토 일부를 되찾는다. 그는 아프리카의 반달왕국, 이탈리아의 동고트 왕국, 스페인의 서고트 왕국을 정복했던 것이다. 또한 유스티니아누스 황제는 행정 체제의 개혁을 단행하였다. 그 결과 그는 로마법의 법전화(法典化) 사업을 이룩해 유스티니아누스 법전을 편찬함으로 후세의 법체계에 커다란 영향을 끼쳤으며, 오늘날 대부분 유럽 국가들의 민법의 바탕이 되었다.

　유스티니아누스 황제의 업적에도 불구하고 그가 죽은 후에는 국가 체제의 파탄으로 그 후계자들은 서쪽 영토의 대부분을 상실하고 겨우 동쪽 영토 부분을 유지하는데 불과하였다. 동로마 제국은 유스티니아누스가 죽은 후 롬바르트족과 프랑크족에게 다시금 이탈리아의 대부분을 빼앗겼고, 동쪽에서는 이슬람 교도들에 의해 시리아와 이집트 등 오리엔트의 영토를 잃고 말았던 것이다. 이슬람 교도들과 슬라브족의 영토 확장에 밀려 비잔틴 제국은 8세기 말엽 이후 발칸 반도의 남단과 소아시아만을 소유한 소국(小國)으로 전락하고 말았으며, 나중에는 암흑과 혼란의 시기를 거쳐 11세기 이후에는 쇠퇴할 지경에 이르게 된다.

3. 이슬람교와 십자군 운동

마호메트(Mahomet, 571-632)는 아라비아 반도의 메카(Mecca)에서 출생하였으며 유대교와 기독교의 영향을 받아 신(神, 알라)에의 귀의를 설파함으로 새로운 종교를 창설했다. 그러므로 엄밀한 의미에서 이슬람교는 기독교 이단인 셈이다.

마호메트(Mahomet)의 종교

마호메트는 이슬람을 창시하려고 생각했을까? 그렇지 않다. 마호메트는 처음부터 새로운 종교인 이슬람을 창시하려고 마음먹었던 것이 아니다. 그는 기독교인이 되려고 했으며 토속 기독교로 개종했다. 그는 젊어서부터 아라비아 반도의 다신교의 폐해에 대해 문제의식과 함께 유일신교인 로마 제국의 기독교에 대해 깊은 관심을 가지고 있었다. 그리고 그의 개종에는 토속 기독교적 배경을 가지고 있던 그의 아내 카디자(Khadijah)의 영향이 컸다. 그러나 그가 접한 기독교는 성경을 통한 정통 기독교가 아니라 구전과 관습적인 기독교였다. 그러므로 마호메트의 기독교는 성경을 배경으로 한 진리로서 기독교가 아니라 일반종교로서의 기독교였다. 그러한 잘못된 인본적인 토속 기독교 신앙이 나중 이슬람으로 발전하게 되는 중요한 계기가 된다.

이때 성립된 이슬람 문명권은 지중해 세계를 삽시간에 제패하면서 7-8세기에 걸쳐 서방의 게르만 사회를 압도하였다. 이슬람 교도들은 거센 정복 운동과 함께 고도의 문화를 형성하여 유럽과 아시아 문화에 놀라운 영향을 끼치게 되었다. 그들은 지중해 연안의 주변에 거대한 제국을 형성하여 수세기 동안 탁월한 문명을 창조하였는데, 그 제국이 우리가 알고 있는 사라센 제국[12]이다.

마호메트(Mahomet)가 만든 새로운 신흥 이단 종교는 아랍을 통일하고 나서 곧바로 세계적인 정복 운동을 시작하는데 그들의 정복 운동은 크게 성공한다. 그들은 정복을 시작한 지 불과 100년도 채 되지 않아 메소포타미아, 소아시아, 마케도니아, 아프리카 북부, 이집트, 인도 등지와 유럽의 일부까지 점령하게 된다. 그들은 그 사이 기독교 성지(聖地)의 대부분을 손아귀에 넣어 옛 예루살렘 성전의 자리에는 거대한 이슬람교의 사원(寺院, 모스크)을 건축하기에 이르렀는데, 그것은 지금까지 건재해 있다.

이런 사실은 당시의 유태교나 기독교 계통의 모든 종교인들에게는 참을 수 없는 치욕이요 모독이었다. 더욱이 찬란한 과거를 소유하고 있으면서 기독교화되어 있던 대로마 제국의 시민들로서는 견딜 수 없는 일이었다. 그러나 이미 거대한 세력을 갖추고 밀려드는 사막의 힘 앞에서는 속수무책이었다. 그렇다고 해서 꺾인 그들의 자존심이 계속 침묵하고만 있었던 것은 아니다. 수 백 년의 세월이 흐르는 동안 로마의 기독교 세력은 다시금 옛날의 회복을 꿈꾸게 된다.

그리하여 커다란 야심가요 권력의 소유자였던 교황 그레고리우스 7세(1073-1085) 때는 동방 교회 구출 작전을 구상하게 되었다. 그레고리우스 7세가 교황이 되었을 당시는 셀주크 터키인들(Seljuk Turks)이 아랍인들로부터 팔레스틴과 소아시아를 빼앗은 직후였는데, 그들 역시 이슬람교도

---

12) Saracen:사막의 아들들

가 되어 있었기 때문에 기독교인들의 성지 순례를 허용하지 않고 있었다. 그렇지만 교황 그레고리우스 7세는 구상만 하였을 뿐 성지 회복 운동을 실행에 옮기지는 못했다. 하지만 다음 세대의 교황 우르반 2세(Urban Ⅱ)로 하여금 첫 십자군이 출정하는 데 그 길을 열어 주었다. 그것이 곧 십자군 운동의 시발이다.

교황 우르반 2세는 대단한 웅변가였는데, 1095년 말경 프랑스의 클레르몽(Clermont)에서 군중들에게 예수의 탄생에 대해서 강변했다. 그는 예수가 태어나서 자라 세례 받고 십자가 사역을 이룬 거룩한 땅에 가서 선행(善行)을 행할 것을 역설했던 것이다. 그는 그 거룩한 땅이 지금 모독자들에 의해 모독받고 있음과 기독교 순례자들이 최악의 취급을 받고 있음을 고발했다. 그렇게 되자 군중들은 분노로 들끓게 되었고, 그는 그들이 성지로 가서 터키인들의 손에서 그리스도의 무덤과 예루살렘을 구출하도록 호소하였다. 교황 우르반 2세는 그 자리에서 터키인들과 싸우다가 죽은 모든 사람들에게 천국을 약속했다.

그날 클레르몽(Clermont)에 모인 큰 무리가 감동를 받아서 열정적으로 소리 친 구호는, "하나님이 이를 원하신다! 하나님이 이를 원하신다!" (God wills it! God wills it!)였다. 교황은 붉은 헝겊을 길게 줄로 찢었다. 그리고 이 줄을 십자가의 형태로 모아서 꿰매었다. 십자가를 그 도전에 참가하겠다는 각 사람의 소매에 부착시켰다. 그것이 이 도전을 "십자군" (Crusade)이라 부르게 된 이유이며, 그 참전자들을 "십자군 전사들" (Crusaders)이라 부르게 되었다.

처음 십자군은 1096년에 출정하여 곧 예루살렘을 회복하였다. 그들은 1187년까지 88년간 십자군 왕국을 세워 다스렸다. 그들이 세운 왕국은 강한 정부가 아니었으므로 위협과 위험에 처하게 되었는데, 그 왕국을 지원하기 위해 1147년에 제 2차 십자군의 출정이 있었다. 1187년 예루살렘을 다시 이슬람교 세력에 빼앗겼으며, 그로 인해 제 3차 십자군 원정이 영국의 리차드 1세(Richard Ⅰ)와 프랑스의 필립(Philip)과 신성로마제국 황제 프리드리히 발바로사(Barbarossa)에 의하여 감행되었다.

1202년에는 제 4차 십자군이 출정하게 되는데 그들은 재정적 압박으로 말미암아 기독교 도시를 공격하여 점령하는 어이없는 일을 행하게 되었다. 그들은 베네치아 상인들의 금권에 눌려, 베네치아 상인들의 동방 경쟁자인 비잔틴 상인들의 세력을 쳐부수는 일에 참여하게 된다. 콘스탄티노플을 점령한 십자군의 볼드윈(Baldiwin)을 황제로 추대하여 라틴 제국을 건설하였으며, 그 제국은 대략 50여 년간 존속했다. 그리하여, 본래의 십자군 운동의 정신에 완전히 배치된 제 4차 십자군 운동을 통해 베네치아는 동방 무역의 패권을 장악하는 반면, 무식한 십자군은 귀중한 문화재들만 약탈 파괴했던 것이다.

그 후에도 헝가리, 신성로마제국의 프리드리히 2세, 프랑스의 루이 9세 등에 의해 십자군 운동이 계속되었으나 번번이 실패하고 말았다. 그 십자군 운동들 가운데는 소년 십자군을 파병하는(1212) 무모하고 비극적인 경우도 포함되어 있었다. 독일과 프랑스의 소년 소녀들의 집단이 십자군을 조직하여 이탈리아에 모였으나 그 중 다수의 독일 소년들이 마르세이유 상인들에 의해 노예로 팔리는 비참한 결과를 낳았던 것이다.

이러한 가운데서 십자군 왕국(예루살렘 왕국)은 내분과 분열로 내부적 약화를 거듭하다가 1291년 마지막 거점인 아크르가 떨어짐으로써 약 200여년에 걸친 십자군 운동이 막을 내리게 된 것이다. 결국 십자군 운동은 실패로 끝난 것과 다름이 없다.

기독교 관점에서 본 세계문화사

십자군 전쟁은 신앙운동이었는가?

십자군 전쟁은 서구의 기독교와 이슬람 사이에 200여년에 걸친 전쟁이다. 십자군 전쟁은 기독교에서 시작했지만 처음부터 신앙을 기초로 한 전쟁이 아니었다. 오히려 정치적 문제를 해결하기 위해 종교를 이용한 전쟁이었다. 11세기 후반, 로마제국이 반(Van) 호수 북쪽 말라즈기르트(Malazigirt) 전투에서 이슬람의 용병이었던 투르크인들에 의해 대패한 후, 유럽에서는 서임권 투쟁으로 인해 극도의 정치적 혼란을 겪고 있었다. 그러한 형편에서 시민들의 불신이 쌓이게 되었을 때 당시 교황청은 십자군 전쟁을 구상하고 시도했던 것이다. 수 차례에 이르는 전투에서 십자군들은 비신앙적인 일들을 많이 행한다. 결국 서구의 기독교는 이슬람으로부터 패배하게 되는데, 십자군 전쟁은 신앙운동이 아니라 정치적 목적을 기초로 한 기독교와 이슬람의 전쟁이었다.

4. 유럽의 봉건 제도의 발흥

로마 제국의 영역을 향한 게르만 민족들의 대이동이 시작된 4세기 말 경부터 10세기 말에 이르기까지, 약 600년 동안의 유럽은 외부의 침입과 내부의 분열로 말미암아 혼란과 무질서 상태가 계속되었다. 이러한 상황 가운데서 가장 먼저 요청되는 것은 생활의 안전과 질서의 유지였다. 그것은 외부의 위험뿐만 아니라 주변 사람들에 대한 방어 문제까지 포함되었다.

사람들은 자신과 가족의 생명과 재산을 보호하기 위해 어떤 방도를 강구할 수밖에 없었다. 그러므로 무력을 가진 자들은 그렇지 못한 자들의 생명과 재산을 보호해 주고, 대신 보호를 받는 사람들은 무력을 가진 자들의 지배를 받게 되는데, 이들 무사(武士)들의 지배 체제가 서서히 자라난 것이 중세 유럽의 봉건 제도(Feudalism)였다.

이렇듯이 봉건 제도는 각 지방에서 자생적으로 발달한 것이기 때문에 그 지방의 상황에 따라 조금씩 다른 모습으로 나타나는 것을 보게 된다. 하지만 그 봉건 제도는 순수히 그때 생겨난 것이 아니라 로마의 은대지 제도(Beneficium)[13]와 게르만 사회의 종사 제도[14]가 합해진 형태란 점을 간과할 수 없다.

---

13) 은대지 제도 : 군주가 부하에게 봉토(은대지)를 주어 충성을 계약시키는 예속 관계
14) 종사 제도 : 군사적인 보호 관계

그러므로 중세 봉건 제도는 일종의 군사 제도에 바탕을 두고 있으면서 경제적인 관계를 형성하고 있었음을 알게 된다. 법질서가 유지되지 못한 혼란한 사회 상태에서 무력을 가진 자들은 자기에게 충성을 맹세하는 자들에게 자신의 힘으로써 그들의 생명과 재산을 보호해 주게 되었는데, 그 힘을 가진 자를 주군(主君, Lord)이라 하고 그 종자(從者)를 봉신(封臣, Vassal)이라 하였다.

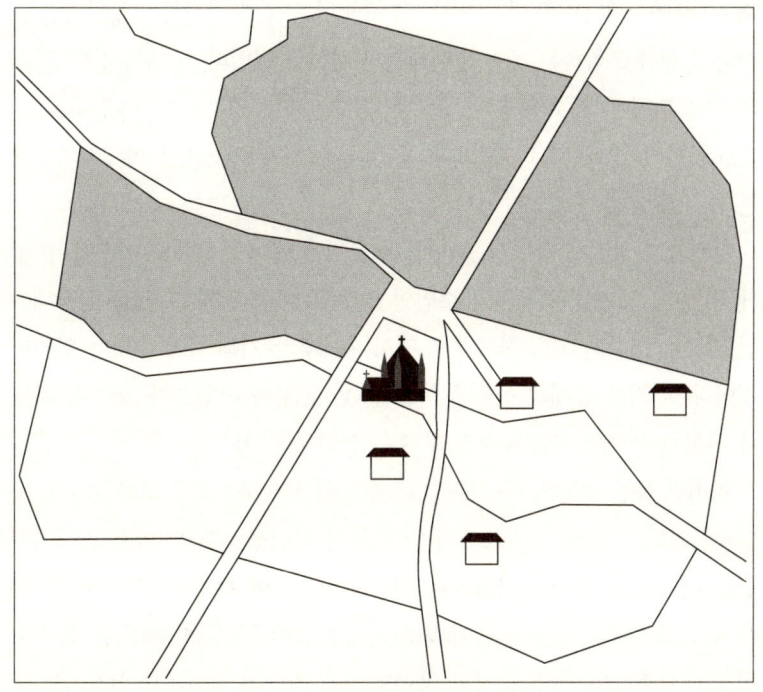

(그림13. 장원의 형태)

　나중 이러한 주종제(主從制)는 위로는 국왕에서부터 시작하여 기사(騎士)에 이르기까지 몇 겹으로 중첩하여 피라미드 모양을 형성하고 있었으며, 이를 봉건제라고 한다. 봉건 제도가 점차 발달해 가면서 봉신(封臣)은 그 봉사의 대가로 주군(主君)으로부터 토지를 대여 받게 되었는데, 이를 은대지(恩貸地)또는 봉토(封土, fief)라고 했다. 그러므로 봉건 제도는 주종제(主從制)에 입각한 쌍무적 계약 관계에 의해 성립되는 것으로서, 봉토(封土)가 그 매개가 되었다. 이것은 지배 계층이 전쟁과 통치에 전념할 수 있도록 그들의 의식주와 전비(戰費)에 드는 모든 것을 피지배 계층에 맡김으로 서로간의 계약이 이루어지는 것이다. 군사적 보호를 받는 계층은 결국 농사를 짓는 농민이 되었는데, 그 주종(主從)이 함께 구성하는 장원(莊園, manor)이 형성되었다. 장원은 그 규모나 구조가 일정하지 않았지만 군사와 경제를 포함하는 조직의 형태를 구성하고 있었다. 대개의 경우, 장원의 중심부에는 영주(領主)나 그 대리자가 사는 영주관(領主館, manor house)이 있었고, 따로 교회당과 농민들의 거주지가 있었으며, 그 외곽에는 농지(農地)들이 있었다.

봉건제가 발전해 가면서, 농민들은 토지에 매여 마음대로 이주할 수 없게 되었다. 농민들은 장원의 주인인 영주(領主)를 위해 그 땅을 경작해야만했으며, 영주의 예속 하에 있으면서 생계를 유지해 나갈 수밖에 없었던 것이다. 이러한 중세의 농민을 농노(農奴, serf)라 하였으며, 이러한 농노에 의한 농장 경영 제도를 농노제 혹은 장원제라 한다.

이러한 봉건 제도의 완성은 칼 대제의 제국이 무너지고 노르만의 침입, 이슬람교도의 공격, 마자르족의 침입 등이 격심했던 9세기에서 10세기에 걸친 시기였다. 이때의 국왕들은 이민족의 침입에 속수무책이어서 성(城)을 쌓고 소성주(小城主)들은 대성주(大城主)밑에 모여들어 싸웠던 것이다. 이들 대성주들은 백작, 공작의 칭호를 가진 지방의 실력자요 실질적인 군주로서 그 영역은 독립 국가나 다름이 없었던 것이다. 그 후 11, 12세기가 되면 프랑스를 비롯하여 영국, 독일 지방에서 봉건제도가 뚜렷한 형태를 나타나게 되며, 이후 2세기 동안에 가장 전형적인 형태로 완성되었다고 볼 수 있다.

5. 중세의 기독 교회

(1) 교황권의 확립

1세기 후반부터 4세기 초반까지 기독교는 로마 제국으로부터 혹독한 박해를 받았다. 그러나 4세기로 접어들면서 얼마 있지 않아 기독교는 새로운 국면에 접하게 된다. 왜냐하면 로마 제국이 기독교에 대해 새로운 자세를 취했기 때문이다.

311년 갈레리우스(Galerius)가 관용정책을 취하게 된 후, 콘스탄틴 황제가 기독교로 개종하면서 313년에는 밀라노 칙령(勅令)을 통해서 기독교가 공인된다. 그 후의 거의 모든 황제들은 기독교에 대해 호의적이었으며, 마침내 테오도시우스(Theodosius) 황제는 기독교를 로마 제국의 국교(國敎)로 정하기에 이르렀다. 그는 392년 칙령을 발표하여 기독교가 로마의 국교임을 선언하고 모든 이교 의식을 금지시켰던 것이다.

박해와 탄압의 시대가 지나가고 전면 기독교 시대가 도래함에 따라 성직 제도와 함께 교구제가 성립되게 된다. 즉 성직이 계층적으로 분화하기 시작하고, 로마 제국 전체가 여러 교구로 나누어졌으며 그 아래 또 작은 교구들이 생겨났던 것이다. 전체 로마 제국은 로마(Rome), 알렉산드리아(Alexandria), 예루살렘(Jerusalem), 콘스탄티노플(Constantinople), 안디옥(Andioch)의 다섯 큰 교구들로 나누어져 서로 동등한 위치에 있었으나 점차 로마의 주교가 기독교회 전체의 영도자로서 인정받게 되었으며, 결국 교황(Pope)의 칭호를 얻게 되었다.

로마가 다른 교구들보다 우위의 교구로서 인정받게 된 것은 아마 그곳이 당시 종교 정치의 중심지였던 이유와 베드로를 비롯한 초대 교회 사도들의 로마 관련 행적 때문이었을 것이다. 한편 로마 제국에서 기독교가 공인된 이후부터 기독교의 교리가 체계화된다. 교리의 체계화란 말은 새로운 교리들을 만들어 낸다는 의미가 아니다. 거기에는 성경의 교훈을 조직화한다는 의미가 있다. 기독교가 박해를 받던 시기에는 드러나게 교리에 대한 토론들을 할 수 없었으나 이제 자유롭게 논의할 수 있게 된 것이다.

교리상 맨 처음 드러난 문제가 삼위 일체 교리인데, 아리우스(Arius, 256-336)가 그 교리를 부인함으로써 아타나시우스(Athanasius)와 충돌하게 된다. 이러한 논쟁은 콘스탄틴 황제의 주최 하에 소집된 니케아(Nicaea)공의회(325)에서 아리우스(Arius)를 이단으로 규정함으로 결말을 내리게 된다. 그 이후부터 기독교 교리 확립을 위한 종교 회의들이 수차례 열리게 되는데, 교회의 권위적인 교리 확립을 위해 각별히 공헌이 큰 사람들은 주로 4, 5세기 교부들이었다.

4세기말, 로마 제국이 동서(東西)로 갈라지고 다시 서로마 제국이 멸망하자 로마 교회도 동로마 제국의 지배 하에 들어갔으나 점차 독립적인 지위를 얻게 되었다. 로마의 멸망으로 의지할 곳을 잃은 사람들이 그들의 정신적 지주로 로마의 주교를 찾게 되어, 그의 교황으로서의 지위는 더욱 확고하게 되어갔던 것이다. 특히 6세기 말 대교황이라 불리우는 그레고리우스 1세(Gregorius Ⅰ)가 앵글로 색슨족을 위주로 해서 게르만족에 대한 전도를 활발히 전개하여 그들이 기독교로 개종했을 때 로마의 교황은 동로마제국으로부터 점차 독립적인 지위를 얻게 되었다.

그렇지만 동로마 제국과 로마 교황이 결별하게 된 결정적인 이유는 우상숭배와 관련된 성상에 관한 교리상의 견해 차이를 들 수 있다. 그 당시 로마 교회는 그리스도상이나 십자가상들을 존중하였으며 그밖에 화상(畫像)이나 조상(彫像)들이 널리 퍼져 있었다. 726년 동로마 황제 레오 3세(Leo Ⅲ)는 기독 교회 안에서의 우상금지령을 내렸다. 그러나 로마 교회에서는 그 금지령을 반대하는데, 그 반대의 이유가 미개한 게르만족을 개종시키는 데에는 우상이 효과적이기 때문이라는 것이었다. 이렇게 하여 로마 교황과 동로마 제국은 결별하게 된다. 이때 로마의 교황은 동로마 제국 대신 자신의 기독교 세계를 지켜 줄 정치적 세력으로서 프랑크 왕국을 선택하게 된다.

프랑크 왕국과 로마 교회의 제휴는 칼 마르텔의 아들 피핀 3세(Pepin Ⅲ)때 이르러 급진전을 보였다. 그 당시 새로 이탈리아의 지배자가 된 롬바르드 왕국이 739년 로마를 공격했을 때 피핀 3세는 교황의 편에 섰으며, 751년 그는 로마 교회에게 사신을 보내 자신의 왕권 계승의 정당성을 인정받아 즉위하고 게르만의 사도라 불린 대주교 보니파키우스(Bonifacius)의 축성(祝聖)을 받았다. 이렇게 해서 카롤링 왕조(Carolingian Dynasty)가 시작된 것이다.

800년, 로마 교황 레오 3세(Leo Ⅲ)가 피핀의 아들 칼(Karl)에게 서로마 제국의 황제관(皇帝冠)을 수여한 것은 프랑크 왕국과 로마 교회의 제휴가 절정에 이른 것을 상징(象徵)하는 사건이었다. 칼(Karl)은 8세기 말기까지 중부 유럽 일대에 거대한 왕국을 이룩하였다. 그는 이탈리아의 롬바르드 왕국을 정복하고(774), 동으로는 바이에른과 오스트리아를 손에 넣었으며 서쪽으로는 스페인까지 장악했던 것이다. 이렇게 하여 받게 된 칼 대제(Karl the Great)의 대관은 유럽 역사상 매우 의미 있는 사건이었다. 그것은 게르만족의 대이동으로 인해 야기된 대혼란의 막을 내리고 새로운 사회 질서와 문명의 출발을 의미하는 것이었기 때문이다. 또한 그 사건은 로마 교회가 동로마 황제와 완전히 분리되어 갈라서는 결정적인 계기가 되었다.

칼 대제는 점차 로마 교회를 보호하면서, 한편으로 성직자의 임명과 감독은 물론 기독교의 교리 문제에까지 관여하면서 교회에 대한 지배권을 확보해 나갔다. 칼 대제의 시대에 한 이상한 문서(文書)가 나타났다. 그것은 "콘스탄틴 대제의 증여"(Donatio Constantine)라는 문서이다. 그 내용은 콘스탄틴 황제가 나병(癩病)이 걸렸는데, 당시 교황 실베스터(Sylvester)의 기도로 나았다고 하는 것이다. 그래서 콘스탄틴 황제는 교황의 주권으로 로마 제국의 서반부를 다스리도록 허가(許可)해 주고 자신은 동반부의 비잔틴으로 옮겨 갔다는 것이다. 또한 그보다 약 50여년 후에는 "이시도르 교령"(Isidorian Decretals)이란 문서가 갑자기 나타났다. 이 문서가 목적하는 바는 9세기의 교황들의 모든 권리가 기독교 최초의 시대부터 유래되었음을 보이려는 것이었으며, 그 문서에 따라서 교황이나 감독들은 세속 권력, 즉 황제의 권위에 복종하지 않을 권리가 있었던 것이다.

이 두 문서들은 그로부터 약 600년이 지난 후에야 위조 문서로 의심을 받았다. 1433년, 쿠사의 니콜라스(Nicolas de Cusa)가 비로소 "이시도르 교령"(Isidorian Decretals)이 거짓임을 밝혔으며, 1446년 로렌조 바라(Lorenzo Valla)는 "콘스탄틴 대제의 증여"(Donatio Constantine)도 거짓임을 증명했던 것이다.

그 두 문서의 영향력은 중세 교회에 엄청나게 컸다. 극도로 무식한 시대에 그것들이 몰래 만들어졌으나 여러 세기 동안 당연한 사실로서 받아들여졌고, 이것이 교황권의 확고한 시기를 형성하게 하였으며, 이로 인해 교황권은 굳게 지켜졌던 것이다. 1054년, 교회(敎會)는 동과 서로 완전히 분리되어 로마의 감독들과 콘스탄티노플의 주교들은 더 이상 경쟁하지 않게 되었으므로, 콘스탄티노플의 주교는 동방교회의 최고권자가 된 것이다.

(2) 중세 수도원 운동

수도원은 중세 문명에 있어서 주된 역할을 수행하였다. 우선 수도승들은 북유럽의 이교도를 기독교로 개종시키는 데 주도적인 역할을 하였으며, 또한 새롭게 이교도가 침입해 온 시대에는 고전 문명과 초기 기독교 문화를 보존하는 데 큰 힘이 되었다. 수도원 생활의 첫 형태는 동지중해 연안 지역에서 출현하였다. 교회사(敎會史)에서 볼 때 매우 일찍부터 믿음이 깊은 기독교인은 동료 신도들을 떠나 외딴 곳으로 가 은둔 생활을 영위하기 시작하였다. 그들은 홀로 최소한의 음식과 옷으로 삶을 유지하며 기도와 명상에 온 시간을 바쳤다. 그들은 모두 독신으로 검약한 삶을 고수하였다. 몇몇 사람은 혹독한 단식과 자학을 감내하기도 했다.

이러한 부류로 4세기 초 이집트에 살고 있던 안토니(St. Anthony)와 파코미우스(St. Pachomius)가 유명하다. 파코미우스는 수도승을 위한 공동체적 수도원 생활을 창시한 인물이었다. 그는 이집트의 수천 기독교인을 대규모 수도원 공동체로 조직하고, 복종의 미덕을 크게 강조하는 규율을 제정하였다. 파코미우스는 육체노동이 수도원 생활의 필수적인 요소가 되어야 한다고 믿었으므로 그의 추종자들을 여러 노동 집단으로 조직하였으며 그들의 검소한 생활에 필요한 만큼을 뺀 나머지 생산물은 모두 가난한 자에게 분배해 주었다.

360년경, 바실리우스(St. Basilius)는 파코미우스의 생각을 더욱 발전시켰다. 그는 노동과 공동체 생활이 완벽한 기독교인의 생활을 이루는 필수적인 요소라 믿었고, 그의 수도승들은 함께 살고, 함께 먹고, 함께 일하고, 함께 예배를 드렸다. 다 함께 고된 노동을 하면서 검소하고 순결하며 꾸밈없이 삶을 영위한다는 이상을 정리함으로써 바실리우스는 동방 교회에서 기독교적 수도원 생활의 진정한 창시자가 되었다.

또한 4세기 초 아타나시우스가 이탈리아에 망명해 있는 동안, 그러한 수도원 생활이 서방 교회로 전해졌다. 아타나시우스는 알렉산드리아의 주교였으므로 그가 서방 세계에 전해 준 것은 극도의 금욕과 육체적 고행을 이상으로 삼는 이집트의 수도원 생활이었다. 그리고 마르티누스와 요한 카시아누스는 갈리아 지방에서 수도원 제도를 창립하였다.

서방 교회에서 결국 지배적이 된 형태의 수도원은 누르시아의 베네딕트(St. Benedict of Nursia)가 6세기 초 이탈리아에서 확립한 것이었다. 이 집트의 수도원 생활과는 대조적으로, 베네딕트의 계율은 중용(中庸)과 안정이라는 고전적인 이상의 영향을 받았다. 베네딕트 수도원의 수도승들은 영웅적인 단식이나 기묘한 형태의 자학적인 고행을 하도록 요구되지는 않았으나 청빈하고 순결하였으며 소박하고 검소하였다. 베네딕트의 계율은 수도승으로 하여금 매일 매일을 노동과 기도로 보내도록 규정하였다. 수도승들은 함께 잠을 잤고 함께 먹었으며 함께 일하고 공부하고 예배를 드렸다. 베네딕트 수도승은 허가 없이 수도원을 떠날 수 없었으며, 수도원 담벽 안에서 살다가 죽음을 맞이하였다.

6세기와 7세기에 걸쳐 아일랜드와 영국에서는 수도원 제도 역사상 매우 중요한 발전이 이루어졌다. 5세기 초에 활동한 패트릭(St. Patrick)에 힘입어 많은 사람이 대규모로 개종한 아일랜드의 기독교는 서방 교회와 동떨어진 방향으로 발전했으며, 서방 교회와는 다른 고유한 특징을 많이 지니게 되었다. 교회 조직의 기본 단위는 주교구(主敎區)가 아닌 수도원이었으며, 각 부족은 자체의 부족 수도원을 지니고 있었고, 실질적으로 교회를 다스린 것은 수도원장이었다. 아일랜드의 수도원은 중세의 일반적인 수도원처럼 규모가 큰 석조 건물로 이루어진 것이 아니었다. 아일랜드의 수도원은 대개 조그마한 교회를 둘러싼 한 무리의 초가집으로 이루어져 있었다. 이런 수도원에 사는 수도승들은 극도의 금욕 생활을 하였다.

그들은 하루의 대부분을 침묵으로 보냈고 자주 단식을 감내하였으며 완전무결한 삶을 이루려고 노력하였고 자기의 일상적인 행위에 조그마한 결함이라도 있는가 주의 깊게 반성하였다. 더욱 놀라운 사실은 수도승들이 스스로 정열을 바쳐 배움에 힘썼다는 사실이다. 완벽한 기독교인이 되려면 반드시 성경과 위대한 교부들의 저작을 읽고 명상해야만 한다고 여겼던 것이다. 또한 아일랜드 수도원 생활의 특징으로, 특히 어려운 고행 형태로서 유랑 생활을 자청하는 성향은 다른 지역에까지 파급되기도 했다.

앵글로 색슨족이 기독교로 개종(改宗)한 데에는 아일랜드의 수도승과 대교황 그레고리우스 1세가 파견한 전도사들이 다 함께 기여하였다. 로마에서 온 전도사들의 지도자는 아우구스티누스라는 수도승(히포의 위대한 주교와는 다른 인물임)이었다. 그는 597년에 영국 땅을 밟았다. 당시 영국에는 7개의 주된 왕국이 있었는데, 아우구스티누스가 상륙한 켄트 왕국의 왕은 그가 자유롭게 설교하도록 허가해 주었다. 아우구스티누스는 영국의 복음화를 위한 거점으로 캔터베리(Canterbury)에 수도원을 설립하였고, 교황으로부터 캔터베리 대주교의 칭호를 부여받았다. 또한 로마인 수도승 가운데 하나인 파울리누스(Paulinus)가 들어와서 주민들의 개종(改宗)에 큰 영향을 끼쳤다.

669년에 교황 비탈리아누스(Vitalianus)가 새로운 캔터베리 대주교로 타르수스의 테오도르(Theodore of Tarsus)를 영국에 파견하였으며, 뚜렷하게 정해진 교구를 새로 설치하고 왕들을 설득하여 교구 교회의 영속적인 기본 재산으로서 토지를 기증하도록 하였다. 673년에 그는 허트포드(Hertford)에서 영국 교회 최초의 전국적인 사목 회의를 소집하는 데 성공하였다(그때까지 영국 교회는 선교 조직에 머물러 있었다. 대다수의 주교들이 뚜렷하게 정해진 교구를 갖고 있지 않았고, 복음화의 필요가 있는 곳이면 어디든지 달려갔다).

테오도르는 두 명의 위대한 학자를 대동하고 왔는데, 한 사람은 하드리아누스(Hadrianus)였고 다른 한 사람은 베네딕트 빅스콥(Benedict Biscop)이었다. 이들 세 사람은 영국에서 학문의 성장을 크게 자극하였다. 하드리아누스는 캔터베리에 학교를 세웠고, 베네딕트 비스콥은 영국 북부의 웨어머스(Wearmouth)와 재로우(Jarrow)에 유명한 베네딕트 수도원을 창설하였다.

8세기 초에 영국의 기독교 분파는 뿌리를 깊이 내렸고 영국인은 이에 힘입어 유럽의 미개종 지역에 대한 전도에서 주역을 담당하게 되었다. 이 전도 사업을 주도한 가장 위대한 지도자는 이따금 '독일인의 사도(使徒)' 라 불리 우는 베네딕트 수도승 보니파키우스(St. Bonifacius)였다.

아일랜드와 영국의 수도승들은 농촌 지역의 미개하고 단순한 농민 대중을 개종시킴으로써 유럽을 기독교 대륙으로 만들었다. 특히 보니파키우스의 업적은 두 가지 면에서 서방 교회의 발전에 큰 영향을 미쳤다. 첫째, 그의 전도 사업으로 대부분의 게르만족이 기독교 유럽의 체제에 편입되었다. 그리고 둘째, 갈리아 지방에서의 그의 활약으로 프랑크 왕국과 교황 사이의 관계가 전례 없이 밀접하게 되었다.

9세기와 10세기에 몇몇 열정적인 선교사(宣教師)들이 새로운 종족들에게 기독교를 전파하고 있는 동안, 서유럽 중심부에서는 교회 제도가 크게 타락하고 있었다. 칼 대제(샤를 마뉴)제국이 해체되는 동안 교회의 지도자들은 서유럽 세계에 어느 정도나마 질서와 규율을 유지시키려 애썼다. 그러나 강력한 교황인 니콜라스 1세가 죽자 교황청과 전(全)서방 교회는 폭력이 난무하는 혼란스러운 시대적 상황 속에서 비참하게 타락한 상태로 빠져들어 갔다. 이탈리아는 바로 이 시기에 정치적으로 분열되었으며, 시실리와 남서부 이탈리아는 이슬람교도의 수중에 들어갔다. 로마와 교황령은 줄곧 시실리와 회교도로부터 침략의 위협을 받고 있었으나, 그들을 막아 줄 강력한 왕이나 황제는 없었다.

교황은 강력한 지방 귀족이 로마를 보호해 줄 수 있는 경우에만 로마의 통치자가 될 수 있었다. 이런 상황에서 교황직은 로마 귀족의 여러 당파가 서로 쟁취하려는 세속적인 직책에 지나지 않게 되었다. 10세기 초의 교황들은 대게 이러한 당파의 우두머리였고, 평판이 지독히 나쁜 인물이기 일

쑤였다. 교황의 위엄과 정신적 권위 모두가 가장 밑바닥에 떨어져 있었다.

한편 교회는 유럽 전역에서 바이킹과 마자르 그리고 사라센의 침입으로 말미암아 크게 고통당하고 있었다. 아일랜드와 브리튼의 서해안을 따라 세워져 있었던 켈트족의 대수도원들은 바이킹의 약탈로 거의 완전히 궤멸되었다.

프랑스의 수도원도 큰 피해를 당하였다. 교회는 살아남기 위하여, 보호를 제공할 수 있는 유일한 세력인 세속 귀족들과 긴밀한 관계를 맺지 않을 수 없었다. 고위 성직자는 많은 경우 대제후의 봉신이 되어 봉건적 용사의 의무를 지게 되었다. 이리하여 교황의 세속화와 더불어, 주교의 영적인 기능도 봉토 보유의 부속물에 지나지 않게 되었다. 영주는 자기 봉토의 세속적 측면뿐 아니라 종교적 측면까지도 통제하기를 원했다. 그는 교회를 건립하고 십일조 및 교회 토지로부터의 수입을 거두었으며, 사제를 임명하고 그에게 생활 유지에 필요한 최소한의 급여를 제공하였다.

서유럽의 수도원들은 대부분 베네딕트 계율을 채택하고 있었으나, 그것이 제대로 실행되고 있었던 수도원은 별로 없었다. 서방의 교회법에 따르면 사제는 결혼하지 않고 순결하게 살도록 되어 있었으나, 그 원칙은 유럽 어디에서건 그리 심각하게 받아들여지지 않았다. 사제(司祭)의 결혼과 성직 매매의 두 위법 행위가 현존 상황의 모든 그릇된 양상을 대표하는 것이었다.

종교적 열정이 전반적으로 낮은 수준에 떨어져 있었지만, 몇몇 성직자들은 끊임없이 당시의 악폐를 직시하고 그것을 제거하기 위해 몸을 바쳤다. 10세기 초 한 무리의 헌신적인 성직자들이 대규모의 수도원 개혁 운동을 개시하는 데 성공하였다. 그들은 910년에 클뤼니(Cluny)수도원을 설립하였다. 클뤼니는 봉건적 봉사의 대가로 토지를 보유하지 않았다. 설립 강령은 또한 수도승들이 스스로 수도원장을 선출할 권리를 보장하였고, 수도원을 지방 교회 조직의 모든 통제로부터 제외시켰다. 클뤼니는 직접 교황에게 예속되었으나, 그 당시 교황청의 상황을 감안하면 이는 클뤼니(Cluny)수도원의 실질적인 독립을 뜻하는 것이었다.

유능한 역대 수도원장의 지도 아래 클뤼니 수도원은 팽창하여 유럽 각지에 분원(分院)을 두게 되었다. 궁극적으로는 300개 이상의 분원을 두게 된 클뤼니 수도원 본원(本院)은 전 유럽의 정신세계에 큰 영향력을 미치게 되었다. 이 수도원장은 그들 회원들에 의해서 선출되고 교황 이외의 어떠한 지역적 세력자의 간섭도 받지 않았다. 왕이라 해도 수도원은 해산시킬 수 없었다. 수도원의 토지(土地)는 봉토가 아니었으므로 봉건 제후가 몰수할 수 없는 성격의 토지였다.

클뤼니 수도원의 개혁은 교황권을 세속적인 군주와 제후의 세력권에서 벗어나게 하며 성직자의 독신 생활을 충실히 실행케 하였다. 그리고 모든 수도원 회원들에 대한 교황의 절대권을 수립하였으며, 성직 매매를 폐지하고 세속 군주 제후에 대한 성직 임명권을 거부했다.

12세기에 들어와서는 새로운 종파가 나타났다. 12세기에 출현한 이단종파는 교회의 성직자들의 실천 내용을 대상으로 하였다. 즉 그들의 운동은 그리스도의 생활로 되돌아가려는 운동이었다. 이러한 운동에는 알비파와 왈도파가 있었다. 이 세상을 선과 악의 두 힘의 싸움터로 주장하는 그들은 근본적인 종교적 명제 즉 교회 조직이나 결혼 등을 거부함으로써 이단적 주장을 하였다. 알비파에 의하면 구원은 생활의 절대 순수성, 예컨대 채식(菜食)이나 독신 생활 등을 실천함으로써 이루어진다는 것이다. 이 파는 남프랑스와 북이탈리아에 걸쳐 인기가 있었으며 강력한 조직을 갖고 지방 제후의 후원 아래 가톨릭 세력을 축출할 정도였다.

한편 1173년, 리옹(Luons)의 상인 왈도는 '리옹의 빈자(貧者)들' 이라는 단체를 창설하였다. 창설자인 왈도는 복음 속의 그리스도가 재산을 모두 가난한 사람들에게 나누어 주었다고 생각하여 그것을 모방하였다. 이 주장은 후에 프란체스코가 수도회를 창설한 동기와 일치하며, 사실상 초기에는 교황 알렉산더 3세의 주목을 끌기까지 하였다. 왈도파는 지방의 성직자들을 무시하였으며, 진실한 기독교인의 생활이란 오직 가난한 생활에 있다고 확신하여 성직자의 역할을 필요로 하지 않았기 때문에 가톨릭 교회에 의해 이단으로 규정되었다.

12세기 이단 운동에 뒤이어 13세기에는 프란체스코 수도회와 도미니코 수도회의 출현이 있었다. 프란체스코 수도회는 부유한 상인 가정에서 태어난 프란체스코에 의해 창설되었다. 그는 사랑과 검소한 생활을 몸으로 철저히 실천한 인물이다. 그는 왈도와 같이 가난함을 설교하면서 많은 추종자들을 얻어 교단을 세웠다. 프란체스코는 중세의 종교적 이상을 몸소 잘 구현한 것으로 보여진다.

그리고 1203년 스페인인(人) 도미니코는 도미니코 수도회를 창설하였으나, 당시 교황 이노센트(Innocent)3세는 그 인가를 주저하였다. 그러나 '설교자들의 교단'이라고 불린 도미니코 수도회는 1220년 교황 호노리우스 3세에 의해 정식으로 인가받았다.

당시 도시(都市)는 교구 성직자들의 관심의 대상밖에 있었으며 바쁜 도시민들의 생활은 성직자들의 접근을 어렵게 만들고 있었다. 학식과 웅변에 능한 도미니코 수도회 회원들은 적극적 자세로 도시민의 설교에 나서게 되었다. 그리하여 이 수도회의 전도 사업은 멀리 이교의 땅에까지 확대되어 갔으며 그들의 영향력의 범위는 매우 컸다. 또한 그들의 수도 정신은 13세기 이후에 더욱 확장되어 마침내 중국에까지 이르게 되었다.

(3) 교황과 황제의 대결

교황과 황제의 대결은 흔히 서임권 투쟁으로 대변된다. 서임권 투쟁은 중세 시대 정권(政權)과 교권(敎權)간의 대립 충돌의 가장 현저한 표현이다. 넓은 의미로 볼 때 서임권 투쟁은 11세기 후반에서 12세기에 걸쳐 '성직자 임명권'을 둘러싸고 교황과 영국, 프랑스, 독일의 군주들과 벌어졌던 싸움이며, 좁은 의미에서 볼 때는 그 중에서도 특히 교황과 신성로마제국 황제 간에 일어났던 싸움이다.

이 당시에는 세속 권력의 교회 지배로 말미암아 교회 및 성직자의 세속화와 부패 타락이 일어났으며 그에 반하여 교회 개혁 운동이 전개되었다. 교회 개혁 운동의 기본 쟁점은 서임권 문제, 성직 매매, 성직자 독신에 관한 문제였다. 그 중 가장 대대적인 개혁 운동이 클뤼니(Cluny)개혁 운동이었다. 클뤼니 수도원은 세속 권력 지배를 배제하여 교회의 자유를 획득하는 운동을 펼쳤으며, 베네딕트 계율에 따른 엄격한 금욕 생활을 강조했다. 이 개혁 운동은 유능한 수도원장들의 원조 아래 삽시간에 전유럽으로 파급되어 나갔으며 수도원과 교회 개혁 운동의 중심 세력이 되었다.

결국 신성로마 제국의 황제 하인리히(Heinrich)4세와 교황 그레고리우스(Gregorius)7세 사이에 투쟁이 벌어지게 된다. 1073년 그레고리우스(Gregorius)7세가 교황에 즉위하자 그는 클뤼니 정신을 바탕으로 한 교회 개혁 운동을 강력히 추진하게 되었다. 그는 성직 매매를 엄금하고 성직자의 독신을 명령했다. 1075년에는 세속인에 의한 성직자 서임을 금지하는 교서를 발표하면서 황제에게 정면 도전했다.

이에 황제는 보름스(Worms)회의에서 교황의 폐위를 결정했으며, 이에 대하여 교황은 황제를 파문하고 반 황제 제후들이 황제 폐위를 결의했다. 그리고 카노사(Canossa)의 굴욕 사건으로 말미암아 황제는 교황에게 무릎을 꿇었다. 그러나 그 후 황제는 독일에 들어가서 황제 세력을 재결속한 후 다시 교황과 충돌을 일으킨다. 황제는 교황의 폐위를 요구하면서 이탈리아로 진격하고 로마를 점령하여 신교황 클레멘스(Clemens)3세를 옹립했다.

그레고리우스(Gregorius)7세는 한때 로마를 회복했으나 곧 로마를 버리고 남이탈리아로 옮겨 가서 다음해 살레르노(Salerno)에서 사망했다. 한편 하인리히(Heinrich)4세는 그 후 일시 왕권 재확립에 성공한 듯했으나 아들들의 배반으로 실의(失意) 중에 사망했다.

1122년 교황 칼릭스투스(Calixtus)2세와 황제 하인리히 5세간에 남부 독일 보름스(Worms)에서 협약이 이루어짐으로써 서임권 투쟁은 타협적으로 종결지어졌다. 표면적으로는 타협적인 듯 보이지만 실제로는 교황권의 승리를 의미한다. 교회법에 따른 성직자의 선출 방식 인정은 칼 대제와 오토 대제 이래의 황제 교회주의의 포기라 할 수 있으며, 그리하여 유럽사(史)를 특징짓는 정교 분리 체제가 확정지어졌던 것이다.

6. 중세의 동방 세계

(1) 중국

1) 분열의 시대

2세기경부터 후한(後漢)은 쇠약해져 전란이 계속된다. 그리고 호족의 침입과 기근 등의 발생으로 농민의 몰락이 가속화되고 농민들은 권문세가(權門勢家)에 예속되는 경향이 현저했다. A.D. 220년 후한이 멸망한 A.D. 589년에 수(隋)가 세워지기까지 중국에는 약 370년간의 분열이 계속되었다.

후한(後漢)말, 쟁란(爭亂)들 중에 가장 강성했던 조조(曹操)의 위(魏, 220-265)는 후한을 멸하고(220), 나중 제위(帝位)에 올라 화북 지방(華北地方)을 점거하여 낙양(洛陽)에 도읍하고 요동 지방까지 정벌함으로써 고구려와 접촉하였다. 그리고 한실(漢室)의 정통을 자부한 유비(劉備)의 촉(蜀, 221-263)은 사천을 점거하고 성도(成都)에 도읍하여 위(魏)와 싸웠다. 한편 강남(江南) 땅에 세운 손권(孫權)의 오(吳, 220-280)는 건업(建業)에 도읍하였다.

이렇게 하여 중국은 삼국의 정립 시대를 이루었다. 그러다가 265년, 위(魏)의 권신 사마염이 위(魏)를 쳐서 진(晉, 265-316)을 세운 다음 오(吳)를 멸하고 천하를 통일했으나, 316년 흉노족에 쫓겨 멸망했다. 이에 남하한 진의 귀족들에게 추대된 원제(元帝)가 건업에 도읍하여 동진(東晉)을 세웠다(317).

이후 약 130년간 화북(華北)에는 5호(흉노, 갈, 선비, 저, 강)족이 난립하여 16국이 흥망함으로써 5호 16국 시대(5胡 16國時代)를 이루었다. 그러다가 420년 유유(劉裕)무제(武帝)는 동진(東晉)을 멸하고 송(宋)을 세움으로 남조(南朝)를 열고, 439년 북위(北魏)는 화북을 거의 통일하여 북조를 열게 된다. 그리하여 비로소 남북조 시대를 맞이하게 되었는데, 북조는 동위(東魏), 북제(北齊), 서위(西魏), 북주(北周) 등이 흥망했고, 남조는 제(齊), 양(梁), 진(陳) 등이 흥망하여 100년 이상 남북의 대립 관계가 지속되었다.

삼국 시대로부터 남북조 시대에 걸쳐 강남-건업(江南-建業)에 차례로 도읍한 한족(漢族)의 오(吳), 동진(東晉), 송(宋), 제(齊), 양(梁), 진(陳)의 여섯 나라는 당시 중국 문화를 대표한 것으로, 이 시대의 문화를 문화사상 "육조 문화(六朝文化)"라고 한다.

북조는 일반적으로 황제권이 강성하여 국가 통제가 이루어졌고, 남조는 대지주(大地主)와 농민을 사유(私有)하는 귀족이 국가 권력을 장악하였다. 이 시대는 대체적으로 정치적인 측면에서는 안정되지 못했으나 문화적인 측면에서의 한문화(漢文化)의 질과 양이 성장했던 시기였다. 이러한 남북의 요소를 통합한 것이 수(隋)나라이며, 그것을 대성(大成)한 나라가 당(唐)나라였던 것이다.

2) 수(隋), 당(唐)의 재통일

북주(北周)의 양견(楊堅)은, 589년 중국을 대통일한 수(隋)를 세우고 장안(長安)을 도읍으로 정하였다. 문제(文帝)는 정치, 경제적 정비와 통제로써 국가 권력을 강화하고 중앙 집권적인 통일 정치를 실현했다. 수(隋)나라의 30년이라는 단명한 통치 기간 동안, 문제(文帝)와 양제(煬帝) 두 통치자에 걸쳐 대운하 공사를 완성함으로 남북의 산업과 교통을 연결하여 구체적인 남북 합일을 꾀했다. 뿐만 아니라 종교적으로도 유교를 회복하고 불교를 장려함으로써 사상적인 통일을 기하였다.

그러나 큰 토목 공사와 외국에 대한 지나친 정벌 운동은 재정의 궁핍을 몰고 왔다. 결국, 농민의 몰락과 경제적인 빈부차에서 오는 사회적 동요로 인해 각지에서 봉기가 일어나게 된다. 더욱이 고구려에 대한 세 차례에 걸친 원정 실패는 치명적인 타격이 되어 제국 멸망의 한 원인이 되었다.

그러한 때, 618년 호족(豪族) 이연(李淵)이 일어나 수(隋)를 멸하고 당(唐)을 세웠으니, 그가 곧 당고조(唐高祖)이다. 고조는 수(隋)의 중앙 집권적 통일 방침을 그대로 계승하여 힘을 축적했으며, 찬란한 중국 문화의 한 기틀을 마련했다. 그는 624년 신율령을 발표하고 균전법(均田法)과 세제에 있어서 조용조법(組庸調法)을 제정했다. 고조(高祖), 태종(太宗), 고종(高宗)에 이르는 당제국(唐帝國)의 초기(618-683)는 전성기였다. 당(唐)대의 문화는 당실 귀족(唐室貴族)이 기존 중국 문화를 집대성하고 동서 교류에 의해 유입된 서방 문화를 섭취하여 내외 문화를 융합, 통일한 세계적이고 귀족적인 특색을 지닌 문화를 형성하였다.

당대에는 불교와 도교가 당실(唐室)의 신앙과 보호를 받아 극히 융성하였다. 그밖에도 배화교(조로아스터교), 마니교, 회교(이슬람교), 기독교의 일파인 경교(景教) 등이 서방으로부터 전파되었다. 그리하여 수도(首都) 장안(長安)에는 각 종교들의 사찰이나 회당 등이 많이 건립되어 그야말로 국제적인 성격이 농후하였다. 특히, 덕종(德宗, 779-805)때 세워진 경교 유행중국비(景教流行中國碑, 781년 건립)는 당시 기독교의 전파를 실증하는 것으로 유명하다.

또한 그 당시의 시를 중심한 한문학(漢文學)은 주목할 만하며, 현종(玄宗, 712-756)때의 이 백(李 白)과 두 보(杜甫)는 탁월한 시인이었다. 뿐만 아니라 그 당시의 미술, 음악, 서예 등도 원숙한 경지를 보이고 있었다. 당

(唐)제국의 성립과 번영, 그리고 저들의 모든 문화는 당시 아시아 세계에 놀라운 활력을 주었다.

당제국 때 나당 연합군이 결성되어 고구려와 백제를 멸망시킴으로써 신라의 통일이 이루어졌다. 일본도 그때서야 법치 국가로서 출발하게 된다. 이처럼 수(隋)의 제도와 방침을 계승하여 대성(大成)한 당제(唐制)는 당시의 동아시아 제국(諸國)들뿐 아니라 중국 후세에도 놀라운 영향을 주었다.

당의 치세(治世) 중에는 안록산의 난(775)이라는 굵직한 사건이 들어있다. 당은 그 위기를 일시 극복하지만, 그 후 계속해서 내부적 혼란과 외부적 위협이 끊이지 않는다. 결국 9세기 말에 일어난 농민 봉기인 황 소(黃巢)의 난(亂)은 당조(唐朝)를 와해시키고 말았으며, 송대(宋代)의 새로운 기운은 이와 같은 혼란 중에 태동하였던 것이다. 안록산의 난 이후, 송(宋)이 중국을 통일한 960년까지 약 200년간은 당대(唐代)의 귀족 정치가 무너지고 군벌 정치가 일어났으며 모든 분야에서 큰 변화가 일어났던 격변의 시대였다.

3) 송(宋)의 통일

당(唐)이 907년 주전충(朱全忠)에 의해 멸망당한 후 960년 송(宋)이 건국될 때까지 54년간은 후양(后梁), 후당(後唐), 후한(後漢), 후주(後周)등 다섯 왕조가 차례로 교체되던 시대였다. 이 시대에 중원(中原) 이남과 변경에는 전촉(前蜀), 오(吳), 초(楚) 등 10국(國)이 할거하여 흥망을 거듭하였다. 그러므로 이 시대를 오대 십국 시대(五代十國時代)라고 한다.

송의 건국으로 오대(五代)의 마지막 왕조인 후주(後周)의 한족(漢族) 출신의 무장(武將) 조광윤(趙匡胤)이 정변에 의해 제위(帝位)에 오름으로써 이루어졌는데, 그가 송의 태조(太祖)이다. 송의 태조는 당말(唐末)의 끝없는 병란(兵亂)과 무인 정치의 폐단을 잘 알고 있었으므로 즉위 즉시 무인 제거 작업을 개시하였다. 그 후에 점차 문민 정치를 기본으로 하는 중앙 집권적 관료 국가를 건설했던 것이다.

송은 관료 제도에 따른 과거 제도를 실시했다. 송대(宋代)의 과거 제도는 향시(鄕試), 성시(省試), 전시(殿試)로 구성되었는데, 최종적으로 전시(殿試)에 합격한 진사(進士)는 관료의 주요한 부분을 점하게 되었다. 따라서 귀족 계급의 세력은 약화되고 반면에 과거 시험을 통해 새로운 관료층이 형성되어 군주에 절대복종하는 지배 계급으로 등장하였다. 그리고 이들을 중심으로 사대부(士大夫) 계급이 형성되었다. 이 새로운 지배 계층은 종전의 귀족 계급과 귀족 정치를 근본적으로 몰락시켰다. 그러나 사대부 계층간에도 정책상의 이념 대립, 출신지 등에 의한 붕당(朋黨)이 새로 조성되어 파벌정치의 양상을 띠게 되었다.

한편 송대에는 도시가 발달하면서 상인의 사회적 지위가 높아졌다. 뿐만 아니라 농업과 공업도 크게 발달하여 상품의 유통과 상업의 발달을 더욱 촉진시켰다. 또한 해외 무역이 발달하여 인도, 아라비아, 이란, 일본, 고려 등과도 교역하였다. 이때 송(宋)은 아라비아로부터 아라비아 숫자, 악보 등을 들여왔으며 나침반, 화약 등을 서방에 전했다. 이처럼 송대의 사회 경제적 변화와 발전은 귀족 중심의 보수적인 중국 사회에 큰 변혁을 일으켰던 것이다.

그리고 문치주의로 인해 학문 활동이 확산되어 각 지방에서 사학(私學)을 세우고 학파를 형성하여 경쟁적으로 학문에 열중하게 되었다. 이에 지식의 대중화 경향과 더불어 서민 문화가 발달하기도 했다. 송대(宋代)는 과학과 기술의 시대이기도 했는데, 특히 지리학, 화약, 나침반 등은 아라비아를 통해 유럽 지역에 전파됨으로 유럽 봉건 제도의 몰락과 지리상의 발견에 큰 영향을 끼쳤다.

(2) 인도

아쇼카 왕 시대에 번영하였던 불교는 그 후 점차 쇠퇴하였으나 쿠샨 왕조의 카니시카 왕(144-173경)때 부흥하여 전성기에 달했다. 그는 불교를 장려하여 불전결집(佛典結集)을 범어(梵語)로 편찬함으로써 대승 불교 경전의 기초를 이루었다. 2세기 경에는 불교가 개인의 해탈을 중시하는 것을 넘어, 불도(佛道)로써 모든 중생들을 구제하려는 초민족적인 이론 체계가 성립하게 된다. 이것은 불교가 소승 불교(小乘佛敎)로부터 대승 불교(大乘佛敎)로 발전한 것으로, 후에 이 불교가 성행하여 서역을 통하여 중국을 거쳐 우리나라 및 일본에까지 파급되게 된 것이다.

4세기 초, 갠지스 강 유역 마가다 지방(地方)에 굽타 왕조(320-520)가 세워져 3대(代) 찬드라굽타 2세 때 그 전성기를 맞이했다. 이리하여 인도는 굽타 왕조에 의하여 아쇼카 왕 이래의 대제국을 건설하고 고대 인도의 재통일이 완성되었다.

굽타 왕조는 인도 민족 문화의 황금기로서 종교, 철학, 미술, 문학 등 다방면에 인도적인 색채가 농후한 문화를 완성하였다. 이 시대의 미술은 불교 미술로서 불상 조각은 인도인의 종교, 예술적 이상을 표현한 고유 기법과 간다라 미술 양식이 융합된 이른바 굽타 양식으로서 불교 예술의 최고봉을 이루어 남북조 시대의 중국의 불상(佛像) 제작에도 많은 영향을 주었다.

굽타 왕조가 쇠퇴하여 패망하고 나서 인도는 잠시 다시 소국(小國)들이 분립하는 상태가 되었다. 그러나 6세기 중엽 델리(Delhi) 부근의 바르다나(Vardhana) 왕조가 흥기하여 7세기 초엽에는 남부 인도를 제외한 인도 전역을 평정하고 인도 문화의 번영을 재현하였다. 이때 중국은 당(唐)나라 시대인데, 양국간에는 사절이 교환되었고 서로간에 다양한 문물들이 소개되었다. 그렇지만 하르샤(Harsha)왕의 사후(死後, 647), 내란과 제후(諸侯)의 할거로 혼란과 분열이 장기간 계속되어 또다시 소국(小國)분립 항쟁 시대가 되었다.

굽타 왕조와 바르다나 왕조 때는 인도 문화가 충실히 발전한 시대로, 그 문화가 중국과 동남아시아로 확대된 기간이었다. 뿐만 아니라 그 시기에는 해상 무역과 식민 활동이 활발하여 인도 문화권이 크게 확대되었던 것이다. 7세기 중엽 바르다나 왕조가 붕괴된 다음 인도의 역사를 변화시켜 놓은 가장 큰 사건은 8세기부터 아라비아인, 투르크인, 아프간인 등 이슬람교도들의 계속적인 침입이었다. 그러므로 14세기 이슬람 정권이 들어설 때까지 많은 혼란이 거듭되었다. 그 당시의 인도의 각 부족들은 농경을 천시하고 말을 탄 무사가 되는 것을 자랑으로 삼았다. 따라서 각 부족들간에도 잦은 분쟁이 일어나 결국 몰락하고 만 것이었다.

인도의 이슬람화가 본격화된 것은 10세기 말 터키계 가주니(Gha juni) 왕조가 펀잡 지방에 세력을 확대하면서 부터이다. 그 후 인도는 오랜 세월 동안 이슬람의 영향 아래 놓이게 되어 이슬람 사원의 건축 등 이슬람 양식의 문화가 형성되게 되었다.

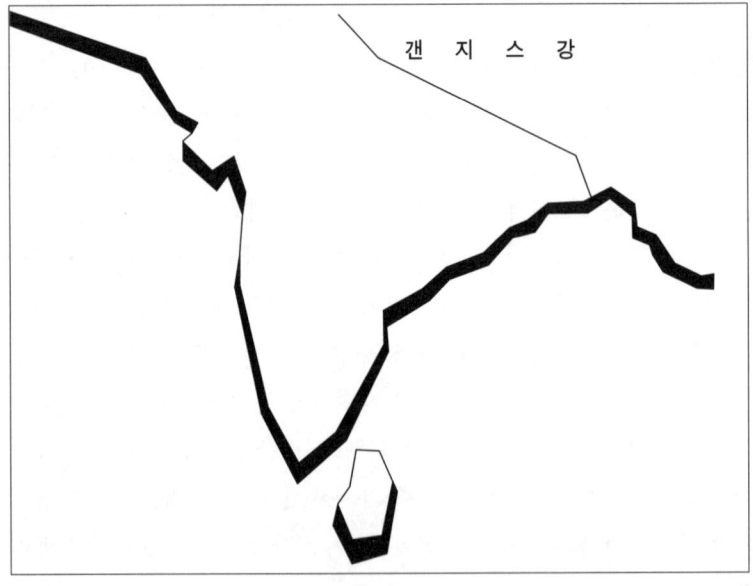

(그림14. 인도)

(3) 극동 아시아 지역

1) 일본

일본이 고대 국가적 형태를 갖추기 시작한 것은 5세기경 대화 정권(大和政權)의 출현에서 비롯된다. 그때의 일본 문화는 중국과의 적극적인 접촉과 백제 등지에서 건너간 많은 외국인들을 통해 발달하게 되었다.

그리하여 5세기에 이미 한자(漢字)가 사용되었으며, 6세기 말에는 수(隋)와 신라(新羅)로부터 적극적으로 문화를 받아들이게 된다. 그 당시는 귀족간의 싸움들이 있었고, 정치력이 굳건하지 못했다. 그럴 때 성덕 태자(聖德太子, 577-622)가 정권을 잡아 604년, 17조(條)의 헌법을 제정하여 귀족간의 싸움을 조정하고 새로운 정치적 질서를 마련했다. 한편, 607년에는 법륭사(法隆寺)를 창건하여 고구려의 승려 담징이 법륭사 벽화를 그렸다. 그때 이후 일본은 불교를 국가 통치의 이념으로 삼아 일본 최초의 문화인 아스카(비조, 飛鳥) 문화가 꽃피게 되었다.

성덕 태자가 죽은 후 천황씨(天皇氏)가 권력을 잡아 645년 대화 개혁(大和改革)을 단행했다. 그에 따라 이전에는 귀족, 호족의 사유(私有)였던 토지를 공지(公地)로, 부민(部民)을 공민(公民)으로 편입하여 국가가 농민들에게 토지를 나누어 주는 반전수수법(班田收受法)을 실시하였다. 세제(稅制)는 당제(唐制)를 모방한 조(租), 용(庸), 조(調) 제도를 실시하고, 궁제(宮制)또한 천황을 중심으로 한 중앙 집권제를 마련했다.

8세기 중엽에 접어들면서 율령 체제(律令體制)는 해이해지고 강력한 세력가들이 등장하여 천황권(天皇權)을 위협했다. 세력가들이 토지를 겸병(兼倂)하여 장원화(莊園化)가 촉진되고 농민들은 유민화(流民化)하자, 국가는 율령 체제를 재정비하고자 수도를 평안경(平安京, 京都)으로 옮겨 소위 평안 시대(平安時代, 794-1185)가 시작되었다. 평안 시대는 표면적으로 중앙 정부의 권위가 계속되지만, 내면적으로 율령(律令)이 힘을 잃고 천황도 권력을 절대화하지 못했다. 그리하여 토지의 장원화가 크게 확대되어 갔으며, 호족(豪族)들은 장원(莊園) 안의 질서 유지를 위해 무사단(武士團)을 조직하였다. 이후 정치 권력을 장악했던 원씨(源氏)나 평씨(平氏)는 모두 이러한 무사단의 우두머리였다.

일본에 있어서 고대 문화는 대륙에서 전래한 불교 문화와 유교 문화가 주종을 이루어 그들의 문화를 이룩했다. 894년, 견당사(遣唐寺)가 폐지됨에 따라 신라, 발해와도 멀어져, 일본에는 소위 국풍 문화(國風文化)라고 하는 고유한 일본 양식의 문화가 형성되기 시작했다. 주가나 화풍(畵風) 등이 독특해지고 가나 문자에 의한 가나 문학도 형성되었으며, 불교도 일본 고유의 신(神)을 포용하는 현세 극복적 성격이 두드러지기 시작했다.

2) 한반도

삼국 시대가 계속되는 동안 4세기 후반부터 중국에서 불교가 전래된다. 고구려는 소수림왕 2년인 372년 백제는 침류왕(枕流王) 원년인 384년에 불교를 받아들이며, 신라는 5세기 이래 불교가 들어왔으나 성과를 보지 못하다가 이차돈의 순교로 인해 국왕의 적극적인 옹호에 힘입어 법흥왕 때인 528년에 불교를 공인하게 된다.

중국의 수(隋), 당(唐)과 동시대에 있었던 고구려, 신라, 백제 삼국은 제각기 저들과 서로 우호 관계를 맺기도 하고 적이 되기도 한다. 그렇게 대립하는 관계에 있다가 신라와 당나라의 연합군에 의해 백제는 660년에 점령이 되며, 고구려는 668년에 멸망하게 된다.

그 후 신라와 당은 서로 충돌하기 시작하여, 676년에는 신라가 당을 완전히 축출하고 삼국 통일을 완성했다. 통일 신라는 처음부터 불교적이었으며, 영주 부석사, 경주 불국사, 가야산 해인사 등의 사찰과 불교 건축물들을 많이 건립하였다. 통일 신라 시대 말기인 900년 견훤이 후백제를 세우고 궁예가 후고구려를 세움으로 후삼국 시대가 열리지만 오래 가지 않아 끝이 난다. 이는 918년, 왕건이 궁예를 타도하고 고려(高麗)를 세웠기 때문이다. 고려의 태조 왕건은 송악(개성)에 도읍을 정하고 국력을 신장하게 되는데, 신라의 경순왕은 935년에 항복하게 된다. 그리고 다음해인 936년에는 고려가 후백제를 멸망시킴으로 실질적인 통일을 완성하게 되는 것이다.

고려는 창건 초기부터 과거제를 시행하고(958), 토지 제도를 정비했으며(976), 중앙 관제를 개혁하여(982) 개혁 정책을 시도하였다. 고려는 1392년 이성계에 의해 멸망당하기까지 상당한 문화 정책을 꾀했다. 고려에는 청자 공예가 번성했으며 금속 활자를 사용하기도 했다. 고려 시대에 저술된 김부식의 삼국사기(1145)와 승려 일연의 삼국유사(1285)는 그 시대의 중요한 기술 자료이다.

그러나 한편으로 이자겸의 난(1126), 묘청의 난(1135-1136), 정중부의 쿠데타(무신의 난:1170), 조위총의 반란 및 전국의 봉기 기간(1174 이후 약 30년간) 등의 내란이 있었고, 거란, 몽고, 왜구, 홍건적, 여진족 등의 침입이 끊임없었다. 그런 가운데서 고려는 나름대로의 고유한 문화를 이었는데, 불교의 정신을 바탕으로 한 독특한 양식을 소유하고 있었다고 평가할 수 있을 것이다.

7. 서양 중세 시대의 남북 아메리카 대륙

1438년경 잉카 제국이 성립되기 전까지는 안데스 문명사에 대한 연대 구분은 아직 정확하게 밝혀져 있지 않다. 일반적으로 알려져 있기로는 기원년을 전후한 시대부터 잉카 제국의 수립 사이의 수백 년간에 이르는 안데스 문명 개화기(開化期)와 그에 후속하는 티아후아나코 수평기(水平期)가 포함되어 있다는 점이다.

중미(中美) 세계에서 고전기(古典期)의 절정은 300년경에서 600년경 사이의 약 3세기 동안이었다고 한다. 중미 문명(中美文明)의 마야형(型) 문명은 중앙 마야 지역만이 아니고 유카탄에서도 이미 정착하고 있었다.

그 시기 동안 마야 세 지역의 유카탄, 중앙 지역, 고지(高地)에 대해서 테오티후아칸시(市)가 문화적으로 우위에 있었기 때문에, 테오티후아칸이 전체 마야 지역에 대해서 정치적으로도 어느 정도 지배권을 행사한 것으로 추정할 수 있는 것이다. 600년경 이전에 유카탄 지역에 수립되어 있던 여러 문화 양식은 마야적이 아니고 테오티후아칸적인 것으로 알려져 있다. 600년경이 되면 알 수 없는 파괴자들에 의해 테오티후아칸은 파멸되고, 더 이상 중미 세계에서 영향력을 행사하지 못하게 된다.

올르메크 문명을 계승한 중미 문명(中美文明)은 아즈테크 제국이 1428년경부터 팽창을 개시하였고, 차빈 문명을 계승한 안데스 문명은 1438년

경부터 잉카 제국이 팽창을 시작했다. 중미 문명과 안데스 문명은 사실상 비슷한 문화 발전의 국면에 대응하고 있으며 또한 연대적으로도 비슷한 시기를 나타낸다. 그러나 양 문명은 각기 독립한 상태에서 일어난 것으로 보인다.

9 장

르네상스와
종교개혁 시대의 세계

1. 사회 전반적인 변화

(1) 교황의 권위 상실(교회의 변화)

십자군(十字軍) 운동의 초기 단계에 왕성했던 교황의 권위는 십자군 운동의 마지막 무렵이 되어 가면서 점점 실추되어 갔다. 13세기가 지나가면서 더 이상 교황의 우월성은 유지될 수 없었으며, 교황 보니파키우스 8세(Bonifacius Ⅷ. 1294-1303) 이래로 교황권은 완전히 쇠퇴해 갔던 것이다. 보니파키우스 8세가 교황권을 확고히 세우기 위해 칙령을 공포하고 (1296) 성직자를 위한 비상 경비를 요구했을 때, 프랑스(Plilip Ⅳ)와 영국(Edward)의 강한 반대에 부딪혀 실패하고 만다. 도리어 프랑스 왕은 사회 각계 각층의 지지를 받아 교황을 규탄하였으며 무력으로 교황을 체포하려 했으므로, 그때 교황의 권위는 크게 실추되었다.

교황 보니파키우스 8세가 그에 충격을 받아 죽은 후에 클레멘트 5세(Clement V, 1305-1314)가 그 뒤를 이었다. 그는 프랑스 왕의 힘을 배경으로 교황에 선출되었는데, 로마 교황청으로 부임하지 않고 아비뇽(Avignon)에 교황청을 두었다. 그는 다수의 프랑스인 추기경을 임명하여 그 후의 교황들이 프랑스인 중에서 선출되도록 했다. 이때 70여년간 아비뇽에 머물러 있게 된 교황청을 가리켜 '교황의 바벨론 유수'라고 부른다. 70여년간의 아비뇽 유수 기간 동안에는 일반 민중들이 성직 계급에 대한 불만들을 가졌고, 서방 기독교권의 중심인 로마를 혼란과 불안전 속에 방치하는 결과를 가져왔다.

교황의 바벨론 유수(1309-1376)는 교황 그레고리우스 11세(Gregorius XI)가 로마 귀임(歸任)을 강행함으로써 끝난다. 그러나 그것은 40년간의 새로운 대분열의 시대(1378-1417)를 초래하게 된다. 이는 그레고리우스 11세가 죽은 후 우르반 6세(Urban VI)가 새 교황으로 선출되었을 때 그에 반발하는 추기경들이 다시 아비뇽에서 클레멘트 7세(Clemnet VII)를 새 교황으로 추대했기 때문이다. 이렇게 하여 로마와 아비뇽에서의 두 교황의 분립은 전 교회의 위계질서를 분열시키게 된 것이다. 서방의 기독교 국가들은 각국의 이해에 따라 어느 한쪽을 지지하게 된다. 프랑스, 스페인, 스코틀랜드 및 일부의 독일 제후들은 아비뇽 교황을 지지하였고, 영국, 네덜란드, 포르투칼, 신성로마제국, 스칸디나비아 여러 나라는 로마 교황을 지지하였다.

이러한 대분열의 결과는 교황권의 결정적인 몰락과 더불어 교회(敎會)의 정신적 권위에 커다란 손상을 입히게 되었다. 각국에서는 교회와 성직자를 비판하는 소리가 높아지고, 그것이 커다란 사회적 문제까지 확대되어 갔다. 영국 옥스퍼드 대학의 위클리프(John Wycliffe) 교수는 성직자의 권한과 교회의 형식주의를 공격하여, 초기 기독교인들의 소박한 삶과 가르침으로 돌아가야 함을 주장했다. 위클리프의 영향은 널리 전개되었으나 나중에 헨리(Henry) 4세에 의해 이단으로 정죄되고 말았다. 그리고 보헤미아에서는 프라하 대학의 후스(John Huss) 교수가 반교회주의(反敎會主義)와 애국주의(愛國主義)의 혼합적인 개혁 운동을 시도했으나 결국 이단으로 정죄받아 처형당했다.

1409년에는 대분열을 종식하기 위해 피사 종교 회의가 열렸다. 그 회의에서는 당시의 로마 교황 그레고리우스(Gregorius) 13세와 아비뇽 교황 베네딕트(Benedict) 13세를 폐위시키고, 새 교황 알렉산더(Alexander) 5

세를 선출했다. 그러나 아비뇽 교황과 로마의 교황은 새로 선출된 교황과 그 후계자에게 굴복하기를 거절했으므로 결국 교황이 셋으로 늘어난 결과를 가져왔다.

이에 신성로마제국의 황제(皇帝)가 콘스탄츠(Constance) 공의회를 소집하여(1414) 세 교황을 모두 폐위시키고 마르틴 5세(Matin V)를 선출함으로써 오랜 교황 분립의 시대가 끝났다. 그 후 교황권이 잠시 회복되는 듯했으나 기독교 세계를 실질적으로 지도하는 교황의 위치는 되찾을 수 없었다. 이러한 가운데 있는 교회의 형식적 타성과 도덕적 타락이 16세기 초의 종교개혁을 불러일으키게 된 것이다.

(2) 구체제의 붕괴

십자군 운동이 끝이 나면서 유럽 사회는 새로운 국면에 접어들게 된다. 전문 기사 계급은 점차 몰락하는 경향을 띠었고, 11세기부터 일어났던 상업 활동은 화폐 경제와 도시의 시장 활동을 더욱 활발하게 만들었다.

봉건 제후들의 봉토는 군주권(君主權)에 의해 침식되어 점차 축소되어 갔으며, 각국의 왕들은 신흥 도시민들과 제휴를 꾀함으로써 권력 구조를 강화했다. 특히 프랑스, 영국, 스페인 등의 군주들은 봉건 계급, 즉 지방 제후들의 세력을 분쇄함으로 군주권의 강화에 성공한 경우들이었다.

또한 농산물들이 도시의 시장으로 나가 매매되고 장원은 외부와 접촉하게 됨으로써 그 폐쇄적인 구조가 깨뜨려지게 된다. 그러므로 농민들의 경제적 조건 및 지위가 향상된다. 그러나 봉건적인 지배층은 농민들의 환경 조건의 개선을 인정하지 않았으며, 낡은 제도를 고집하여 이익을 챙기려 하였다. 그리하여 14-15세기에는 많은 농민 반란이 일어나게 되는 것이다. 1358년, 프랑스의 자끄리(Jacgueie) 반란, 1381년의 왕국의 와트 타일러(Wat Tyler)의 난, 1419년 보헤미아에서 일어난 반란, 1524-1525년 독일에서 뮌쩌(Munzer)가 주도한 농민 반란 등이 대표적이라 할 수 있다.

한편 14, 15세기를 거치는 동안 유럽의 상공업의 구조 역시 놀라운 변화를 맞게 된다. 전통적인 경제 체제는 화폐 경제에 의해서 파괴되고, 근대적 자본주의 형태에 입각한 산업 활동이 전개되기 시작한 것이다. 또한 해상을 통한 무역의 규모와 범위가 커졌으며, 상인들은 동업(Partnership)과 회사(Stock Company)의 조직을 통하여 좀더 합리적인 이윤 추구를 하게 된다. 이와 같은 상공업의 획기적인 발전을 적극 지원한 세력은 근대적인 군주 국가였으며, 국가 역시 상공업자들의 뒷받침을 적극적으로 받음으로 상호 공존하게 된 것이다.

(3) 지리상의 발견

유럽에서 십자군 운동이 막 끝나고 로마의 교황권이 쇠퇴해 갈 무렵, 중국 지역에서는 칭기즈칸이 원제국(元帝國)을 세워 막강한 국위를 떨치고 있었다. 세계 정세가 그러하던 13세기말 마르코 폴로(Marco Polo, 1264-1324)는 중국의 대제국을 방문하고 돌아와 『동방견문록』을 기록하여 널리 읽혔다. 이후부터 많은 사람들이 세계의 여러 지역에 대해 관심을 가지고 탐험을 개시했던 것이다.

세계탐험에 대한 의욕을 가장 먼저 갖기 시작한 나라는 포르투갈이다. 14세기 말엽과 15세기 초엽에는 바르돌로뮤 디아스(Bartholomeu Dias)와 바스코 다 가마(Vasco da Gama) 등이 아프리카 남단의 희망봉을 발견하고 인도의 서부 해안에 도착하는데 성공할 수 있었다. 이어 스페인에서는 콜럼버스(Columbus, 1446-1506)의 인도 항로 개척을 지원했다. 콜럼버스는 1492년 스페인을 출발해 서쪽으로 항해하여 아메리카 대륙에 도착하였다. 콜럼버스는 그곳을 네 차례 탐험했으나 그곳이 신대륙(新大陸)인 줄 알지 못하고 인도의 한 지역인 줄로만 생각했었다. 그래서 그 지방을 서인도(西印度)라 부르고 그곳의 주민을 인디언(Idian)이라 부르게 된 것이다.

그곳이 인도가 아니라 새로운 대륙임을 확인한 사람은 이탈리아 출신으로 스페인에서 일하던 아메리고 베스풋치(Amerigo Vespueci, 1451-1521)였다. 그래서 그후부터 그의 이름을 따서 아메리카(America) 대륙으로 불리게 된 것이다.

마르틴 루터(Martin Luther)가 타락한 로마 가톨릭 교회에 반기를 들고 종교개혁을 시작한 지 2년 후인 1519년에는 포르투갈의 마젤란(Ferdinand Magellan)이 스페인 왕의 명령을 서방 항로를 탐험하다가 남미의 남단에 있는 마젤란 해협을 통과하여 태평양(太平洋)으로 진출하였다. 마젤란은 3개월 20일 동안 항해하여 필리핀 군도에 도착한 후 세부(Cebu)섬에서 원주민과의 싸움 도중 죽게 된다. 오늘날의 '태평양'이라는 바다의 이름은 그때 항해하는 동안 파도가 잔잔한 바다의 모습 때문에 붙여진 이름이다.

한편 항로의 발견과 신대륙 개척에 앞장섰던 포르투갈과 스페인은 각각 아시아 남단의 여러 지역과 중남미 내륙에 식민 활동을 전개하게 된다. 포르투갈은 상업 무역에 힘을 기울여 1510년 이후에 인도의 고아, 실론 등을 점령했으며, 종교개혁의 해인 1517년에는 중국의 명(明)나라와 광동에서 통상을 개시하였다. 그리하여 종교개혁이 활발하게 전개되는 동안 포르투갈은 마카오, 일본에까지 손을 뻗치게 된다.

또한 스페인은 아메리카 대륙 등 신대륙에 식민 활동을 전개했으며 제국주의적 기독교 선교(宣敎)에도 노력을 기울였다. 1521년과 1532년에는 스페인 사람들이 아스테크 제국과 잉카 제국을 멸망시키고 브라질을 제외한 거의 대부분의 남미 지역을 그들의 영토로 삼았다. 그러나 브라질만은 포르투갈이 개척하여 이곳은 포르투갈어를 사용하게 되었다. 16세기 말부터는 정복 행위가 끝나고 본격적인 식민 활동이 전개되어, 각 지역의 토착민들을 투입하여 강제 노동케 하는 식민 정책이 일어나게 된 것이다.

　이러한 지리상의 발견은 당시 지중해 중심의 상권을 세계무대로 확대시켰으며, 결국 상업 혁명, 가격 혁명을 일으키게 됨으로써 유럽 세계의 발전과 팽창을 가져왔던 것이다. 지리상의 발견은 나침반, 화약 등의 발견으로 말미암은 것으로 과학의 영향이 컸음을 보여 주며, 이를 통해 지구가 구형(求刑)임을 구체적으로 입증하게 되었다.

2. 르네상스와 그 영향

르네상스(Renaissance)라는 말은 프랑스어(語)로 재생, 부활을 의미한다. 그 말이 초기에는 고대 미술 혹은 고전(古典)의 부흥이란 뜻으로 사용되었지만, 지금은 14세기에서 16세기에 걸쳐 이탈리아를 중심으로 일어나 전유럽의 문화 전반에 일어난 복고적(復古的) 혁신 운동을 가리키고 있다.

르네상스 시대의 사람들은 신(神)을 완전히 부인한 것은 아니었지만, 모든 세계를 신(神) 중심으로부터 인간 중심으로 보기 시작했다. 오랜 기간 동안의 십자군 운동의 실패, 중세 봉건 제도와 교회(教會)에 대한 새로운 안목, 그리고 도시 문명의 발달에 따른 현실 생활 등이 인간 개성의 중요성을 인식하게 하였던 것이다.

그 르네상스 운동의 발원지는 이탈리아이다. 이탈리아는 유럽의 여러 국가들 가운데 일찍이 봉건 제도가 해체되고 도시 경제가 발달했던 지역이다. 그리고 이탈리아는 고대 로마의 중심지였으므로 고전 문화를 사모하는 감정이 강하였고 고전(古典)에 대한 자료들을 구하기 용이했다. 더구나 1453년 동로마가 이슬람권의 터키 세력에 의해 멸망당한 후에 많은 그리스 학자들이 고전적 자료들을 가지고 그 지역으로 망명한 것은 르네상스 운동에 더욱 큰 영향을 끼치게 되었다.

이탈리아의 초기 르네상스 운동은 일찍부터 알프스 이북에 전해졌으나 사회의 근대화가 이탈리아만큼은 진행되어 있지 않았기 때문에 그다지 큰 영향을 주지 못했다. 그러나 15세기 말 이후, 중앙 집권적 국민 국가가 발달하고 지리상의 발견에 의하여 상공업이 번영하여 도시의 시민 계급이 성장하게 되자 르네상스의 영향은 각국의 국민적 특성들과 결합하여 독자적인 발전을 하였다. 그리하여 르네상스 운동의 중심지는 16세기 이후에는 알프스 이북의 유럽의 여러 나라들로 옮겨 갔던 것이다.

르네상스 운동은 나라들마다 제각기 특색이 있지만 미술, 음악, 문학, 철학, 과학 등 문화적인 분야뿐만 아니라 경제생활과 사회 구조, 정치 체제 등 모든 영역을 포괄하고 있다. 그 당시의 사람들은 이 모든 분야에서 신 중심적 사고에서 벗어나 인간 중심적 사고를 하려 했다. 그래서 그들은 고전 고대 시대의 문헌들을 수집하고 연구해서 고대의 찬란했던 문화를 재생(再生)시키려 했던 것이다.

십자군 전쟁과 르네상스 운동

십자군 전쟁에서 기독교가 패배함으로써 중세의 암흑시대가 막을 내린다. 암흑시대란 '신의 이름' 하나로 모든 것이 해결되던 시대라 할 수 있다. 당시 중세 종교 지도자들이 신의 이름으로 무엇을 요구할 때 일반 신앙인들은 그에 대해 순종을 할 수밖에 없었다. 그러나 십자군 전쟁에서 패배했을 때 시민들의 의식에 변화가 오기 시작한다. 정말 기독교의 신이 살아있다면 왜 이방신을 섬기는 이슬람에게 패배하였느냐는 의심을 하게 된 것이다. 당시의 종교지도자들은 기독교의 하나님이 모든 것에 승리할 것이라고 선전하고 있었기 때문이다. 그런 의 심과 불신이 르네상스 곧 문예부흥운동을 가져왔는데 그것은 교황청이 있는 로마로부터 시작되었다. 그로 인해 사람들은 미술, 음악, 문학 등 예술활동을 장려하게 되었으며 인간의 문예활동을 통한 작품을 최고의 의미로 생각하게 되는 운동이 전 유럽으로 퍼져나갔던 것이다.

기독교와 예술

자기만족을 누리려 하는 인간들은 예술을 통해 종교적 만족을 추구해 가게 된다. 이와 마찬가지로 교회가 세속화하게 되면 음악이나 미술, 건축 등 예술을 통해 사람들의 관심을 끌고자하며 그것을 신앙과 결부시키려 노력하게 된다. 중세 교회가 타락했을 때 교회의 지도자들은 성도들에게 하나님의 말씀을 통한 신앙교육 대신 각종 예술을 활성화 함으로써 사람들이 즐거움을 가지도록 했다. 그러므로 예술적 재능을 가진 사람들은 교회 내에서 더 많이 봉사할 수 있는 중요한 인물로 인정받았다. 이렇게 하여 서구 중세의 예술은 타락한 교회를 통해 크게 발전하게 된다.

예수님의 얼굴

우리 시대 거의 모든 기독교인들은 예수의 얼굴을 기억하고 있다. 불신자들 가운데서도 그의 얼굴을 기억하는 자들이 엄청나게 많이 있다. 스스로 현대인이라 생각하는 모든 사람들은 그 얼굴을 기억하고 있을 것이다. 전 세계 어디를 가나 볼 수 있는 초상화와 영화 덕분이다. 그러나 그것은 예수의 얼굴과는 전혀 무관한 상상화에 지나지 않는다. 우리가 일반적으로 기억하고 있는 그 우상화는 중세 르네상스 시대 유럽에서 유행하던 헤어스타일과 인기있던 인상이다. 르네상스 이후 근대에 이르기까지 소위 신앙을 과시하려던 많은 화가들이 엉터리 같은 예수의 얼굴을 그렸다. 그들은 마치 신적 계시라도 받은 듯 정성껏 그림을 그리고 그것을 완성하면 대단한 신앙적 행위라도 한 듯 자부심을 가지기도 한다. 그러나 그런 초상화는 예수님의 모습과는 아무런 상관이 없다. 그럼에도 불구하고 오늘날 우리가 그 초상화를 예수의 모습이라고 믿는 것은 우상숭배적 개념을 가지고 있는 것과 마찬가지이다. 성경은 예수님의 외모가 잘 생기지도 자랑할 만하지도 않은 아무도 흠모하지 않는 그런 인물이라 묘사하고 있다.

그들의 모든 기법들은 개성적이었으며 비판적이었다. 그리고 현세(現世)를 존중했으며 인간성을 긍정적으로 평가하고 수용했다. 르네상스 기간 동안 특히 괄목할 만한 분야는 과학 분야의 놀라운 변화라 할 수 있다. 이 시기에 활자, 나침반, 화약이 발명된 것은 봉건 제도의 붕괴에 결정적인 영향을 끼친 것으로 이해된다. 활자(活字)의 발명은 종교개혁의 파급에 엄청난 역할을 담당했다. 그리고 나침반의 발명은 지리상의 발견에 커다란 영향을 끼쳤다.

14세기에 이탈리아의 토스카넬리(Toscanelli, 1397-1482)가 지구의 구형설을 주장한 것은 콜럼버스의 신대륙 발견에 직접적인 동기가 되었다. 또한 16세기 중엽에는 독일 태생의 폴란드인인 코페르니쿠스(Nicolaus Copernicus, 1473-1543)가 종교개혁 시대인 루터와 칼빈, 쯔빙글리 시대에 지동설(地動說)을 주창했는데, 이는 과학에 있어서 대혁명이라 할 수 있다. 당시 종교 개혁자들은 코페르니쿠스의 견해를 반박했는데, 그것은 성경에 근거한 반박이 아니라 저들의 경험 세계를 근거로 한 것이다.

3. 종교개혁 시대

1517년 마르틴 루터로 말미암아 종교개혁 시대가 열리지만 그 이전에도 이미 개혁의 물결은 일고 있었다. 11세기 말부터 수백 년간 시도되다가 끝내 실패하고 만 십자군 운동, 그리고 교황의 아비뇽 유수와 대분열은 교회의 권위를 크게 실추시켰다. 이러한 시기에 있었던 르네상스 운동과 지리상의 발견은 개인의 자각과 시야를 확대시키게 되었다.

교회와 교황이 타락하고 교인들이 신앙이 약화되어 갈 때, 특히 14세기 이래 옥스퍼드 대학의 존 위클리프(John Wycliffe, 1320-1384), 프라하 대학의 존 후스(John Huss, 1369-1415), 도미니코회의 성직자 사보나롤라(Savonarola, 1425-1498) 등이 교황과 교회를 신랄히 비판함으로써 신앙의 순수화 운동을 전개하여 종교개혁의 정신적 배경을 제공하였다. 이러한 배경 하에서 종교개혁의 직접 동기가 된 것은 로마의 성 베드로 성당 건축을 위한 교회의 면죄부(免罪符) 판매였다. 그것은 예수 탄생 1500주년을 기념하는 것이기도 했다.

비텐베르크 대학의 젊은 교수였던 마르틴 루터(Martin Luther)는 당시 교황 레오(Leo) 10세의 면죄부 판매에 반박하여 95개 조항의 반박문을 비텐베르크 대학 교회당에 게시하였다(1517. 10. 31). 그리고 그것을 프린트하여 여러 사람들에게 보냈는데, 그것이 종교개혁의 발단이 되었다. 원래

95개 조항의 반박문은 라틴어로 작성되었으나 곧 독일어로 번역되었으며, 불과 수 주일 만에 독일은 물론 전 유럽에 파급 되었다. 로마 교황은 루터에게 그의 주장을 철회할 것을 요구했지만 그는 끝까지 자기 주장을 지켰으며, 결국 1521년 로마 교회로부터 파문당했다.

교황과 신성로마제국의 황제는 루터를 박해했으나 루터는 이미 국민적 영웅이 되어 있었다. 많은 농민들과 도시인, 봉건 제후들이 그를 열렬히 지지했던 것이다. 이때 독일의 여러 제후들은 이 기회에 독일에 대한 로마 교회의 경제 · 정치적 간섭을 배제하고 교회의 재산을 몰수하려 했던 것이다. 그리하여 독일 내의 기사들과 농민들은 루터의 종교개혁을 이용하여 자신들의 지위 유지와 농노제 폐지 등을 부르짖고 반란과 폭동을 일으켰다.

1522년에는 기사 전쟁이 일어났고, 2년 후에는 농민 전쟁이 발발하였다. 남부 독일과 중부 독일 일부 지역에서는 과격한 농민군이 성(城)과 수도원을 파괴하고 도시를 점령했다. 농민 지도자 토마스 뮌쩌(Thomas Munzer)는 재세례파로서 착취자 없는 무계급 사회를 열렬히 설교하였다.

마르틴 루터(Martin Luther)는 초기에 농민들을 지지하여 그들의 주장에 찬성했으나, 나중에는 폭력화된 농민 전쟁은 악마적 행위라 하여 극렬히 반대했다. 결국 농민들은 봉건 제후들의 힘에 밀렸고 토마스 뮌쩌는 체포되어 처형되고 말았다. 이 농민 전쟁은 10만 명이 훨씬 넘는 농민들이 처형되고 나서야 진압되었다. 이로 인해 루터의 개혁 운동은 남부 지역에서는 지지를 잃게 되었다. 그러나 북부 독일에서는 일종의 국교로서 루터교가 형성되어 갔다.

독일에 이어서 스위스에서는 쯔빙글리(Zwingli, 1484 - 1531)와 존 칼빈(John Calvin)이 종교개혁을 진행하고 있었다. 쯔빙글리는 스위스의 독일어 구역에서 많은 추종자를 얻었으나 가톨릭 제후들과의 싸움에서 전사함으로써 그의 개혁은 계속되지 못했다. 한편 스위스의 프랑스어 사용 구역인 제네바 시에서는 칼빈이 개혁 운동을 하고 있었다. 그가 파리 대학에서 신학과 법학을 공부하고 있을 때, 프랑스 왕이 이단자를 박해하려 하자 제네바로 오게 되었다. 칼빈은 1536년 이후 제네바에 정착하여 시정(市政)을 주관하고 종교와 정치가 융합된 신정적 공화국(神政的 共和國)을 건설하였던 것이다. 존 칼빈의 종교개혁 운동은 점차로 네덜란드(고이센, Geusen), 프랑스(위그노, Huguenots), 영국(청교도, Puritans), 스코틀랜드(장로교, Presbyterians), 그리고 헝가리와 폴란드로 확장되어 갔다.

　종교개혁의 시기에 영국에서는 순수 신앙적인 문제가 아닌 것이 발단이 되어 로마 가톨릭에서 신교로의 전환이 시도되었다. 즉 튜더 왕조의 헨리 8세(Henry Ⅷ, 1491-1547 재위)의 이혼 문제가 발단이 되었던 것이다. 헨리 8세는 로마 교황에 충실한 국왕이었으나 아들을 낳지 못하는 왕비 캐더린(Catherine)과 이혼하려 했을 때 교황은 그것을 반대했다. 그러나 왕은 그 왕비와 이혼하고 재혼했다. 로마 교황은 즉시 그를 파문하였고, 헨리 8세는 그에 대항하여 1534년 수장령(首長令, Act of Supremacy)을 발표하고 수도원을 해산하여 그 재산을 몰수했다. 수장령(首長令)은 영국의 왕이 영국 교회의 장(長)임을 천명한 것이며 동시에 로마 교회와의 단절을 선언한 것인데, 이는 영국 국교회(國敎會)의 성립을 의미한 것이다.

　헨리 8세가 죽고 난 후 에드워드(Edward)왕 다음의 메리 여왕은 신교를 매우 박해하였으며 로마 가톨릭으로 복귀하려 했으나 성공하지는 못했다. 한편, 정치적 결과로 신교화된 영국 국교를 신앙적인 면으로 좀더 철저히 개신교화하자는 청교도들(Puritans)은 국교회론자들(Conformists)의 탄압을 받아 불과 수십 년 전에 새로 발견된 신대륙으로 이주해 가는 자들이 많았다.

종교개혁자들과 교회 내부의 종교예술

　　종교개혁자들이 척결해야할 제일대상은 예술 즉 음악과 미술품이었다. 그들은 르네상스를 통해 들어온 인간의 두뇌와 손끝으로 인한 작품들을 제거하고자 했다. 그들은 눈에 보이는 미술품들과 눈으로 볼 수 없는 음악의 우상들을 교회 가운데서 제거했다. 그런 것들을 제거했던 첫 번째 이유는 그것들이 하나님의 말씀을 가로막는 역할을 하기 때문이었다. 그래서 그들은 교회당을 장식하고 있던 미술품들을 제거했던 것이다. 쯔빙글리 같은 사람은 교회에 있던 오르간을 제거하기도 했으며, 칼빈 같은 이는 예배시간에 사부화성의 음악을 금지했다. 인간의 귀를 즐겁게 하는 그런 음악은 하나님의 말씀을 가로막는 사탄의 휘파람 소리라 하여 엄중하게 금했던 것이다.

　　이러할 즈음 가톨릭 교회에서는 반 종교개혁 운동(Counter Reformation)이 일어난다. 이 운동은 단순히 종교개혁 운동을 저지하는 것이 목적이 아니라 가톨릭 교회 자체의 정화와 개혁을 시도하는 운동이었다. 이 운동은 성공하여 스페인과 프랑스 왕실(王室)이 끝내 가톨릭 국가로 남도록 하는데 성공했으며 신교의 확산을 저지하는 데 성공했다.

　　가톨릭의 내부 개혁 운동이 활발하던 가운데 1540년 설립된 예수회(Jesuit Order)는 익나티우스 로욜라(Ignatius Loyola)가 창설하여 놀라운 영향을 끼쳤다. 그 교단은 엄격한 군대식 조직력으로 가톨릭에 절대 복종할 것을 요구했는데, 후에 아프리카, 인도, 중국, 일본에까지 들어가게 되었다.

4. 중국

유럽에서 르네상스 운동과 종교개혁이 일어날 무렵 중국에서는 크게 보아 원(元) 제국과 명(明) 제국이 통치하는 시대가 된다. 원(元) 제국의 실력자들은 비중국 본토인들로서 일대 대번영과 더불어 새로운 시대를 이루어가며, 명(明) 제국에서는 유럽의 르네상스와 어떤 의미에서는 흡사한 르네상스 운동이 일어난다.

(1) 원 제국(元帝國, 몽골 제국)

송(宋) 제국이 중국을 지배하고 있을 당시 북쪽에는 서하(西夏), 여진족이 세운 금(金), 거란의 요(遼), 몽골족 등이 할거하고 있었다. 이 가운데 세력을 결집한 민족은 몽골족이었다. 몽골족은 원래 흑룡강 상류의 실카천(川)의 남쪽에서 수렵과 어로 생활을 하던 민족이었다. 9세기 후반이 되면서 그들은 외몽골 지방으로 이주하면서 유목 생활을 하기 시작했다.

요(遼)가 금(金)에 의해 망하고, 외몽골 지방에 대한 통제가 약화되자 그들은 부족 연합을 꾀했다. 그런 중 최초로 몽골부(部)를 형성하여 통일의 기반을 닦은 것은 칭기즈칸의 조부 카불칸(汗) 때였다. 12세기 초 금(金)을 교묘히 이용하여 세력을 확장한 그는 1147년 몽골 제국의 황제(大汗)라 칭하였다. 그러나 실제로 몽골 제국을 크게 일으킨 전기를 마련한 자는 테무

진(Temujin)이었다. 그는 1206년 주변의 대항 세력을 쳐부수고 통합하여 전 몽골 지역의 통치자가 되었다. 그는 전체 부족 회의인 쿠릴타이(Khuriltai)에서 칭기즈칸(Chingiz Khan)이라 칭하였다.

칭기즈칸은 인도의 인더스 강변과 러시아 남부까지 진출하여 중앙아시아의 제국(諸國)을 평정하였다. 그가 죽은 후 그의 아들 오고타이(Ogotai)가 쿠릴타이(Khuriltai)의 추대를 받아 태종(太宗)으로 즉위하였는데, 그는 부왕(父王)의 정복 사업을 계속하였다. 그는 유럽 대원정을 감행하여 폴란드, 헝가리, 오스트리아까지 진출하였다. 태종이 죽은 뒤에 후계자 문제로 잠시 혼란했으나 헌종(憲宗)과 세조(世祖, 크빌라이)는 반대파를 제압하고 칸위(汗位)에 올라 수도(首都)를 북경(北京)으로 옮겨 대도(大都)라 하고 국호를 원(元)이라 하였다(1271).

몽골 제국은 태조(太祖) 칭기즈칸에서 세조(世祖) 쿠빌라이에 이르는 70여 년에 걸쳐 유럽과 아시아에 이르는 광대한 영토를 정복하였는데, 이는 서유럽, 인도, 이집트, 일본을 제외한 유라시아 대륙을 통일한 것으로 인간 역사상 그 유례가 없는 세계적인 제국이었다. 특히 세조는 수도를 북경(北京)으로 옮김으로써 본격적으로 중국 지배 정책을 펴고 정치 중심지를 몽골의 본토에서 중국으로 이동했다. 그러자 킵차크 칸국(汗國), 일 칸국(汗國), 차카타이 칸국(汗國), 오고타이 칸국(汗國) 등 4칸국(汗國)은 세조의 이 같은 통치 방법에 반발하여 원(元)의 종주권을 인정하지 않고 원과 대립하였다. 그 결과로 4칸국(汗國)은 완전히 독립하여 사실상 분열되었다.

세조는 중국식의 국가 건설을 염원하여 중국식 왕호와 연호를 정하고 중앙 집권적 관료 제도를 채택함으로써 원은 중국풍의 국가로 변모하였다. 그때 원조(元朝)의 지배 영역은 몽골 본토, 전 중국, 만주, 운남, 티벳을 소유하고 고려를 복속시킨 대제국이었다. 이처럼 원은 광대한 영토에 여러 민족으로 구성되어 있었으므로 사회 조직과 제도 역시 복잡하였다. 그러므로 그들은 민족별 신분 제도를 창안하여 사회 제도와 질서를 수립했으며, 당시 원의 문무 요직(文武要職)은 몽골 귀족들이 거의 독점하였다.

원대(元代)에는 서방 세계와 동아시아간의 직접적인 접촉에 의하여 문물교류가 활발하게 행해졌으며, 동서 교통의 발달과 교역의 번영은 많은 여행자와 선교사(宣敎師)들을 오게 하였다. 당시 로마 교황청이 보낸 선교사들에 의해 몽골어로 성경(聖經)이 번역되었다. 물론 그 당시는 기독교뿐만 아니라 이슬람교와 불교도 융성하였는데 그 종교들 중에서 티벳의 불교인 라마교는 몽골 왕실과 귀족 사이에 크게 유행하여 세조(世祖)때는 국교적 위치를 누렸다.

(2) 명대(明代)

한민족(漢民族)을 무력으로 정복한 몽골족이 세운 원(元) 제국도 점차 통치자의 한계를 드러내면서 사회는 반란이 빈발하는 혼란 속으로 빠져들게 된다. 강남(江南)의 경제력을 배경으로 하여 한족(漢族)의 주권 회복을 내세운 주원장(朱元章)은 몽골족을 축출하고 남경(南京)에 도읍하여 명(明, 1368-1644)을 세웠는데 그가 명태조(明太祖)이다.

명태조는 우선 몽골풍의 문명을 일소하고 중국 문명의 전통을 회복하는 데 주력하였다. 그리고 그들의 실정에 맞는 정치적 개혁을 단행하여 통치권을 강화함으로 국가의 기초를 확립하였다. 또한 송대(宋代)에 확립되었다가 원대(元代)에 사라진 과거 제도를 부활시키고, 교육의 보급과 민중의 교화를 위하여 각지에 학교를 세우고 국민 교육 강령을 반포하는 등 국가의 영향을 농촌을 포함한 전역에 두루 침투시켰다.

영락제(永樂帝)는 몽골에 대한 전략상의 이유와 남경의 반대 세력을 피하기 위해 수도를 북경으로 옮기고 대운하(大運河)를 개축 확장하여 무능한 관리들을 정리하고 합리적인 조세 정책을 폈다. 그는 여러 차례의 외국

원정을 승리로 이끌어 대외 발전에 현전한 업적을 남겼다. 그는 또한 사서(四書), 오경대전(五經大全), 영락대전(永樂大全)을 펴는 등 문화 부문에도 커다란 공헌을 했다.

그러나 성조(成祖) 이후에는 국력이 쇠퇴하기 시작하여 점차 정치 기강이 문란해져 갔으며 국내외가 어지러웠다. 헌종(憲宗)과 효종(孝宗) 때는 환관의 횡포가 더욱 심했으며, 무종(武宗) 때는 라마교를 광신하여 음란이 매우 심하였고, 정권은 역시 환관의 손에 좌지우지되었다. 이렇듯이 국정이 혼란하게 되자 외부적 위협과 더불어 내부의 난들이 일어나게 되는데 그에 대한 군사적 대응책이 결국은 재정의 궁핍을 야기시켰다.

황실(皇室)은 광산 등의 개발과 세금을 올림으로써 재정 문제를 해결하려 했으나, 도리어 환관들의 가렴주구만 더욱 심해졌을 뿐 민중의 가난은 극도에 달했고 도적 떼가 들끓었다. 이와 같이 국가가 위기에 처하게 되자 대외적으로는 여진(女眞)의 누르하치가 일어나 그 세력을 가지고 압력을 가했으며, 내부적으로는 농민 반란이 끊이지 않았다.

명대(明代)에 있어서 우리가 괄목할 만한 사실은 유럽의 르네상스 운동과 더불어 중국에서도 그와 같은 운동이 있었다는 점이다. 그들은 전통 문화의 부흥과 학문의 장려에 따라 도서의 편찬 간행 사업을 활발히 행했다. 그리고 명대(明代)에서는 상업이 발달하고 도시가 번영하여 도시 문화가 발달했으며 서민의 교육과 생활의 향상으로 서민 문화의 결실을 보게 되었다. 또한 명말(明末)에는 기독교 선교사(宣敎師)들이 서구 학술을 들여오게 되어 실학(實學)이 유행하였고, 서구 문명의 영향에 따라 자연 과학이 현저히 발달하였다.

지리상의 발견으로 동서양의 문물이 확실히 접목되는 시기가 중국에서는 명말(明末) 이후에 시작된 것을 알 수 있다. 그러한 상황 가운데서 북경은 1644년 이자성(李自成)의 난(亂)으로 함락되고, 의종 숭정제(毅宗 崇禎帝)가 자살함으로 276년의 명조(明朝)는 끝나게 된다.

5. 인도(印度)

8세기 경부터 아라비아인, 투르크인, 아프간인 등 이슬람교도들의 계속적인 침입이 지속되다가 10세기 후반부터 인도는 점차 이슬람화되어 간다. 당시 투르크인들이 가주니(Ghajuni) 왕조를 세우지만 1150년경 아프간인들이 구르(Ghur)왕조를 세워 아프가니스탄을 지배한다. 구르(Ghur) 왕조의 왕인 무하마드 구르는 인도의 이슬람화를 계획하여 편잡 지역을 점령하고, 인도의 중심부인 델리(Delhi)에 진출함으로써 북부 인도 전역을 이슬람의 세력 안에 넣는 데 성공하였다.

1206년에는 델리 지방을 맡아 통치하던 구르의 지방관인 쿱트웃딘이 독립하여 최초의 이슬람교 국가를 세우는데 그때를 소위 노예 왕조(1206-1290)라 한다. 이 노예 왕조의 이슬람교국의 왕 가운데에는 노예 출신이 많았다. 이는 이전에 궁정에 속해 있던 노예(奴隷)들이 실권을 장악했기 때문이다. 새로운 상황에 접어든 당시의 이슬람 교리는 힌두교의 엄격한 카스트 제도 아래 있던 하층민(下層民)들에게는 해방과 자유를 의미하는 것이었다. 그러므로 노예 왕조가 세워진 이래로 힌두인은 북인도에서 지배자로서의 지위를 상실하게 되는 것이다.

이때로부터 무굴 왕조가 성립하기까지(1526)의 약300여 년 동안 인도에는 특정 종족들이 지배하는 이슬람 국가의 흥망이 있었다. 1290-1320

년까지는 아프간인의 킬지(Khilji) 왕조가 섰으며, 그 후 1320-1413년까지는 투르크인의 투글루크(Tughluk) 왕조가 지배했다. 그리고 1414-1451년까지는 사이드(Sayyid) 왕조가 잠시 섰으며, 1451-1526년까지는 아프간의 로디(Lodi)왕조가 지배한다. 그 시대에는 대체적으로 이슬람교가 힌두교를 완전히 밀어낸 것이 아니었으며, 도리어 종교적으로 많은 혼란들을 초래한 것으로 보인다. 16세기 초의 인도 로디(Lodi) 왕조는 내분이 극심하여 멸망할 수밖에 없었다.

로디(Lodi) 왕조가 멸망할 때까지의 이슬람의 여러 왕조들은 인도를 정복하여 힌두교의 사원과 신상(神像)을 파괴하고 이슬람으로의 개종을 강요하였으나 정책상 재래의 신앙과 제도를 어느 정도 허용하였으므로 카스트 제도는 여전히 인정되고 있는 상태였다. 그 결과, 인도에서의 이슬람 세력은 확대되어 인도 문화에 커다란 영향을 주었으나 이슬람교와 힌두교의 반목과 질투가 첨예하여져서 인도 사회는 종교적ㆍ정치적으로 수습하기 어려운 대혼란에 빠지게 되었다. 이때 무굴 제국이 등장하게 된 것이다.

중앙아시아에서 세력을 펼치던 티무르 제국(1369-1500)이 1500년에 멸망한 후 티무르 조(朝)의 재건을 꾀하던 바베르(Baber)가 내분과 혼란이 극심하던 인도의 로디(Lodi) 왕조를 멸망시키고 갠지스 강 유역을 중심으로 델리에 도읍하여 무굴(Mughul) 제국(1526-1858)의 기초를 열었다. 이후부터 발전하기 시작하는 무굴 제국은 이슬람교도라는 면에서는 앞서 인도에 존재했던 아프간인이나 투르크족(族)과 별반 다를 바 없으나, 이들이 이란(Iran) 문화의 수준 높은 배경을 지니고 있었던 점이 앞서의 왕조들과 다른 점이다. 유럽에서 르네상스 운동과 종교개혁이 일어나고 있을 즈음 인도에서는 이슬람 세력의 정치적 흥망 변동이 계속되고 있었음을 우리가 알 수 있다.

6. 한반도

유럽에서 르네상스 시대와 종교개혁의 시대와 병행되는 때에 한반도(韓半島)에는 고려 시대와 조선 시대 전반기가 걸쳐져 있다. 1392년, 이성계가 조선을 건립했을 당시에 유럽은 40년간의 교황 대분열의 중반기 즈음되었다. 즉 아비뇽과 로마에 각각 교황이 있었으며, 유럽의 각국들은 자국(自國)의 이해에 따라 어느 한쪽을 지지했으므로 전체적으로 분열의 양상을 보였던 것이다.

그리고 동로마 제국이 멸망할 때 즈음인 1453년이 되기 얼마 전 조선은 세종대왕이 훈민정음을 창제(1443)하여 반포(1446)하던 전성기 시대였다. 또한 콜럼버스, 바스코 다 가마, 마젤란 등이 신대륙을 개척하고 루터, 칼빈, 쯔빙글리 등이 종교개혁을 하던 시대에 조선은 일본(日本)의 왜인들이 호시 탐탐 공격해오던 시기였던 것이다. 그리고 명(明)에서의 문화와 실학, 서구의 학술적 영향은 조선에도 서서히 그 영향을 미치기 시작한다.

7. 남·북 아메리카 대륙

16세기에 스페인인들이 중미(中美)의 아즈테크인들을 정복할 무렵 그들은 아직 석재(石材)나 목재(木材) 무기를 사용하고 있었다. 이 아즈테크 족은 일명 멕시코족으로, 북부 사막 지대에서 갑자기 멕시코 강 유역으로 쳐내려온 족속들이었다. 아즈테크 족은 중미 세계의 정복자로서는 거의 전(全) 영역을 포함하는 제국을 그곳에 처음 창건한 족속이었다. 아즈테크 제국이 중미에 창건되고 나서 약 10년이 지난 뒤 잉카족은 안데스 세계에 그들의 지배를 강요하기 시작했다.

잉카 제국에서 사용된 당시의 중미 지역의 국제 통용어는 제국의 인구 정책이나 도로망과 더불어 강력한 유대의 역할을 한 것으로 알려져 있다.

10장

절대주의와 인권 혁명 시대

1. 유럽과 신대륙

(1) 절대 왕정의 배경과 인권 혁명의 발달

르네상스 시대와 종교개혁 시대를 거치면서 봉건 세력은 점차 몰락해 갔고 신흥 시민 계층이 생겨나게 되었다. 과학(科學)의 발달, 신대륙의 발견, 종교(기독교)에 대한 새로운 인식 등을 통해 전반적인 가치 체계가 변하게 된 것이다. 한편 그동안 하층민으로 있던 농민들의 주장이 새로워지고 인문 과학을 토대로 한 많은 지식인들이 배출되어 다양한 논지들을 폄으로써 상당한 혼란을 초래하게 된다.

이러할 때 군주(君主)는 국가 통일을 기하여 절대적 권력을 장악하게 되었다. 왕들은 중앙 집권적 관료 정치를 실시하고 상비군과 경찰을 육성하여 국가의 내적 통일을 기하였다. 중세 종교개혁이 시작된 지 불과 수십 년 후인 16세기 중반경부터 18세기 후반경까지 2세기가 넘는 동안의 절대 왕정 시대에서 볼 수 있는 정치 사상의 특징으로는 왕권 신수설(Divine Right of Kings)을 들 수 있다. 군주권은 신(神)으로부터 왔으며 신성 불가침(神聖不可侵)의 절대성이 있다는 것이다. 그러한 주장은 프랑스의 보댕(Jean Bodin), 보쉬에(Bossuet), 영국의 홉스(Hoobbes), 필머(Filmer) 등에 의해 확립되었다.

한편 절대주의 시대에는 각국의 군주가 중상주의(重商主義)를 실시하여 상업 자본가와 결탁, 부의 축적을 국가 제일의 목표로 삼았다. 그리고 식민지를 개척하기 위해 각국이 세계 여러 곳으로 진출하므로 국가간의 충돌이 많을 수밖에 없었다. 그런 가운데 왕은 일반 국민들에게 강력한 권위를 행사함으로써 다른 반동을 불러일으켰는데, 그것이 곧 인권 혁명이다.

자본주의 생산 양식의 발달과 시민 계급의 급격한 성장은 자유주의와 민주주의 사상을 발전시킬 수밖에 없었다. 그리하여 시민 계급은 왕이 절대적인 권위를 누리던 절대주의 시대를 타도하고 정치적인 자유를 획득하게 된 것이다. 그것은 정치적인 것뿐 아니라 인간 생활의 모든 영역과 결부 되었다. 이렇게 형성되기 시작한 인권 혁명은 전 유럽 세계와 미국에까지 영향을 크게 미치게 된다. 영국의 청교도 혁명을 시발로 미국의 독립 혁명, 그리고 프랑스의 대혁명이 일정 시기를 두고 이어지게 되는데 이로 말미암아 시민 계급의 민주적인 정착이 이루어지게 된다.

이러한 역사적 인권 운동들의 배경에는 인간의 이성과 지식에 대한 관심이 바탕을 이루는데 그것이 곧 계몽 사상이다. 계몽 사상은 처음에 영국에서 발생하여 프랑스에서 합리주의적 · 개인주의적 · 자유주의적으로 발달하였으며, 전통과 권위를 타파하여 사물의 진상을 규명하고, 불합리한 것을 비판하고 배격하였다. 이러한 인간의 사상이 민주주의를 요구하게 된 것이다.

그리고 그 인권 혁명이 있게 한 구체적 내용은 일련의 종교적 운동들이다. 당시 유럽 여러 나라들과 미국 대륙에서 있었던 기독교적 영향들이 새로운 가치를 배경으로 하는 변화된 시대를 적극적으로 유발했던 것이다.

(2) 영국의 절대 왕정과 청교도 혁명

절대 왕정(絕對王政)에 대한 반발로 일어난 시민 혁명의 선도국(先導國)은 영국이다. 영국은 1066년 노르만 정복(Norman Conguest) 이후 중앙 집권화의 전통을 갖고 있어서 유럽의 여러 나라들 가운데서 가장 쉽게 절대 왕정이 수립되었다. 다른 유럽의 나라들과는 달리 섬나라였기 때문에 독특한 정치적 체제 구성이 가능했던 것이다.

십자군(十字軍) 운동이 끝난 뒤 유럽은 새로운 분열 양상을 띠게 되는데 당시 프랑스는 어느 정도 영국의 관할 아래 있었다. 그럴 때 영국의 왕이 프랑스의 왕위를 주장하자 양국간에는 크게 마찰이 일게 된다. 물론 양국 사이에는 정치적·경제적 문제들이 뒤얽혀 있었는데 그 후부터 약 백년간 영국과 프랑스간에 전쟁이 일어난다. 그것이 이른바 백년 전쟁(1338-1453)이다. 그 전쟁의 결과 프랑스는 영국을 대륙에서 몰아내고 군제(軍制)를 개혁하고 왕권을 강화하게 되었다.

한편, 영국에서는 백년 전쟁(百年戰爭)이 끝난 후 심각한 내란들이 일어나게 된다. 백년 전쟁이 끝난 2년 뒤에 영국 내의 최강의 귀족 집단 사이에서 전투가 벌어졌는데 이것이 곧 장미 전쟁(1455-1485)이다. 이 만성적인 혼란이 계속되는 동안 영국 의회는 무기력해졌고 무법 천지가 되었다. 붉은 장미를 가문(家門)의 상징으로 하는 랭카스터(Lancaster) 가문과 흰 장미가 가문의 상징인 요크(York) 가문이 30년 동안 상쟁(相爭)한 후 그 혼란을 배경으로 무리 없이 왕정이 강화된 것이다.

1485년, 헨리 튜더(Henry Tudor)가 요크 가(家)의 리처드 3세(Richard Ⅲ)를 패배시킴으로써 장미 전쟁은 끝나고 튜더 왕조(1485-1603)가 성립되었다. 헨리 튜더(Henry Tudor)는 헨리 7세(Henry Ⅶ) 왕으로 즉위하여 강력한 중앙 권력을 구축하기 위한 행정 개혁을 단행하였다. 이어 왕위를 차지한 헨리 8세는 독일의 마르틴 루터(Martin Luther)와 스위스의 쯔빙글리(Zwingli)와 동시대 사람으로서, 그들과는 다른 이유 즉 개인 생활과 정치적인 문제로 말미암아 종교개혁을 단행하였다.

그 후에는 신교를 박해하고 가톨릭으로 회귀하려 했던 메리 여왕(Mary, 1553-1558)이 왕위를 계승했다. 그리고 그 다음의 엘리자베스

(Elizabeth, 1558-1603) 여왕은 영국 절대 왕정의 전성 시대를 이루었다. 엘리자베스 여왕은 영국 교회의 통일법을 제정하여 종교적 안정을 이루었고, 그레샴의 권면에 따라 국가 경제를 탄탄히 해 나갔으며, 스페인의 무적 함대(無敵艦隊)를 격파(1588)함으로써 막강한 국력을 소유하게 되었다.

그러나 엘리자베스 1세의 사후, 스코틀랜드 왕 제임스 6세였던 제임스 1세(James Ⅰ, 1603-1625)가 스튜어트(Stuart) 왕조를 열고 노골적으로 왕권 신수설을 주장하여 의회를 무시하였다. 거기다가 재정적 위기가 겹쳐져 의회와 왕의 대립이 깊어 갔다. 제임스 1세는 전제 정치를 실시했으며 청교도를 탄압하고, 의회의 동의 없이 징세하여 산업 시민 및 청교도가 주축이 되어 있는 의회와 대립했던 것이다. 그의 아들 찰스 1세(Chales Ⅰ, 1625-1649) 역시 의회를 완전히 무시하는 전제 정치를 하자 1628년 의회는 '권리청원'(Petition of Right)을 통과시켰는데 그 내용은 신체의 자유, 불법 징세 금지, 국법 존중 등의 내용을 담고 있었다. 찰스 1세는 도리어 윌리엄 로드(William Laud)를 기용하여 의회를 완전히 무시하는 이른바 '로드체제'를 확립했다. 로드 체제는 청교도를 탄압하고 비의회적인 재정 반입원을 포착하는 데 중점을 둔 것이었다.

한편 찰스 1세가 스코틀랜드에 영국 국교를 강요하자 반란이 발생했다. 왕의 의회 없는 11년간의 전제(專制) 끝에 부득이 1640년 의회를 소집하지 않을 수 없었다. 이는 스코틀랜드의 반란을 진압하기 위한 비용을 충당함으로써 곧 해산당했다(단기 의회, Short Parliament). 그 후 장기 의회 (1640-1660, Long Parliament)에서도 의회가 왕의 종교 탄압과 실정을 규탄하자 무력으로써 의회를 위협하였다. 이리하여 청교도 혁명이 일어나게 된다.

웨스트민스터 신앙고백
(The Westminster Confession of Faith)

웨스트민스터 신앙고백서는 1647년 영국의 웨스트민스터에서 모인 신학자와 목사들의 총회에서 승인된 문서이다. 이는 당시 국교회를 개혁하기 위하여 웨스트민스터 대성당에서 열린 교회회의에서 장로교 정신에 입각하여 제정, 채택한 신앙고백서이다. 전통적 웨스트민스터 신앙고백서는 전체 33장으로 구성되어 있는데 이 고백문서가 제정되기까지 매우 신중한 토론들이 있었다. 각 조항들은 칼빈을 중심한 종교개혁자들의 신학사상을 근간으로 하고 있으며 하나님 주권적인 고백을 담고 있다. 그 후 오늘에 이르기까지 건실한 전 세계의 장로교회들은 이 내용을 성경의 내용과 가장 잘 조화되는 기독교 신앙의 표준적 진술로 인정하고 있다.

영국 국내는 이제 국교도, 가톨릭 교도, 귀족, 특정 상인들을 주축으로 하는 왕당파와 청교도, 산업 자본가, 수공업자를 주축으로 하는 의회파로 나뉘어 싸웠다. 처음에는 의회파가 불리하였으나 올리버 크롬웰(Oliver Cromwell)의 활약으로 전세는 역전되었다. 그는 의회군(議會軍)에게 종교적 사명감을 고취시켰으며 전투시에는 찬송가를 군가(軍歌)로 불러 사기를 드높였다.

결국 크롬웰은 승리하여 입헌 군주제를 지지하는 의회 내의 장로파를 숙청하고 공화파(독립파)의 세력을 확립하였다. 그리고 그는 왕을 런던 시민들 앞에서 처형하고 자유 공화국(Free Common Wealth)을 수립하였다. 1653년 종신 호국경(Lord Protector)이 된 크롬웰은 청교도 정신에 입각한 검소 생활을 강요하며 상공업에 힘을 썼으나, 그것이 지나쳐 자유 공화국을 부정하는 결과를 가져와서 결국 국민의 지지를 잃고 말았다.

크롬웰이 죽은 후, 프랑스에 망명 가 있던 찰스 2세(Chales Ⅱ, 1660-

85)는 입헌 왕정파인 장로파 세력하에 즉위하여 의회의 보수 세력을 배경으로 전제 정치를 다시 감행했다. 그는 청교도(淸敎徒)를 탄압하고 국교(國敎)를 옹호했으며, 의회는 국교도가 아니면 관리가 되지 못하게 하는 심사율(1673)과 인신 보호율(1679)을 발표했다. 이때 즈음 의회에는 왕권 및 국교회를 옹호하는 보수적인 토리(Tory)당과 왕권 제한을 주장하는 진보적인 휘그(Whig)당이 형성되었다. 토리당은 귀족들이 중심이 되었고 휘그당은 산업 자본가가 중심이 되었다.

찰스 2세가 죽고 나서 제임스 2세(James Ⅱ, 1685-88)가 즉위하여 왕권 신수설을 주장하면서 전제 정치를 실시함은 물론 영국 국교가 아니라 가톨릭을 노골적으로 옹호하기 시작했다. 이에 토리당과 휘그당은 서로 단결하여 1688년 제임스 2세의 장녀 메리(Mary)와 그 남편 네덜란드의 오렌지 공(公) 윌리엄(Willam)을 영국의 공동 왕으로 영입하였다. 그러자 제임스 2세는 프랑스로 망명해 감으로써 무혈 혁명(無血革命)이 성공하였다. 이 혁명을 명예 혁명(Glorious Revolution)이라 한다.

이렇게 하여 즉위한 윌리엄 3세와 메리는 1688년 의회가 작성한 '권리 선언' 을 승인하고, 이것을 권리 장전(Bill of Right)이란 이름으로 발표하였다. 이것은 국민의 자유와 의회의 권리를 승인한 것이었다. 명예 혁명 후 영국은 정당 정치를 실시하여 휘그당과 토리당이 번갈아가며 다수당이 되어 내각 중심의 정당 정치를 하기 시작했다.

(3) 미국의 독립 혁명

영국에서 심한 종교적 박해가 있자 청교도들은 신앙의 자유를 찾아 신대륙으로 건너가게 된다. 1620년, 영국의 제임스 1세 왕 때 메이 플라워호(May Flower)가 플리머스에 도착한 후 1732년까지 대서양 연안에 메사추세츠를 비롯하여 13개 주(州)가 형성되었다. 대부분의 각 주(州)는 본국의 간섭 없이 자치를 하고 있었으나 국왕 특허에 의한 식민지는 본국 임명의 총독과 식민지 대표간에 대립이 심하였다.

신대륙의 사람들은 자유 의식이 강한 반면, 영국은 중상주의적 식민 정책을 강화하여 신대륙을 오로지 경제적 착취 대상으로 생각하였다. 그리하여 영국은 각종 법령을 제정하여 식민지 정책을 펴게 된다. 그렇게 되자 신대륙에서는 점차 반영 운동(反英運動) 정서가 고조되어 갔다.

한편, 신앙의 자유를 찾아서 신대륙에 온 그들의 신앙도 상당한 변화를 겪게 된다. 맨 처음 그들이 신대륙에 도착했을 때 그들의 삶은 매우 깨끗하고 엄숙했다. 그들은 스스로를 제 2의 이스라엘 민족으로 여기며 신앙 중심의 생활을 했다. 서로간의 신앙들을 점검하고 주일(主日)을 성수하는 데 최선을 다했다. 혹 교회에 출석하지 않는 자들이 있으면 공적으로 체벌할 만큼 신앙 정신이 투철했던 것이다.

그러나 그들의 신앙 정신은 수십 년을 넘기지 못하고 서서히 나태해지기 시작한다. 생활이 점차 부유해지고 여유가 생기자 사람들은 물질적 풍요에 눈을 돌리게 된 것이다. 1700년경을 넘기면서 신대륙의 신앙은 극히 저하된다. 사람들은 술과 쾌락의 방탕에 빠지고 교회를 멀리했다. 그들은 정복 운동에 관심을 가져 서부 개척에 열을 올리는 소위 '황야의 무법자' 시대를 만들기도 했다. 그들의 관심은 오로지 새로운 땅과 부(富), 그리고 향락이었던 것이다.

그런 중 1734년경이 되어 대각성 운동(Great Awakening)의 조짐들이 나타났다. 극단적 신앙 저하의 시대였던 1730년경 요나단 에드워드(Jonathan Edward)와 같은 신앙인들이 나와 신앙으로 돌아갈 것을 호소하였다. 그때 즈음 영국의 조지 휫필드(George Whitfield) 같은 사람은 신대륙으로 건너와 말을 타고 다니면서 설교를 하며 영적 각성 운동을 일으켰던 것이다.

당시의 신대륙은 경제적 압박이 심했고, 개척 상황에서 심리적으로 안정되지 못하던 때였다. 그래서 그들은 자부심이 없고 불평과 불만, 열등감이 가득한 형편이었던 것이다. 1740년에는 프랑스와 영국간의 식민지 전쟁이 신대륙에서 일어났다. 당시의 형편이 이러할 때인 1740년경 신앙 대각성 운동이 일어나 미국이 독립할 때까지 일반 시민들에게 그 영향이 점차적으로 미치게 된다. 사람들은 회심을 하게 되고 다시금 청교도 정신을 조금씩 깨우치게 된다. 그리하여 신대륙의 사람들 사이에 신앙을 중심으로 한 연합 운동이 싹트게 되는 것이다. 신대륙의 사람들은 영국의 지배를 받던 자리에서 독립하려는 움직임을 보였고, 열등감이 점차 자부심으로 바뀌게 되었다.

미국의 독립 운동은 영국의 불합리한 경제 정책, 신앙적 대각성 운동, 그리고 계몽주의 사상이 그 원인이었다. 1774년 9월, 필라델피아에서는 대륙 회의를 개최하여 '권리선언'을 하였다. 이듬해 4월, 본국 주둔군과

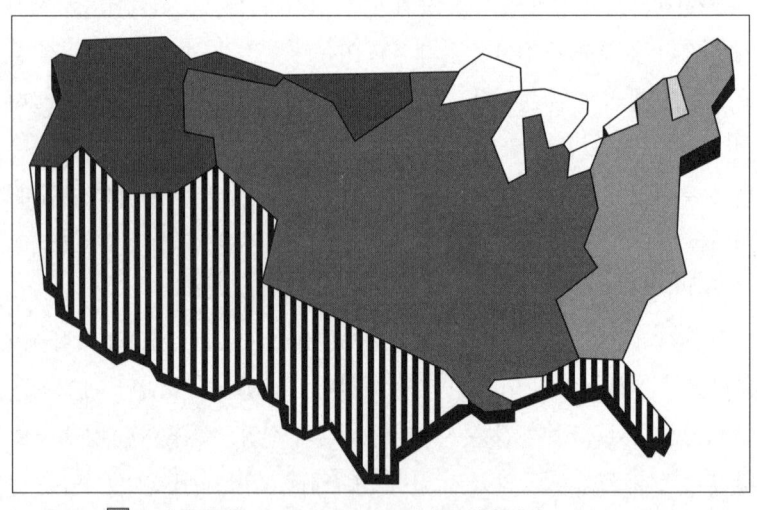

■ 조지 워싱턴(George Washington)이 즉위한 당시
■ 1810년까지 확장한 영토
▮❙ 스페인령   ■ 오레곤

(그림15. 북아메리카 대륙)

식민지군간에 무력 충돌이 발생하자 다시 대륙 회의를 개최하여 무력행사를 결의하였다. 그 후 조지 워싱턴(George Washington)을 식민지군의 총사령관으로 임명하고 선전 포고를 하였다.

1776년 7월 4일 필라델피아에서 '독립선언'을 채택, 선언했는데 이것은 토마스 제퍼슨(Thomas Jefferson)이 기초하였다. 미국 독립 혁명군은 조지 워싱턴의 뛰어난 지도력과 벤자민 프랭클린의 외교 활동으로 승승장구하게 된다. 프랑스 외에도 네덜란드 등이 동맹국으로 참전하여 독립군(獨立軍)을 지원하였고, 러시아, 오스트리아, 프러시아 등이 무장 중립 동맹을 맺어 식민지를 간접적으로 지원하였다.

1783년, 파리 강화 조약에서 영국은 신대륙의 합중국 독립을 승인하고 미시시피 강 동부 지역을 합중국(合衆國)에 할양하였다. 독립을 쟁취한 식민지는 1787년 삼권 분립의 헌법을 제정하여 각 주에 광범한 자치를 허용하는 한편, 각 주를 통합하는 연방 정부를 두고 합법 정부를 수립하게 되었다. 그 새로운 헌법 하에서 1789년 초대 대통령으로 조지 워싱턴이 선출되었다.

이리하여 미국은 세계 최초로 민주주의 헌법을 가진 민주주의 공화국(共和國)이 되었다. 적어도 그들은 성경을 중심으로 한 신앙고백을 국가의 배경으로 삼고 출발했던 것이다. 미국의 독립 혁명은 영국 절대 왕정에 대한 식민지의 독립임과 동시에 청교도 정신의 회복, 그리고 계몽주의 사상에 나타난 민주주의를 실현한 민주주의 혁명을 성취하여 구 대륙의 프랑스 대혁명에 직접적인 영향을 주었다.

(4) 프랑스의 절대 왕정과 프랑스 대혁명

프랑스에서는 영국과의 백년 전쟁(1338-1453) 말기 이래 대귀족들이 전쟁 중에 거의 몰락하고 왕권이 강화되었다. 이러한 절대 왕정의 확립 과정에서 위그노(Huguenots) 전쟁(1562-1598)이 30년 넘게 계속되었다. 위그노 전쟁은 신구교간의 싸움으로 신교도인 위그노들이 많은 학살(虐殺)을 당하였고 위그노 세력은 대체로 프랑스 일부 지방에 국한된 미약한 세력이 되고 말았다.

그 후 신교도인 부르봉(Bourbon) 왕조의 앙리 4세(Henry Ⅳ)가 즉위하여 스스로 가톨릭으로 개종하고 낭트 칙령(1598)을 발표하여 신앙의 자유를 허락함으로써 전쟁은 종결되었다. 그러나 그는 반대파에 의해 암살당하고 만다.

앙리 4세가 암살된 후 어린 루이 13세(Louis ⅩⅢ, 1610-1643)가 즉위하자 모후(母后) 마리(Marie)가 섭정하여 강력한 중앙 집권 정책을 추진하고 위그노를 탄압하였다. 그 후 루이 14세(Louis ⅩⅣ, 1643-1715)가 어린 나이에 즉위했다. 프랑스의 절대 왕정은 루이 14세가 왕권 신수설을 신봉하여 일체의 정치를 친정(親政)하면서 그 절정에 달했다. 그는 낭트 칙령을 폐지(1685)하고 위그노를 탄압하여 많은 상공업 종사자들이 프랑스를 떠나기도 했다.

한편 그는 전형적인 중상주의(重商主義)를 실현하여 국가의 재정을 강화함으로써 유럽의 최강국으로 등장하게 된다. 문화적으로 황금 시대를 구가하여 베르사유(Versailles) 궁전은 당시 정치, 외교, 사교, 예술의 중심이자 향락의 상징이 되었다. 그리하여 당시 유럽의 각국은 루이 14세의 절대 왕정(絕對王政)을 찬탄과 흠모의 대상으로 바라보았다. 그러나 루이 14세는 축적된 국력을 침략 전쟁에 소모했다. 그는 그 군사적 전략에 성공하지 못하고 재정만 궁핍하게 했던 것이다. 결국 루이 14세 이래 누적된 국가 재정난은 루이 16세(Louis ⅩⅥ, 1774-1793) 때 위기에 직면하게 된다.

1789년 프랑스 혁명 이전의 절대주의 체제를 구체제(Ancien Regime)라고 하는데 이는 전제 정치, 계급 사회, 경제적 불균등 등을 총칭하는 것이다. 당시 프랑스에서는 소수인 성직자와 귀족이 막대한 재산을 소유한 특권 계급으로서 면세 특권, 징세권, 사법권, 관직 독점권을 소유하고 있었다. 평민은 일반 시민(Bourgeoi), 농민, 노동자 등으로 구성되었으며, 참정권은 없었다. 이중 특히 구체제에 반감이 있는 사람들은 시민 계급으로서 계몽사상과 미국 독립 혁명으로부터 큰 영향을 받았다.

1789년, 입헌 군주제를 주장하는 귀족들은 국민 의회(1789-1791)를 구성하여 헌법 제정을 요구하였다. 국왕이 군대를 동원하여 의회를 압박하자 수만 명의 파리 시민은 1789년 7월 14일 병기창 및 정치범 수용소인 바스티유(Bastille) 감옥을 파괴하여 폭동을 일으켰다. 혁명은 즉시 전국에 파급되어, 혁명적인 자치 위원회가 생기고 국민군(國民軍)을 조직하였다. 이에 놀란 의회의 가족과 성직자들은 스스로 봉건적 특권을 포기하였다.

의회는 혁명의 확대에 따라 1789년 8월 26일 루소의 정치사상에 입각한 '인권 선언'을 발표하여 왕으로 하여금 승인케 하였다. 라파예트(La Fayette)가 기초한 인권 선언(人權宣言)은 인간의 자유 평등, 인권 보장, 주권 재민, 법률상의 평등, 언론 및 신앙의 자유, 능력에 따른 과세, 소유권의 보장 등이 규정되어 프랑스 혁명 정신을 밝히고 있다.

신헌법에 의하여 구성된 입법 의회(1791.9-1792.9)는 일년만에 해산되고, 그 후 소집된 국민 공회(1792.9-1795)는 공화정을 채택하고 왕정을 폐지하였다. 루이 16세 왕은 1793년 1월 단두대(斷頭臺)에서 처형되었다. 루이 16세의 처형은 전 유럽의 군주들을 격앙시키는 큰 충격을 주었으며, 그 사건은 여러 나라가 연합해서 프랑스에 적대하는 계기가 되었다.

이리하여 영국, 스페인, 네덜란드 등이 동맹한 연합군이 합세하여 프랑스의 새로운 세력을 공격했다. 그런 가운데서도 국민 공회 내부에서는 주도권 쟁탈을 위한 지롱드당과 자코뱅당의 싸움이 계속되었다. 지롱드당은 주로 지방의 지지를 받았고 자코뱅당은 도시 특히 파리의 하층민의 지지를 받았다. 이 두 당파간의 싸움은 파리 시민의 6월 폭동(1793.5.31-6.2)

으로 말미암아 해결되었다. 이 폭동으로 말미암아 지롱드당은 몰락하고 자코뱅당은 새 헌법을 제정함으로써 자체 세력을 강화하였다. 자코뱅당은 대불 동맹군과 대항하는 한편, 공안위원회와 혁명 재판소를 설치하여 2만 명의 반혁명파를 처형하고 봉건적 특권을 폐지했으며, 농민들에게 토지 분배를 하는 등 급진적 개혁을 단행하였다. 또한 자코뱅당은 반기독교 운동을 시작하여 이성교(理性敎)를 창시하고 국민들에게 강압적으로 주지시켰다.

그러나 자코뱅당의 공포 정치와 통제 경제는 민중의 생활을 궁핍하게 하였고, 유산(有産) 시민의 반발과 자코뱅당 내부의 갈등을 초래했다. 결국 1794년에 프랑스는 대외 전쟁에서나 국외 정세에 있어서 안정을 상실하게 되는데, 이때 온건 공화파가 주도권을 장악하게 된다. 1795년 신헌법이 가결되어 상·하 양원의 입법부와 5인의 총통(외무, 내무, 군무, 사법, 재정)으로 구성되는 이른바 총통 정부가 성립되었다.

총통 정부(總統政府)는 1799년까지 프랑스를 다스렸으나 혁명 후의 국내외 난제(難題)들을 해결하지 못하고 무능 부패하였다. 그러자 정부 전복 음모가 행해졌으며 일반 대중의 생활은 도탄에 빠져 사회 불안이 여전하였다. 이러한 난국을 수습하고 질서를 회복할 수 있는 지도자로서 나타났는데 군부 출신의 나폴레옹이었다. 나폴레옹은 프랑스의 식민지 코르시카 섬에서 태어나 프랑스 육군 사관학교를 졸업하고 프랑스 대혁명 후 있었던 반란 진압에 공이 컸으므로 이탈리아(1796), 오스트리아(1796), 이집트(1798) 등의 원정군 사령관에 발탁되어 상승 장군으로서 용맹을 떨쳤다.

1798년, 영국이 주도한 대불 동맹군이 공격을 했을 때 프랑스는 위기에 놓이게 된다. 이때 이집트에 원정 중이던 나폴레옹은 총통 정부의 무능함을 보고 쿠데타를 일으키기 위해 급히 귀국했다. 그는 쿠데타에 성공하여 정권을 장악하였다. 그 후 국민 투표로 통령 정부를 수립하여 스스로 제 1

통령이 된 그는 명목상으로 공화정을 유지하면서 독재 정치를 실시하였다. 한편 나폴레옹은 대불 동맹군을 무찌르고 1802년 영국과 아미앵(Amiens) 조약을 체결하였다. 이것은 쌍방간의 현상 유지를 규정하였지만 실상은 유럽에 있어서 프랑스의 패권을 인정하는 것이었다.

아미앵 조약 후 2년간은 평화기였는데, 그동안 나폴레옹은 종신 통령이 되었다. 그리고 1804년에는 다시 국민 투표를 실시하여 세습 황제 나폴레옹 1세(재위 1804-1814)로 즉위하였다. 이때부터 그는 더욱 강화된 군사력을 이끌고 유럽 대 정복에 나섰다. 육지전에서 상승을 거둔 나폴레옹은 1806-1810년 사이 5년간 영국과 터키를 제외한 전 유럽을 석권하였다. 1806년 그는 홀로 저항하는 영국을 굴복시키기 위해 베를린 칙령을 발표하여 이른바 대륙 봉쇄를 단행하였다. 이는 군사적으로 영국을 굴복시키지 못하므로 경제적 고립을 시도할 계획이었으나 성공하지 못했다. 그 이유는 영국 경제가 산업 혁명을 겪고 난 후라 그 기초가 단단해서 오히려 대륙의 여러 나라 경제만 어렵게 만드는 결과를 초래했기 때문이다.

이에 러시아는 나폴레옹의 대륙 봉쇄령을 위반하고 영국과 통상을 하였는데 1812년 나폴레옹은 러시아를 응징하기 위해 무모한 원정을 했다가 실패하고 만다. 이렇게 되자 다시 대불 동맹군이 결성되어 1813년 나폴레옹 정권은 몰락한다. 나폴레옹은 1814년 황제에서 물러나 지중해의 엘바 섬에 유배되었고, 루이 18세가 즉위하였다. 빈 회의에서 열국이 전후 처리 때문에 대립하고 국내가 불안한 틈을 이용하여 나폴레옹은 1815년 3월 초에 파리에 재입성하여 군중의 대대적인 환영을 받으며 다시 제위(帝位)에 올랐다.

그러나 이 재기의 시도는 백일천하로 끝났다. 웰링턴 장군이 지휘하는 영국군은 그 해 6월 중순 워털루(Waterloo) 전투에서 나폴레옹을 격파하고 그를 다시 대서양의 외딴 섬 세인트 헬레나(St. Helena) 섬으로 유배하였기 때문이다. 그는 거기서 회상록을 집필하면서 1821년 영광과 능욕으로 얼룩진 파란 많은 일생을 쓸쓸하게 마쳤다.

나폴레옹 시대는 이렇게 끝났으나 그를 통해 프랑스 혁명의 이념과 정신이 유럽 각지에 전파되었다. 비록 나폴레옹 자신은 그것을 의도하지 않았을지라도 자기가 정복한 국가 안에 자유주의와 민주주의 그리고 국민주의 운동의 씨앗을 뿌리게 되었던 것이다.

(5) 독일의 왕정과 절대주의

독일은 가장 먼저 종교개혁(宗敎改革)을 한 나라였으나 17,18세기에 이르기까지 국가가 아니라 막연하게 지역을 가리키는 말에 불과하였다. 1555년 아우구스부르크 종교 회의에서 루터파의 신앙을 공인했음에도 불구하고 독일 지역에서는 여전히 신구교간의 대립이 지속되었다.

독일의 지배하에 있던 보헤미아(Bohemia) 지방의 페르디난트(Ferdinand)가 신교(新敎)를 탄압하자 1618년 보헤미아의 신교도들은 그에 대해 반란을 일으켰다. 1623년 그 반란은 진압이 되었으나 독일 신교도와 동맹을 맺은 나라들이 가만히 있지를 않았다. 덴마크와 스웨덴이 영국, 네덜란드, 프랑스 등의 지원을 받아 독일 신교도들을 보호한다는 명분으로 번갈아 독일에 침입하므로 프랑스의 위그노 전쟁처럼 국제적인 종교 전쟁이 되었다. 이것이 곧 30년 전쟁이다. 덴마크와 스웨덴 군이 독일의 발렌스타인 장군에게 패배하여 전쟁이 종결될 듯했으나 프랑스의 독일 침입으로 이후 약 10년간 전쟁을 더 끌다가 1648년 베스트팔렌 조약으로 완전히 끝이 났다. 베스트팔렌 조약에서 독일은 신앙의 자유를 획득했으나 나라는 더욱 약화되었다. 국토는 황폐화되고 산업은 쇠퇴하여 황제권은 약화되었고 300여 개의 연방 국가로 분열되어 신성로마제국은 형식적 명칭으로만 남게 되었다.

이 300여 개의 크고 작은 국가들 중에 수도를 베를린에 둔 프로이센만이 강성하여 베스트팔렌 조약에서 독립을 승인 받은 남쪽의 오스트리아와 대립하였다. 프로이센의 대선제후(大選帝候) 프리드리히 빌헬름(Friedrich Wilhelm, 1640-1688)은 독일의 영토를 통합하기 위해 노력하였다. 그는 각국으로부터 이민을 많이 받아들여 전쟁에서 반감됨 인구를 늘려 갔다. 특히 네덜란드 농민을 이주시켜 관개법, 농경, 낙농 기술을 배우고 낭트 칙령의 철회로 말미암아 프랑스를 떠난 위그노들을 받아들여 상공업 발달을 장려했다. 상비군을 정비하고 중앙 집권적 절대 왕정을 확립하는 한편 해상 활동과 통상 문제에도 깊은 관심을 갖고 아프리카 무역 회사를 설립하였다.

프리드리히 3세는 1688년 선제후를 계승하게 되었으며 스페인 왕위 계승 전쟁에서 신성로마 황제 레오폴트 1세를 원조하여 그 공로로 왕칭(王稱)에 대한 승인을 얻었다. 그리하여 비로소 프로이센 왕국이 성립된 것이다(1701). 그의 아들 프리드리히 빌헬름 1세(Friedrich Wilhelm Ⅰ, 1713-1740)는 풍부한 자원을 활용하여 군사력을 증강시킴으로써 프로이센이 강대국으로 비약할 수 있는 토대를 마련했다. 그의 통치 방식은 가부장적(家父長的)인 전제 정치와 군국주의에 입각한 것이었으며 경제력의 증진, 군사력의 증강, 왕권 신수설의 신봉 등을 실천에 옮기는 것이었다. 그의 치세(治世) 동안 프로이센은 유럽에서 가장 강대한 군사 국가가 되었으며, 고도의 능률적인 관료 국가가 되었다. 그는 1717년 의무 교육 제도를 공포할 정도로 교육에 대해서도 지대한 관심을 가진 왕이었다.

대선제후(大選帝候) 프리드리히 빌헬름(Friedrich Wilhelm)이 통치를 시작한 지 100년 후인 1740년 프리드리히 2세(프리드리히 대왕)가 즉위하게 된다. 그는 강철 같은 성격과 예리한 지성을 갖춘 계몽 군주로서 프로이센을 유럽의 일등 국가로 만들어 놓았다. 그는 군대를 증강시켜 오스트리아 왕위 계승 전쟁(1740-1748)과 7년 전쟁(1756-1763)을 일으켜 슐레지엔 지방을 점령하였다. 프리드리히 대왕은 1740년에서 1786년에 이르는 약 반 세기 가까이 프로이센을 엄격, 소박, 근면의 정신에 따라 통치하였으며, 산업을 진흥시키기 위해 철저한 중상주의(重商主義) 정책을 폈다. 그는 또한 군수 산업을 육성하고 사법 개혁도 단행하여 고문을 폐지하고 공소원(控訴院)을 창설하였다.

한편, 독일의 종교개혁 시대가 한 세기를 넘기지 못해 신앙은 또다시 경직화되어 가고 정치적 색채를 강하게 띠게 되었다. 독일에서 30년 전쟁이 끝난 이후 새로운 종교개혁이 일어나게 되는데 그것은 곧 경건주의(敬虔主義) 운동이다. 경건주의 운동을 맨 처음 시작한 사람은 필립 스패너 (Philip Spaner, 1635-1705)인데, 그는 성경을 올바르게 연구할 것과 모든 개신교도들은 신앙인의 삶을 실천할 것을 강조했다.

그는 프리드리히 3세 때인 1694년 베를린에서 할레 대학(大學)을 설립하여 체계적인 신학 교육을 실시하였다. 그의 제자들 가운데는 아우구스트 헤르만 프랑케(August Hermmann Francke), 진젠도르프(Zinzendorf) 백작 등 많은 기독교 지도자들이 있다. 특히 프랑케(Francke)는 학교, 고아원, 과부원, 책방, 병원 등을 세움으로써 사회적인 영향을 크게 끼쳤으며 핀란드, 스웨덴, 오스트리아 등 전 유럽과 전 세계에 선교사를 파송하는 일을 시작했다.

당시 독일의 목회자들은 할레 대학에서 일정 기간 이상의 경건 훈련을 받도록 되어 있었으며, 목사 안수를 받기 위해서는 할레 대학의 추천서가 요구되었는데 이는 프리드리히(Friedrich) 선제후가 프로이센의 왕이 되어서 선포한 것이다. 우리는 이런 것을 통해 프로이센 당시의 독일의 신앙 생활의 양상을 엿볼 수 있다.

(6) 러시아의 절대 왕정 시대

러시아는 몽골의 킵차크 칸국(汗國, 1243-1502)의 지배를 2세기 이상

받아오다가 모스크바 대공국(大公國)의 이반 3세(Ivan Ⅲ, 1462-1505) 때 독립하여 동로마 멸망 후 동로마 문화와 그리스 정교를 계승하였다. 이반 4세(Ivan Ⅳ, 1533-1584)는 전 러시아의 황제(Czar, 차르)가 되어 러시아 제정(帝政, Czarism)을 확립했다. 이때는 영국에 절대 왕정이 성립되던 시기와 병행하는데, 이반 4세는 중앙 집권화를 확립하고 볼가강 유역을 장악하여 영토를 넓혔다. 그 후 제위(帝位) 분쟁이 일어나자 이를 진압하고 1613년에는 미하일 로마노프(Mikhail Romanov, 1613-1645)가 즉위하여 로마노프 왕조를 열었다. 그는 관료제와 농노제를 더욱 강화하는 정책을 폈다.

그 후 표트로 대제(Puotr Ⅰ, the Great, 1682-1725)는 동양적인 러시아의 후진성을 극복하기 위해 서구화를 꾀하였다. 러시아 근대 사상 최대의 군주인 그는 서구에 시찰단을 파견하여 서구의 문화, 제도, 기술, 산업 등을 도입하여 중앙 집권적 절대 왕정을 확립하였다. 그는 그리스 정교를 제국의 종교로 통일하고 중상주의 정책을 실시하여 국내 상공업을 육성하고 외국과의 무역을 추진하였다. 그때는 이미 러시아의 영토가 태평양까지 미치게 되어 시베리아의 황무지가 개발되고 있었다.

표트르 대제가 죽은 다음 로마노프 왕조의 왕위 계승은 37년간 일곱 번이나 바뀌는 혼란을 거듭하다가 예카테리나 여제(女帝, Ekaterina, 1762-1796)의 오랜 정치기를 맞게 된다. 그녀는 독일에서 시집 온 여인인데 정부(情夫)와 짜고 남편을 독살하여 제위(帝位)에 오른 것이다. 그녀는 계몽 군주로서 내부의 중앙 집권을 강화하고 외부로는 흑해 방면으로 영토를 확장해 나갔다. 그리고 알래스카와 캄차카 반도를 점령하기도 했다. 한편, 예카테리나 여제는 계몽 군주였음에도 불구하고 1789년 프랑스 혁명이 발발하자 계몽 사상의 위험한 서적들을 모아서 소각하고 탄압하기도 하였다.

2. 중국 대륙

유럽 대륙에서 절대주의가 기흥할 때인 16세기 말엽은 중국의 명(明)나라 말기에 해당한다. 명나라 말기에는 환관들의 당쟁이 격화되고 정치적 문란이 더하여 심각한 재정적 궁핍을 야기시켰다. 명은 광산을 개발하고 소금, 차 등의 세금을 올려 재정의 궁핍에 대한 정책을 세웠으나 성공하지 못했다. 그리하여 국내적으로는 혼란하였고 민란들이 일어났다.

그러할 때인 1583년 여진족(만주족)인 누르하치가 일어나 흥경(興京)을 중심으로 시작하여 점차 여진족의 여러 부를 병합하고 통일 세력을 이루었다. 그는 여진 문자(文字)를 제정하여 민족 단합을 도모하고 군제(軍制)를 편성하여 무력을 강화하는 등 지배 체제를 갖추어 1616년 왕위에 올라 나라 이름을 후금(後金)이라 칭했는데 이가 곧 청(淸, 1616-1911)의 태조(太祖, 1539-1626)이다. 그는 명과 싸워 만주를 통일하고 수도를 성경(盛京, 번양)으로 옮겼다. 그 후 태종(太宗)은 1636년 국호를 청(淸)이라 칭하고 안으로는 행정 기구를 정비하는 동시에 한인(漢人) 관료와 항복해 온 장병들을 우대하여 군병제(軍兵制)를 더욱 확대 강화하였다.

1644년, 청세조(淸世祖)는 명이 멸망하자 북경(北京)으로 수도를 옮겼다. 중국 본토를 장악한 청은 민심 수습책을 쓰는 한편, 강남 지방에 남아 있는 세력들을 완전히 토벌하고 1661년 중국을 통일하였다. 이렇게 하여 중국은 또다시 이민족(異民族)의 지배 아래 놓이게 된다. 청의 통치 조직은 거의 명을 답습하고 이를 한층 강화함으로써 송대(宋代)에서 시작된 독재 군주 체제가 완성되었다. 중국을 완전히 통일한 청은 성조(聖祖, 康熙帝, 1662-1722), 세종(世宗, 옹정제, 1723-1735), 고종(高宗, 乾隆帝, 1736-1795)의 3대 130여 년 동안 충실한 병력과 재력으로써 영토를 확장하여 청조(淸祖)의 전성기를 이루었다.

그러나 다른 민족에게 통치권을 빼앗긴 한족(漢族)들 가운데는 중화 사상(中華思想)을 과시하고 만주족을 경멸하는 풍토가 많았다. 이 때문에 금서령(禁書令)을 공포하여 반(反)만주적인 많은 서적들을 파기하는 '문자(文字)의 옥(獄)'을 일으키는 등 강압 정책을 썼다. 또 다른 한편으로 청조는 한인(漢人)을 등용하고 한문화(漢文化)를 존중하여 우대함으로 지식층의 회유를 꾀하기도 했다. 그렇지만 중요한 실권은 모두 만주인들이 장악하고 있는 가운데서 국력의 충실과 사회의 안정, 재정의 건전화에 주력했다. 그리하여 산업 경제가 발달하여 그 결과 상업과 무역을 촉진시켜 나갔다.

또한 명말(明末)부터 청초(淸初)에 이르기까지 예수회 선교사들을 통해 역법(曆法), 포술(砲術), 지리학 등 서양 문물들이 대거 전해졌다. 그것은 서양의 종교개혁 시대인 16세기 말엽부터 이루어진 일이다. 1582년 마테오 리치가 마카오에 상륙한 이래 중국의 기독교는 새로운 국면에 접어들게 된다. 그는 19년 동안 중국의 문화를 공부한 후 1601년 북경에 가서 포교 활동을 시작했으며, '천주실의'를 비롯한 교리서와 서양의 지리, 역사, 수학, 천문학 등에 관한 책을 한문(漢文)으로 저술하였다. 그의 뒤를 이은 예수회 선교사들도 천주교와 서양 문화를 소개하는 데 앞장섰다. 이리하여 중국은 당대(唐代)에 불교 문화가 전래된 이후 또다시 수준 높은 서양 풍의 다른 문화의 영향을 받게 되었고 그 여파는 곧 한반도에도 미쳤다.

또한 예수회 선교사들은 조상 제사 및 공자 숭배, 제천(祭天)의 예(禮)를 인정하고 서양 기독교의 하느님을 중국의 옥황상제와 다름이 없다고 해석하여 기독교 교리를 중국 전통에 조화시켜 포교했다. 그들은 지배 계급의 환심을 사기 위하여 서양의 학술을 수입하여 소개했으므로 신망을 얻어 토착화된 기독교가 널리 퍼져 나갔다.

그러나 나중에 들어온 프란체스코회 선교사들은 예수회의 포교 방침을 비난했고, 천주 교회는 신자들에게 조상 제사를 금하는 전례 문제(典禮問題)를 일으키게 되었다. 이에 성조(聖祖, 1662-1722)는 로마 천주교회의 조처에 크게 노하여 예수회 이외의 포교를 금하고, 세종(世宗, 1723-1735)은 선교사들의 입국과 포교 활동을 크게 제한했다. 고종(高宗, 1736-1795)은 1747년 천주교 금지 방침을 더욱 강화하여 교회를 탄압하고 재산을 몰수하였으며, 나아가 정책에 불복하는 선교사들을 처형하였다. 이로 인해 아편 전쟁(1840-1842) 이후 포교의 자유를 얻을 때까지 기독교 포교 사업은 끊어지게 되었다.

청조(淸祖)의 지배는 고종(高宗, 乾隆, 1736-1795) 말년부터 관료의 부패와 군사적 약화로 인해 통치력이 약해졌다. 또한 인구의 격증, 농경지의 부족, 물가의 폭등, 사치 풍조의 만연 등으로 말미암아 민중의 생활이 불안하게 되었다. 이러한 정치적·사회적 모순이 점차 증대되자 한인(漢人)의 반청(反淸) 비밀 결사 세력이 표면화하게 되었다. 이리하여 1796년에서 1804년까지 일어난 백련교도(白蓮敎徒)의 난(亂)을 비롯한 크고 작은 반란들과 서양 세력들의 외부적 위협으로 말미암아 청조는 점차 퇴락의 길을 걷게 되었다.

3. 한반도와 일본

조선(朝鮮)이 건국된 지 100여 년이 넘어 16세기에 접어들면서 사회적 혼란이 가중되고 국방력이 점차 약화되어 갔다. 중종 10년인 1510년 부산포, 제포, 염포의 삼포에서 일본인 거류민의 폭동 사건이 일어난 후 왜구의 소란이 자주 일어났다. 이에 1554년에는 비변사를 설치하였고 국력의 배양과 군비 증강을 추진했으나 큰 성과는 거두지 못했다.

이 무렵 일본(日本)에서는 장기간에 걸친 전국 시대의 내란 상태가 도요토미 히데요시에 의해서 수습되고 있었다. 도요토미는 그의 정권을 안정시키기 위해 불평 세력의 관심을 밖으로 쏠리게 하고 자신의 정복욕을 충족시키고자 조선과 명에 대한 침략을 준비하였다.

드디어 선조 때인 1592년 4월 왜군이 조선에 침략을 개시함으로써 7년간의 전란이 있게 된다. 전란의 초기에 부산진과 동래성을 함락당한 조선은 한양과 평양까지 내어 줌으로써 한반도 거의 대부분이 왜군에 의해 짓밟히게 된다. 왜군의 육상병은 조선 육군보다 훨씬 우세했다. 이때 전라도 해안 경비를 맡은 이순신 장군의 활약으로 사천, 당포, 한산도, 부산 전투에서 승리하였다. 이러한 승리로 조선의 해군은 남해의 제해권(制海權)을 장악할 수 있었고, 곡창 지대인 전라도 지방을 지킬 수 있게 되어 왜군의 작전을 저지시키는 데 성공하였다.

이와 때를 같이하여 전국 각지에서 자발적인 의병 부대를 조직하여 향토 방위를 위해 일어서게 된다. 이리하여 육상과 해상에서 조선군이 점차 주도권을 장악하여 왜군에 대한 반격을 강화해 가던 중 명(明)의 지원군이 도착하여 조선군과 합세하였다. 조선과 명의 연합군은 왜군에게 점령당했던 지역들을 탈환하고 남쪽으로 도망하는 왜군들을 추격했다. 전란은 도중에 소강상태에 들어가는 듯했으나 다시 격전을 치르다가 노량 대첩을 끝으로 7년간의 전쟁은 끝나게 되었다.

임진왜란의 결과, 국내적으로는 오랜 전쟁으로 인해 인구가 격감되고 농촌은 크게 황폐해졌다. 따라서 국가의 재정은 궁핍해졌으며 식량 부족으로 말미암아 도처에서 민란이 일어났다. 또한 조선과 명이 전쟁에 힘이 소진해 있는 틈을 타서 북방의 여진족이 급속히 성장하여 명을 적극 위협하였다. 한편 일본은 전쟁에 패했음에도 불구하고 조선의 학자들과 기술자들을 납치해 가고 문화재를 약탈해 감으로써 일본의 문화 발전에 큰 영향을 끼쳤다.

선조를 이은 광해군과 북인 정권은 명이 쇠퇴해지고 북방의 여진족이 강성해지는 것을 보고 중립적인 외교 정책을 폈다. 그러나 1623년 서인이 주도한 인조반정(仁祖反正)으로 광해군은 물러나고 인조가 즉위하였다. 인조와 서인 정권은 광해군 때의 중립 외교 정책을 지양하고 친명(明)배금(金)정책을 뚜렷이 했다. 즉, 왜란 때 도움을 받았던 명과는 친외교 정책을 펴고 후금(後金)과는 외교를 단절했던 것이다.

후금의 태종(太宗)은 즉위한 후 조선에 출병하여 형제의 맹약(盟約)을 맺게 되는데 그것이 1627년의 정묘호란이다. 그 후 청(淸, 後金)은 조선에 대해 군신 관계를 요구해 왔다. 이에 대해 조정은 주전·주화 양론으로 갈라졌으나 대세는 척화 주전론으로 기울어지게 되었다. 이에 1636년 청은 조선을 정복하게 되었는데 이를 병자호란이라 한다. 이로 말미암아 한반도의 서북 지방은 약탈과 살육에 의해 황폐해졌다.

이 때문에 조선은 청(淸)에 반감을 가졌으나 청(淸)에 포로로 잡혀 갔던 소현세자가 1654년 귀국하면서 청으로부터 과학, 가톨릭 등의 서적을 수입해 옴으로 새로운 문물을 도입하게 된다. 그러나 일부에서는 오랑캐에 당한 수치를 씻고 청을 정벌하려는 주장이 송시열, 임경업 등에 의해 주창되지만 실현하지는 못한다. 그러나 나중에는 청의 문물이 발달함에 따라 도리어 그 문물을 적극적으로 받아들이자는 북학 운동이 일어나게 된다.

그 후 세월이 지나가면서 조선의 전통 사회는 그대로 유지될 수 없는 역사적 상황 속에 놓이게 되었다. 왜냐하면 내적으로는 무능한 양반 사회에 반대하는 농민 세력의 성장과 함께 보편적 인식의 변화가 일어났으며, 외적으로는 서양 문물의 유입과 더불어 일본과 서구 열강의 침략적 위협이 증대되고 있었기 때문이다. 따라서 조선은 오랜 유교적 전통 사회로부터 새로운 근대적 사회로 변천해갈 수밖에 없었던 것이다.

- 한반도의 기독교 전래

한반도에 기독교적(基督教的)인 신앙이 조선 시대 이전의 이른 시기에 전래되었다는 주장은 더러 있다. 기독교 첫 세기에 이미 이 땅에 기독교가 전래되었다는 주장도 없지 않고, 1956년 경주에서 발견된 십자가상과 마리아상에 의해 기독교 일파인 경교의 신라 전파 가능성을 주장하는 이들도 있다. 그리고 임진왜란 당시 천주교 부대로 알려진 소서행장(少西行長) 및 그 휘하의 왜군들에 의해 천주교가 들어왔다는 주장도 있다.

그러나 천주 교리에 관한 기독교 서적의 도입은 17세기 초엽부터 시작된다. 그 시기는 유럽의 종교개혁 시대를 이어 마테오 리치가 중국에 들어온 직후이다. 임진왜란이 끝난 지 그리 오래지 않아 처음 기독교 교리가 한반도에 들어왔을 때 학자들의 반응은 대체로 소극적이었다. 이수광을 비롯해 그에 관심 있는 학자들은 마테오 리치의 '천주실의'의 내용을 언급하면서 천지 창조, 영혼 불멸, 천당 지옥설 등을 반박하며 천주교를 이단으로 단정했다. 그리하여 대체로 선조 말에서 영조 시대까지는 천주교를 학문적으로 연구하고 비판하는 데 그쳤다.

그 후 정조 대(正祖代, 1770-1800)에는 남인파 학자들 가운데 천주교를 신앙으로 받아들이는 자들이 상당수 생겨나기 시작했다. 이벽, 정약용, 정약전, 권철신 등이 주축이 되어 유일신이자 인격적인 신(神)인 천주(天主)와 내세, 주일 안식 등의 종교적인 가르침을 믿고 실천하기 시작했다. 그중 이벽(1754-1786)은 오늘날에 비할 바는 못 되지만 한국 최초의 신학자라 할 만한 업적을 남겼다. 1784년 이승훈이 중국에서 영세를 받고 귀국한 후에는 5,6년 동안 경기, 충청, 전라 지역에서 천 명을 헤아리는 수의 신도들이 생겨나게 되었다.

천주 교회가 점차 성장해감에 따라 민족 사상의 근본이던 유교와의 충돌은 불가피했다. 1785년에는 이승훈, 정약용, 이벽 등이 중인(中人) 김범우의 집에서 집회를 하다가 체포되어 천주학(天主學)에 대한 비판 여론이 크게 들끓었다. 그러나 정조는 그들에 대해 비교적 관대했다. 하지만 홍문관에 소장되어 있던 서학(西學) 관계의 서적들은 모두 불태워졌으며, 천주학에 대한 학문적 연구들은 극심한 탄압을 받게 되었다.

한편 천주교 신자들은 1794년 중국인 신부 주문모(周文謨)를 불러들여 교회의 재건에 노력한 결과 몇 해 사이에 신도가 1만 명을 헤아리게 되었다. 정조 재위 중에는 천주교가 사교로 규정되어 금지되었으나 철저한 탄압은 없었다고 볼 수 있다. 그러나 정조가 죽고 순조가 즉위하자 천주교 박해는 본격화되었다.

순조 즉위 이듬해인 1801년 신유년에는 대박해가 일어나 천주교도들에 대한 대숙청 작업이 일어났다. 그때 이가환, 권철신, 이승훈, 정약종 등 30여 명이 처형되었으며, 주문모 신부도 뒤이어 사형당했다. 정약전, 정약용 등 많은 이들은 흑산도, 강진 등지로 귀양을 가게 되었다. 같은 해 황사영은 북경의 주교에게 비단에다 편지를 써서, 조선에서의 천주교 박해와 그 참상을 알림과 동시에 조선 교회의 재건을 위해 청(淸)나라의 정치적 간섭이나 서양의 군사적 개입을 제안했다. 그러나 그 편지가 도중에 탄로나 박해의 불은 기름을 부은 듯 커져서 황사영이 체포된 후 100여 명의 천주교 지도자들이 사형당하고 400여 명이 유배되었다.

결국 신유년 박해로 인해 천주교회는 지도층을 잃고 큰 타격을 받았다. 그렇지만 그 후에도 천주교회 재건에 대한 지속적인 노력이 계속되었다. 드디어 1821년에는 천주교도들의 새로운 노력과 오랜 시련 끝에 조선 교구가 독립하게 되었다. 1835년에는 서방의 신부들이 다수 들어왔으며, 1836년에는 김대건, 최양업 등을 마카오에 보내어 신학 교육을 받게 했다.

그러나 헌종 5년(1839년)인 기해년에 또다시 박해가 일어나서 100여 명의 천주교 지도자들이 순교하고 외국인 선교사 3명도 이때 처형되었다. 그 후 김대건, 최양업 등이 한국인 최초의 신부가 되어 조선에 돌아왔으며 많은 외국인 선교사들이 밀입국해 들어와 활약함으로 1860년 이후에는 신도수가 무려 2만 여 명을 헤아리게 되었다. 하지만 대원군 집권하의 1866년 병인년에 또 한 번의 박해를 맞게 된다.

한편, 개신교(改新敎)의 전래는 일반적으로 1885년 봄, 아펜젤러(H.G.Appengeller)와 언더우드(H.G. Underwood)목사가 일본을 거쳐 우리나라에 들어온 때로 본다. 언더우드는 이 땅에 들어오면서 이수정이 일본에서 번역한 마가복음을 가지고 들어오는데, 그것이 기독교 전파에 큰 역할을 하게 되었다. 그들은 즉시 서울에서 예배를 드림과 동시에 거리와 동네별로 전도하기 시작했다. 이렇게 출발한 기독교회는 엄청나게 빠른 속도로 이 땅에 뿌리 내리게 된다. 조선의 기독교회가 급속도로 자라나게 된 것은 개신교 이전의 천주교의 시련과도 깊은 관계가 없지 않을 것이다.

4. 인도(印度)

16세기 초엽 로디 조(朝)의 내분이 격심할 때 티무르의 후손인 바베르(Baber)가 북쪽으로부터 침입하여 무굴 제국(Mughul, 1529)을 일으킨다. 제 3대 악바르(Akbar)때는 힌두교도인 라지푸트족(Rajput)을 평정하고 수도를 아그라(Agra)로 옮겨 인도의 거의 대부분 지역과 아프가니스탄을 영토로 하는 대제국(大帝國)을 건설하게 된다.

그는 전국을 15개 주(州)로 나누어 통치하여 지방의 분권화 방지에 노력하였고 토지를 측량하여 공평한 조세를 실시하였다. 그리하여 그의 뛰어난 전략과 비범한 행정 수단으로 중앙 집권화에 관심을 기울여 이슬람교와 힌두교의 융화에 힘을 썼으며, 이슬람교도인 그 자신이 힌두교인 라지푸트족에서 왕비를 맞아들였다.

그로부터 약 150년간은 무굴 제국의 전성기였는데 유럽의 절대주의 시대와 이 시기를 대략 비슷하게 볼 수 있다. 그러나 아우랑제브(Aurangzeb, 1658-1707) 이후 차츰 반항과 분열의 조짐이 보이기 시작했다. 아우랑제브는 광적인 이슬람교도로서, 악바르의 관용 융화 정책과는 반대로 비(非)이슬람 교도에 대한 인두세(人頭稅, Zizya)를 부활하고, 박해를 가하여 라지푸트족, 시크(Sikh)교도 등의 격렬한 반항을 초래하였다. 시크교는 유럽의 종교개혁 시대인 16세기 초 바바 나나크(Baba Nanak,

1466-1539)가 힌두교와 이슬람교를 융합하여 만든 일신교(一神敎)로서 편잡 지방을 중심으로 하여 어느 정도 독립적인 형세를 취하고 있었던 것이다.

1707년, 아우랑제브가 죽고 나서 무굴 제국은 급격히 패망해 갔다. 오랜 시간이 흐르지 않아 마라타족과 아브달리족이 강력한 힘을 행사하지만 그것도 수명이 짧았다. 1757년에서 1765년까지 영국의 동인도 회사는 무굴 제국 정부의 지방 수세리(收稅吏)로서 종사한다는 미명하에 이미 뱅골, 비하르 그리고 오리사 지역의 실질적 주권자가 되어 있었다. 그리하여 인도에서 무굴 제국을 계승한 자는 영국의 동인도 회사였으며, 최후의 후계자는 영국 국왕이었다.

5. 남·북 아메리카 대륙

스페인의 콜럼버스가 1492년 처음으로 신대륙에 상륙한 이래 1513년에는 바스코 누에즈 드 발보아가 파나마 지협(地峽)태평양 해안에 도착했다. 그리하여 1519년에는 스페인의 도시 파나마가 건설되었다.

헤르난도 코르테스가 아즈테크 제국을 정복한 것은 1519에서 1521년까지였으며, 피자로가 잉카 제국을 정복한 것은 1532년에서 1535년까지였다. 아즈테크 제국과 잉카 제국은 각기 호전적이고 자신에 넘치는 제국이었는데, 코르테스와 피자로가 소수의 군병력(軍兵力)으로 그들을 정복한 것은 어떤 의미에서 스페인의 행운이었다고 할 수 있다.

코르테스가 멕시코에 상륙한 날은 우연하게도 멕시코의 앞날을 예시하는 종교적 역서(曆書)가 예보하고 있었던 바로 그날이었다. 그리하여 당시 아즈테크 제국의 최고 통치자 목테주마 2세는 코르테스가 새로운 시대의 주인공이라 믿고 그에게 아즈테크 제국의 왕위를 위탁한 것이다. 그래서 스페인의 코르테스는 아즈테크 제국을 무혈(無血)진압하게 되었다.

한편, 피자로가 잉카 제국에 돌입했을 때 잉카 제국은 심각한 내전이 막 끝나고 아타후알파가 승리했으나 미처 그 정치적 지배력을 군히지 못하고 있을 시기였다. 따라서 스페인은 잉카 제국의 내분의 결과에 힘입어 그들을 쉽게 정복하게 된 것이다. 물론 잉카 제국의 사람들은 기술적인 면에서 개발 전 단계였으므로 유럽인들의 화약과 강철, 그리고 말의 힘을 감당할 수 없었다. 스페인은 아메리카 대륙의 대제국들에 승리한 후, 전략적 요충지에 자치 도시(自治都市)를 구축하고, 장교와 혼혈인 군인들을 주둔시켜 정복지(征服地)를 보존해 갔던 것이다.

11장

산업혁명과 제국주의 시대

1. 산업혁명의 확대와 그 영향

(1) 산업혁명

18세기 중엽 신대륙에서 독립 운동이 활발하게 일어나던 시기에 영국에서는 산업혁명(Industrial Revolution)이 일어났다. 그 여파는 곧 신대륙으로 건너가 신생 독립국인 미국에 영향을 주었고 유럽 대륙으로 확산되었다. 이미 17세기에 시민혁명을 치른 영국은 산업 기술과 생산에 있어서 대변혁을 가져왔다. 사람들의 손을 대신하는 기계 공장이 들어서고 자본가와 노동자라는 새로운 계급 계층이 생겨나게 되었다.

산업화의 물결은 19세기 이후에는 유럽 전역으로 확산되었으며, 그 이래로 전세계적 현상이 되었다. 또한 기술의 혁신과 생산 방식의 발달은 산업의 각 분야에 걸쳐 파급되어 20세기에 이르기까지 지속적인 산업화가 일어나게 되었던 것이다.

근대 사회에 있어서 산업혁명은 단순한 기술 혁명만이 아니라 사회 혁명이요 인간사에 있어서 대변혁이었다. 이전에는 사람의 손이 느리게 하던 일을 이제는 기계가 대신함으로써 효율적인 대량 생산이 가능해졌던 것이다. 그로 말미암아 시장 개척을 통해 엄청난 부(富)가 축적되었고 생활의 향상과 편의를 가져왔다.

한편, 산업혁명으로 인한 부작용도 많이 생겨났다. 인간의 손끝에 달린 숙련 기술을 통해 생산되던 제품들이 기계로 말미암아 생산됨으로써 많은 실업자(失業者)를 양산하게 되었다. 뿐만 아니라 기계와 더불어 노동함으로써 노동 시간이나 조건, 임금 등이 그전보다 형편없이 못하게 되었다. 그리하여 노동자들은 기계 파괴 운동(루디트 운동)을 일으키고, 차티스트 운동 등 노동 운동을 일으켜 노동 조건 및 처우 개선을 요구하게 된 것이다.

결국 그러한 운동이 거센 파업을 몰고 오기도 했으며, 심각한 사회적 문제로 새롭게 대두되기도 했다. 자본 기업가들은 자본 경쟁, 개인 기업, 자본의 소유 등을 강조하여 생산 수단과 이윤을 독점하였지만, 노동자들은 무산자 계급을 형성하여 사회주의적 이념과 실천을 주장하기도 했다. 특히 사회주의 노선은 칼 마르크스, 엥겔스 등에 의해 이론적으로 정립되어 자본주의와 공산주의의 대립은 최근에 이르기까지 첨예화되었다.

(2) 혁명 반동 체제와 자유주의

영국에서 산업혁명이 한창일 때 전 유럽에서는 나폴레옹 시대를 지나보내며 또 다른 정치적 구상이 형성되었다. 프랑스의 나폴레옹이 몰락함으로 전쟁과 혁명이 지나가자 유럽 국가들의 군주들과 지배 계급은 1789년 이전의 구체제로 복고되기를 희망하였다. 귀족들과 성직자들은 지배 계급 제도를 다시 수립하고 특권을 부활시키며, 사회를 혁명으로부터 지키려고 하였다.

그리하여 나폴레옹을 몰락시킨 유럽의 군주들은 1814년과 1815년에 걸쳐 오스트리아의 수도인 빈(Wien)에서 나폴레옹 전쟁 이후의 유럽의 처리를 놓고 빈 회의(Congress of Wien)를 열었다. 오스트리아는 이러한 반동 복고 운동을 위한 주도국(主導國)이 되었으며 메테르니히(Metternich 1773-1859)가 그 중심인물이었다. 빈 회의에서 메테르니히가 한 역할은 프랑스 혁명의 이념인 자유와 평등을 말살하고 전통적인 구체제를 회복하는 일이었다. 그 회의 결과, 프랑스 혁명과 나폴레옹 전쟁으로 말미암아 유럽 각국에서 싹튼 국민주의(國民主義)는 완전히 무시되고 억압되었으며, 강대국의 이해에 의한 약소국의 희생으로 영토의 귀속과 국경이 결정되었다.

독일은 프로이센과 오스트리아가 거느리는 35개의 연방 국가와 4개의 자유시(自由市)로 이루어진 연방 국가가 되었으며 오스트리아가 연방 회의의 의장국이 되었다. 나폴레옹 타도의 공로가 인정되어 빈 회의 이후 유럽 정치 판국에 큰 비중을 차지하게 된 러시아는 핀란드와 폴란드를 차지했고 영국은 실론 섬을 비롯한 식민지를 얻었다. 프랑스는 그 영토를 거의 그대로 보유할 수 있었으며 스위스는 이때 영세 중립국이 되었다. 메테르니히 지도하의 이 체제를 빈 체제라 하는데, 이는 보수 반동 체제로 1815년에서 1830년까지 지속되었다.

그러나 유럽 각국에서는 곧이어 이에 반대하는 자유주의 운동이 계속해서 일어났다. 영국은 빈 체제를 탈퇴했으며, 미국은 먼로 선언(Monro Doctrine, 1823)을 했다. 먼로 선언은 메테르니히의 중남미 간섭에 반대하여 유럽이 남북 아메리카 제국(諸國)의 내정(內政)에 간섭하지 못한다는 내용이다. 그 후 1829년 그리스가 독립함에 따라 메테르니히가 주도한 유럽의 보수 반동 체제는 더 이상 자유주의의 물결을 효과적으로 방어할 수 없었다.

1830년에서 1850년까지 약 20년 동안 유럽 전역에서는 개인의 자유와 평등을 요구하는 자유주의와 민족 해방, 그리고 국가적 독립을 주장하는 국민주의(Nationalism, 일반적으로 민족주의)가 촉진되었다. 영국에서는 민권 신장을 위한 차티스트 운동이 일어났다. 자유주의는 개인의 존엄성과 행복의 추구를 시도했으며, 그 목적을 달성하는 수단으로 입헌주의, 자유 방임경제, 의회주의 등을 요구했다. 즉 그들은 경제적 자유와 더불어 정치적 · 법적 자유를 희구했던 것이다.

　이때의 자유주의 운동은 민주주의를 향한 유럽의 정치 풍토를 마련했으며, 시민의 권리, 법치주의의 기틀을 놓는 데 중요한 공헌을 했다.

2. 유럽 각국의 세계 진출과 중국의 몰락

(1) 유럽 각국의 동방 진출

신항로(新航路)가 발견되고 나서 아시아 진출의 선봉이었던 나라는 포르투갈과 스페인이었다. 이 두 나라는 16세기를 통하여 약 100년 간 동방 무역을 독점하였다. 그들은 식민지의 경제적 착취에만 주력하였으므로 동방 무역을 오래 주도하지 못하고 네덜란드와 영국에게 무역권을 빼앗기게 된다.

네덜란드는 스페인에 속해 있다가 1518년에 독립했는데, 포르투갈과 스페인의 연합 함대가 영국에 패배한 틈을 이용하여 1602년 동인도 회사를 설립하고 실론, 자바 등 포르투갈의 동방 식민 지역에 침투했다. 네덜란드는 다른 나라처럼 기독교의 전파에 주력하지 않고 상업 활동에만 몰두함으로써 세력을 크게 신장하였으나 17세기 후반부터는 영국과 프랑스의 세력에 밀려 인도 일부만을 제외하고 다 내어주었으며, 그나마 17세기 말에는 모든 이권(利權)을 영국에 넘겨주고 만다.

영국은 동인도 회사를 점차 인도인에 대한 식민 통치 기관으로 바꾸어 나가다가 1833년에는 동인도 회사를 더 이상 상업 활동을 위한 무역 기관이 아니라 순전한 식민 통치의 행정 기관으로 바꾸어 버렸다. 영국 사람들이 정치, 사회, 경제뿐 아니라 인도인의 종교와 관습에까지도 식민 통치의 영향력을 넓히게 되자 인도인들의 불만이 고조되어 반영 운동(反英運動)이 일어나게 된다. 세포이 난(亂)은 영국의 인도 침략에 대한 인도인의 저항 운동 중 가장 대표적인 것으로, 현지 고용병인 세포이들이 1857년 5월에 일으킨 반란이다. 영국에 의해 반란이 진압됨으로써 유명무실하던 무굴 제국은 멸망하게 되는데, 이후 영국 정부는 동인도 회사를 폐지하고 (1858), 인도를 직할 통치하였다. 1877년에는 빅토리아 여왕이 인도 황제를 겸하게 되어 영국인의 인도 제국이 성립되었다.

그때 이미 영국은 네팔, 싱가포르 등지를 지배하고 있었으며, 그 후로 말레이 연방을 형성하고 남태평양까지 진출했다. 뿐만 아니라 쿡의 태평양 탐험에 의하여 오스트레일리아를 점령하고 프랑스가 뉴질랜드를 차지하려는 낌새를 보이자 원주민 추장과의 협약으로 식민지화하였다.

한편, 인도의 지배권을 영국에게 다 빼앗긴 프랑스는 인도차이나 개척에 나서게 된다. 프랑스의 원조 아래 안남 전역(安南全域)을 통일한 월남국이 도리어 프랑스 선교사와 상인들을 학대하게 되자 나폴레옹 3세는 1858년 기독교의 보호를 목적으로 월남에 출병하여 사이공을 점령하고, 1862년 사이공 조약을 맺어 포교 및 통상의 자유를 얻고 보호령(保護領)을 넓혀 갔다. 이에 청(淸)이 불만을 품어 1884년 청·불 전쟁(淸佛戰爭)이 일어났으나 이듬해 화의(和議)가 성립되어 청은 월남에 대한 프랑스의 보호령을 인정하였다.

또한 러시아인들은 1707년 캄차카에 도달하였고 다시 베링(Bering) 해협을 건너 알래스카(Alaska)를 점령했는데, 1867년에 미국에게 팔아 버렸다. 그때 즈음 러시아는 농산물의 통상 등 해상 무역을 할 수 있는 부동항(不凍港)을 얻기 위해 남하 정책을 펴고 있었다. 그때 영불 연합군이 북경을 침입하게 되자 1860년 그것을 중재한 대가로 우수리 강 동쪽의 연해주를 얻어 블라디보스톡 항(港)을 열고 동아시아 침략의 거점으로 삼았다.

(2) 중국의 몰락

중국의 청은 18세기 후반부터 광주항(廣州港)을 통해 대영 무역(對英貿易)을 했으며, 다른 곳은 개항(開港)하지 않는 쇄국 정책을 시행하고 있었다. 청은 주로 비단, 차(茶), 도자기 등을 수출하였고, 영국의 무역품은 모직물, 향로 등이었다. 이것으로는 양국간의 무역 균형이 이루어지지 않았기 때문에 영국은 여러 번 무역 균형을 위한 노력을 기울였으나 실패하였다.

그리하여 당시 중국 무역의 독점권을 가지고 있던 영국의 동인도 회사는 인도산 면화와 아편을 중국에 수출함으로써 차(茶)의 구매 자금을 조달하려 하였다. 이러한 아편 판매가 영국의 입장에서는 성공을 하였으나 중국의 입장에서는 심각한 사회 문제를 낳았다. 아편 중독 환자가 격증하였으며 아편의 대량 수입으로 인해 국가 재정이 심각한 위기에 처하게 되었던 것이다.

결국 청조는 아편 흡연 금지령을 내렸으며 1796년에는 아편 수입 금지령을 내렸다. 그러나 이러한 국가 명령은 정부 관리들의 부패와 밀수의 성행으로 인해 아무런 효과도 거두지 못했다. 그러나 청조는 1839년 3월 임칙서(林則徐)를 특별히 광동(廣東)에 파견하여 그 문제를 적극적으로 해결하려 하게 된다. 임칙서는 광동에 있는 모든 외국 상인과 상관(商館)을 통제하고 선박도 조사하여 아편을 몰수 소각하였다. 영국은 이를 기회로 무력으로 현안 대중국 무역 문제(對中國貿易問題)를 해결하고자 하여 전쟁이 일어나게 되었는데, 신식 무기로 무장한 영국군과 근대화되지 못한 청나라 군(軍)사이에 일어난 전쟁은 청의 굴복으로 끝나게 되었다. 이 전쟁이 바로 아편 전쟁(Opium War, 1840-42)으로, 그 결과 1842년 남경조약(南京條約)이 체결되었다.

남경 조약에서는 배상금 지불 이외에 홍콩의 할양과 더불어 광동(廣東), 하문(廈門), 복주(福州), 영파(寧派), 상해(上海)등 다섯 항구를 개항하게 되었는데, 이것은 전형적인 불평등 조약이었다. 또한 이에 뒤이어 미국과 프랑스도 각각 망하 조약(望廈條約)과 황포 조약(黃捕條約)의 불평등 조약을 체결하게 되었다.

이렇게 되자 중국인들은 외국인을 경멸하는 태도를 더욱 깊이 갖게 되었고, 민중의 배영 운동(排英運動)으로 영국의 대청 무역(對淸貿易)이 원활하지 못하여 양국의 외교 관계는 악화되어 갔다. 1856년, 때마침 광동항(廣東港)에 정박중이던 영국 선적의 상선(商船) 애로우(Arrow)호에 대한 청나라 관리의 임검이 문제가 되어 영국과 청은 다시 전쟁에 들어간다. 영국은 당시 중국에서 프랑스 선교사가 살해된 사건을 계기로 프랑스를 끌어들였으며, 미국과 러시아의 협력을 얻었다. 영국과 프랑스 연합군은 크게 승리하여 천진 조약(天津條約, 1858)과 북경 조약(北京條約, 1860)을 체결하였다. 북경 조약으로 중국은 영국에게 구룡 반도(九龍半島)를 할양하였고, 미국·프랑스 양국과도 조약을 맺었으며, 러시아는 중개를 이유로 연해주를 차지하였다. 이리하여 청은 서구 열강들의 상품 시장 및 원료 공급지로 전락하게 되었다.

한편, 유럽 자본주의 열강들의 중국 진출에 따른 물가의 폭등으로 농민의 빈곤과 사회적 불안이 고조되는 가운데 중국에는 정복 왕조인 여진족의 청(淸)에 대한 한족(漢族)의 반발이 싹트고 있었다. 이때 광동의 홍수전(洪秀全)은 기독교를 사칭해 상제회(上帝會)라는 비밀 모임을 조직하여 무리를 모으고 있었다. 그는 1851년 반란을 일으켜 도만흥한(到滿興漢)을 표방하고 광서성 계평현(廣西省 桂平縣)에서 태평 천국(太平天國)을 세울 것을 천명했다. 그는 스스로 예수의 동생임을 자처하고 지상 천국의 실현을 주창했으며, 기독교 교리에 입각하여 남녀 평등, 사유 재산이 없는 균등한 토지 분배, 지조(地租)의 감면 등을 내세웠다. 뿐만 아니라 엄격한 규율을 적용하여 약탈, 강간 등의 범죄를 엄격히 다루었으므로 빈농(貧農), 유민(流民)그리고 반만(反滿) 지식인들의 지지를 얻어 그 세력이 급속히 팽창하였다.

그들은 광서(廣西)로부터 북상하여 호남(湖南)으로 들어가 양자강(楊子江)에 이르렀으며 남경(南京)을 점령하고 이를 수도로 천경(天京)이라 칭했다. 이때부터 약 2,3년간 태평천국은 전성기를 누렸으나 1856년에는 내분이 일어나고 규율도 해이해져서 그 세력이 점차 약화되었다. 1864년에는 청조가 서양 나라들의 원조를 받아 남경을 함락시키고 홍수전(洪秀全)은 자살함으로써 태평천국 시대(1851~1864)는 막을 내렸다.

이때 태평천국의 세력을 진압한 세력은 청의 여진족이 아니라 주로 한족(漢族) 출신의 사람들이었다. 그리하여 청조(清朝)의 위신은 땅에 떨어지고 이후부터 한인들이 점차 진출하기 시작했다. 이 태평천국의 난은 그 성격에 있어서 남녀 평등, 일부 일처제, 도박 금지 등 기독교적인 요소들을 도입했는데, 이는 후일 중국의 근대적 민족주의 운동에 연결되는 맹아적(萌芽的) 성격을 지니고 있었던 것이다.

3. 제국주의(帝國主義)와 세계 분할

제국주의(Imperialism)는 프랑스 혁명과 산업혁명의 결과로서, 민족주의(民族主義)의 산물이라 할 수 있다. 산업혁명의 진전은 자본주의의 발전을 가져왔으며, 자본 시장의 개척을 위하여 해외에 식민지 확보를 하게 만들었다. 이와 함께 한 민족주의적 애국심은 열강으로 하여금 식민지 쟁탈전을 벌이게 하였다.

이리하여 당시 유럽의 강대국들은 주로 아시아와 아프리카 지역에서 기독교 선교라는 명분을 덧붙여 식민지 개척을 진행하였다. 결국 제국주의란 산업혁명을 통해 자본주의가 발달한 강대국들이 자국(自國)의 이익과 세력 팽창을 목적으로 약소 국가를 강점하는 것을 의미하며, 이들 제국주의 국가들은 국부(國富)의 증진과 국토를 확대하기 위해 정치, 경제, 종교, 교육 등 모든 분야에 걸쳐 새로운 신천지를 개척하고자 경쟁했던 것이다.

아시아에서는 18세기 이래 영국, 프랑스, 러시아 등이 인도, 인도차이나, 중국 본토를 침략했다. 그리고 1894-1895년 청일 전쟁 후 중국은 영국, 프랑스, 독일, 러시아 등의 열강에 의해 반식민지화되었으며, 특히 1904-1905년 러일 전쟁 후 일본으로 하여금 동아시아 지역에서 가장 강력한 제국주의 세력으로 등장하게 하였다.

이 무렵, 영국은 오스트레일리아와 뉴질랜드를 점령하고 1901년에는 영국의 자치령으로 편입시켰다. 그리고 1861-1865년 남북 전쟁(南北戰爭)을 치른 미국은 국가적 통합에 힘입어 자본주의가 급속도로 발달하고 19세기 말에 이르러 제국주의 대열에 참여하여 태평양, 아시아 방면으로 진출하였다. 1898년, 쿠바(Cuba)를 둘러싸고 스페인과 충돌한 양국간의 전쟁은 미국으로 하여금 제국주의 진출을 하게 한 가장 큰 계기가 되었다. 이로써 미국은 쿠바(Cuba)와 필리핀(Philippines), 괌(Guam), 그리고 하와이 (Hawaii)를 점유하였다. 이렇게 하여 미국은 카리브 해의 지배권을 확립함으로써 중남미에 대한 영향력을 확대함과 동시에 태평양 국가로 부상하게 되었다.

한편, 아프리카 대륙과 북부 지중해 연안은 잘 알려져 있었으나, 여타 지역은 19세기 중엽까지도 미지의 세계였다. 그러나 리빙스턴 (Livingston)과 스탠리(Stanley)에 의하여 중앙 아프리카와 콩고 지방이 각각 탐험됨에 따라 내륙 지방이 알려지자, 제국주의로 접어든 유럽 열강은 다투어 아프리카로 진출했다. 그리하여 1880년 이후 제 1차 세계 대전이 일어날 때까지 아프리카 문제를 놓고 심각한 외교적 충돌들이 끊이지 않았다. 영국, 벨기에, 프랑스, 이탈리아, 독일 등이 대거 식민지 경쟁에 나섰으며, 그 중 아프리카 분할에 가장 적극적이었던 영국과 프랑스 간에는 더욱 더 날카로운 대립이 있었다. 이집트에서 남아프리카까지 아프리카를 남북으로 연결하려는 영국과, 사하라 사막에서 동진(東進)하려는 프랑스는 나일강 상류에서 맞서게 되었다. 1898년 지금의 수단(Sudan)에 프랑스가 자국(自國)의 기(旗)를 게양하자, 영국과의 전쟁에 돌입할 위기에까지 직면했으나 가까스로 위기를 넘기기도 했다. 이를 파쇼다 사건이라 한다.

1914년 이전에 아프리카는 영국, 프랑스, 이탈리아, 독일 등에 의해 분할되었으며, 그 당시 아프리카에서의 독립 국가는 미국의 해방 노예들이 건설한 리베리아(Liberia)와 에디오피아(Ethiopia) 두 나라밖에 없었다.

서방 강대국들이 기독교 선교적 명분을 덧붙인 채 외부 세계로의 진출을 꾀하지만 그것은 단순한 명분에 지나지 않았던 것이다.

4. 아시아 여러 나라의 민족 운동

20세기에 접어들면서 아시아 지역에 나타나는 현저한 동향은 외세로부터 벗어나 자립하려고 하는 민족주의 운동이다. 버마에서는 20세기 초 인도의 국민회의파(國民會議派)의 영향을 받아 불교 단체를 중심으로 민족 운동이 전개되었다. 그리고 인도네시아에서는 1912년 결성된 이슬람 협회(Sarekat Islam)가 중심이 되어 독립운동을 했다. 원래 이 단체는 경제적인 민족 이익을 추구하는 단체였으나 후에 자주 독립 운동을 활발히 전개했던 것이다.

베트남에서는 베트남 광복회(光復會)가 조직되어 여러 차례 독립 운동을 일으켰다. 인도에서는 영국이 벵갈 지방의 민족 운동을 억압하기 위해 1905년 이른바 벵갈 분할법을 시행한 것을 기화로 인도의 민족 운동이 조직적인 반영(反英) 민중 운동으로 발전하게 된다.

한편, 중국에서는 손문(孫文)이 결성한 동맹회(同盟會)가 중심이 되어 1911년 10월 10일 무창(武昌)에서 궐기하였다. 1912년 마침내 2천 년 이상의 다양하면서도 전통적인 중국 사회를 무너뜨리고 남경에 혁명 정부인 임시 정부를 수립하고 손문이 대통령에 취임하였다. 그러나 강력한 북양군(北洋軍)의 무력을 배경으로 하는 원세개(遠世凱)는 손문(孫文)으로부터 정권을 넘겨받고 손문의 국민당(國民黨)을 조직적으로 파괴하면서 독재권을 강화했다. 그 후 중국은 제국주의 열강과 결탁하는 군벌들이 득세했다.

이러한 봉건적 군벌과 제국주의 열강의 결합은 1919년 5월 4일 천안문 광장에서 출발했던 5.4운동의 원인이 되었다. 5.4운동은 중국의 학생, 지식인, 노동자가 참여한 반일(反日), 반군벌, 반제국주의적 민족 운동이었으며, 사상적ㆍ문화적인 변혁을 꾀하는 문화 운동이기도 했다.

이 무렵 중국은 러시아 혁명의 여파를 받고 있었는데, 북경 대학에서는 마르크스주의 연구회가 성립되고 사회주의에 대한 체계적인 소개가 활발했다. 후에 중국 공산당을 움직이게 되는 모택동(毛澤東)은 북경 대학 도서 관원으로 이 연구회의 회원이었다. 이리하여 1921년 중국 공산당이 성립하기에 이르렀고, 이것은 중국 지식인들을 분열하게 만드는 결정적인 계기가 되었다.

한반도(韓半島)는 조선 말기 미국, 프랑스, 영국, 독일 등 서구 열강의 진출과 러시아, 일본 등의 적극적인 외세(外勢)에 의한 몸살을 앓은 끝에 1910년부터 일본의 식민지 통치에 얽매이게 된다. 그러나 민족적 위기를 타개하기 위해 백성들이 독립 운동을 전개했고, 1919년에는 3.1운동이 일어났다. 이를 계기로 상해 임시 정부를 세우게 되었으며, 임시 정부는 독립 운동을 하나로 통일하여 효과적인 투쟁을 전개하는 구심점이 되어 국내외에서 활약했다. 그 당시 민족적 독립 운동을 하는 데 있어서 각종 종교인들과 종교 단체들의 영향력은 지대했다. 그 중에서도 신생(新生) 기독교인들의 활동이 크게 두드러졌다. 그리하여 일본 제국은 기독교를 가장 적극적으로 박해하게 되었던 것이다.

한편, 중근동 지역에서는 19세기부터 이슬람(Islam) 자체의 부흥과 근대화를 수행하고자 하는 범이슬람주의(Pan-Islamism) 운동이 일어나고 있었으며, 제1차 세계 대전 후에는 민족 자결(民族自決)의 원칙에 따라 이들 세계에서도 강력한 민족의 독립과 근대화 운동이 전개되었다.

5. 자연 과학의 발달과 위험한 사상적 도전

산업혁명의 여파로 제국주의적 식민 정책이 이루어지고 있을 무렵의 특색은 자연 과학이 급격히 발달했다는 점이다. 19세기는 과학의 세기라고 불리워질 만큼 과학 기술이 현전히 발달한 시기였다. 미국의 모르스(Morse)는 1837년 전신(電信)을 발명하였고, 벨(Bell)은 전화를 발명했다. 그리고 에디슨(Edison)은 축음기, 전등, 영화 등을 발명하여 세상을 깜짝 놀라게 했다. 독일의 뢴트겐(Rontgen)은 엑스광선(X-Ray)을 발견하였으며, 프랑스의 퀴리(Queurie) 부부는 1898년 라듐을 발견했다. 또한 프랑스의 파스퇴르(Pasteur)가 박테리아를 연구하여 세균학을 확립함으로써 예방 의학과 보건 위생이 급속도록 발달하게 되었다.

한편, 영국에서는 다윈(Charles Darwin, 1809-1882)이 나타나, 근거 없는 생물학적 가설을 세워 진화론을 주장함으로써 세상은 엄청난 소용돌이 속에 빠져 지금껏 그 영향을 심각하게 받고 있다. 다윈은 원래 과학자가 아니요 신학을 잘못 공부한 적이 있는 자였을 따름이다. 그는 1859년 '종(種)의 기원'을 발표하여 생물은 단순한 것에서 복잡한 것으로 진화한다는 주장을 내세웠다. 그는 그에 대한 보충서로서 '자연 도태론(自然淘汰論)'을 통해 적자 생존(適者生存)과 생존 경쟁(生存競爭)등의 개념을 제시하였다. 다윈의 진화론은 기독교의 창조론에 대한 도전이었기 때문에 그 사상적 영향은 실로 엄청나게 컸다. 특히 19세기 후반 적자 생존(適者生存)이론을 인간 사회에 적용한 사회적 다원주의(Social Darwinism)는 서구인들의 식민주의적 제국주의 정책을 정당화하는 이론적 근거가 되기도 했다.

19세기 말의 니체(Nietzsche)는 초인 철학(超人哲學)을 주장하면서 기독교적인 서구 문명을 노예 문명이라고 신랄하게 비판했다. 그러한 철학은 나중에 독일 나치즘의 사상적 기초가 된다. 프랑스에서는 실증주의를 제창하는 콩트(Conte)가 등장해 인간의 지적 발달은 신학적·형이상학적·실증적인 세 단계로 발달한다고 하는, 사회학을 창시하였다. 그는 기독교를 근본부터 없애겠다고 호언장담하던 자로 더욱 유명하다.

이러한 사상의 변화가 급기야는 인간의 이성(理性) 절대주의를 가져오게 했으며, 그 영향은 기독교 내에도 깊이 침투하게 되었다. 그 결과, 독일을 중심으로 한 신학자(神學者)들이 성경에 대한 고등 비평을 시도함으로써 기독교 내에 반기독교적인 정신 운동은 점차 파급되어 갔다.

진화론과 성경에 대한 고등 비평의 등장

19세기 중반은 인간의 이성이 극대화하기 시작한 시기이며 현대 과학 문명의 기초가 놓여진 시대이다. 사람들은 그것을 통해 새로운 세계를 꿈꾸게 되었으며 모든 것에 대한 일종의 분석 운동이 일어나게 된다. 찰스 다윈 같은 사람은 진화론을 주장하였으며 독일에서는 성경에 대한 고등 비평 운동이 일어나게 된다. 진화론은 인간을 하나님으로부터 창조된 존재가 아니라 오랜 세월 가운데서 '생겨난' 존재로 설명한다. 성경에 대한 고등 비평은 성경에 기록된 내용들 중 모든 기적들은 있는 그대로 받아들일 수 없는 신화적 내용들이라는 생각을 하며 이성적 비평을 시도하게 된 것이다. 그러한 영향은 그 이후 시대를 거쳐 전 세계적으로 파급되어 오늘에 이르고 있다.

또한 나폴레옹 시대 이후의 19세기는 고고학(考古學)이 발달한 시대였다. 이로 말미암아 지식인들은 인간의 과거 역사에 대한 탐구에 더 많은 관심을 기울이게 되었다. 또한 그것은 과학적 실험을 통해 성경의 내용을 증거 하려는 기독교 험증학을 발달하게 했다. 그렇지만 험증학이 가져다 준 유익이 어느 정도 있었다 할지라도 역사적·과학적 실험을 통한 증거가 성경에 기록된 말씀을 보완하는 기능을 한 것은 아니다. 그것은 결국 이성주의의 범주를 벗어나지 못하는 인간적 방법론이다.

12장

세계 대전과
세력의 새로운 편성

1. 3국 동맹과 3국 협상

20세기 초반의 신학

20세기에 들어서면서 과거 수천 년 동안 이어져 오던 전통 사회에 금이 가기 시작한다. 그것은 인간 이성의 보편적 활성화와 더불어 과학의 발달이 본격화됨으로써 전 분야에 가치 변화가 일어났기 때문이다. 이와 발맞추어 성경 해석에 있어서도 본격적인 논의가 시도되기 시작한다. 정통 신학의 일반적인 분위기에서 자유주의 운동이 더욱 활발하게 일어나게 되었으며 동시에 그에 대한 다양한 신학적 반동 운동이 일어나게 된다. 또한 전통적인 복음 전파의 개념에서 새로운 선교  개념이 대두됨으로써 광범위한 조직화가 이루어진다. 그 결과 교회와 신학에 관련된 논쟁이 더욱 심화되어 다양한 신학적 양식들이 출현하기 시작한다. 이것이 다양한 신학적 형태의 현대 교회를 양산하는 역할을 하게 된 것이다.

20세기에 접어들면서 세계의 강국(強國)들은 저마다 힘의 유지와 세력의 확장을 위해 팽팽히 긴장하게 된다. 그리하여 1906년부터 1914년까지 유럽에서는 3국 동맹(Triple Alliance) 국가들과 3국 협상(Triple Entente) 국가들 간에 크고 작은 문제들로 말미암아 충돌을 빚게 되었다.

독일을 통일한 비스마르크의 외교적 노력은 현상 유지와 프랑스의 국제적 고립을 위한 것이었다. 그는 프랑스와의 우호 관계가 어려운 것을 알고 고립화 정책이야말로 프랑스로 하여금 보복 전쟁(報復戰爭)을 일으키지 못하도록 하는 것이라고 판단했던 것이다.

비스마르크는 1879년, 오스트리아 정부와 양국 동맹을 맺고, 1882년에는 이탈리아를 참가시켜 3국 동맹을 결성했다. 그 동맹의 주된 내용은 세 동맹국이 절대로 다른 동맹국의 이익에 반(反)하는 어떠한 동맹에도 가입하지 않는다는 것과 다른 나라의 공격에 서로 원조하여 공동 대처한다는 것이었다. 그리하여 1870년과 80년대의 유럽은, 비스마르크의 탁월한 외교적 수완으로 각국의 외교적 이해관계를 조정하여 현상을 유지하고자 하는 비스마르크 체제에 의하여 평화와 균형 상태가 유지되었다.

그러나 1890년 비스마르크가 해임되자 새로운 물결이 일어났다. 비스마르크 시대에 국제적 고립으로 고민하던 프랑스는 1891년 러시아와 정치 협정을 체결하고 다음해에는 이를 군사 협정으로 발전시켰다. 이것이 1894년에는 양국 동맹으로 발전 성립되게 되었다. 그리고 1904년에는 영국이 독일의 해상 진출에 대한 대응책으로 프랑스와 협상을 맺었으며, 1907년에는 영국이 3국 동맹에 대한 유럽에서의 균형을 유지하기 위해 러시아와 영러 협상(영로 협상)을 맺었다. 이와 3국 협상(Triple Entente)은 각각 별개로 성립한 불로 동맹(佛露同盟), 영불 협상(英佛協商), 영로 협상(英露協商)을 총칭하는 것으로, 이것은 3국 동맹의 강력한 대응 세력이었다. 후에 터키, 헝가리 등은 3국 동맹국에 협력하게 되고, 일본은 3국 협상국에 끼어들게 된다.

이렇게 되어 유럽의 주요 강대국들은 동맹과 협상의 양대 진영으로 나뉘어 대립하게 되었으며, 날로 치열해지는 제국주의 정책은 유럽의 국제적 긴장을 격화시켰던 것이다. 열강의 제국주의적 팽창 정책이 첨예화되는 가운데 1898년과 1907년 러시아 황제의 제창으로 29개국이 모여 헤이그 평화 회의(Hague Peace Conference)가 열렸으나, 긴장을 해소하는 군비의 제한에는 아무런 결과도 얻지 못했다. 그렇지만 회의에서 국제 중재 재판소의 설치와 독가스 사용의 금지, 그리고 전쟁 포로에 관한 규정 등이 채택된 점은 특이할 만한 사항이다.

2. 제1차 세계 대전과 베르사유 체제

(1) 세계 대전의 발발 원인과 전개

유럽 열강들의 긴장 상태는 사라예보(Sarajevo)사건으로 불이 붙게 된다. 오스트리아 황태자 페르디난트(Ferdinand) 부부가 1914년 6월 28일 보스니아의 수도(首都) 사라예보에서 세르비아 청년에 의해서 암살되자 오스트리아는 세르비아에 대해 최후 통첩을 보냈다. 이에 독일이나 영국 등이 전쟁을 회피하고자 외교적 절충을 벌였으나 실패하였다.

오스트리아는 7월 28일 세르비아에 선전 포고를 하고, 러시아는 30일 총동원령을 내렸다. 이에 독일은 8월 1일 러시아에 선전 포고를 했으며, 3일에는 프랑스가 참전하게 되었고, 8월 4일에는 영국이 독일에 선전 포고를 함으로써 유럽은 삽시간에 전쟁의 소용돌이에 휘말렸다. 뒤이어 일본이 영국 측에 가담했고 터키는 독일 측에 가담하게 되었으며, 나중에 미국이 참전함으로써 전쟁은 세계적인 전면전으로 확대되게 된 것이다.

전쟁의 초반에는 육군의 전투력이 막강한 독일을 중심으로 한 동맹국측이 대체로 유리했다. 동맹국에서는 속전속결로 전쟁을 마무리 지으려고 했으나 그렇게 되지는 않았다. 전쟁이 장기화(長期化)되어 감에 따라 막강한 해군력을 소유한 영국을 중심으로 한 연합군이 우세해지기 시작했다. 영국은 독일의 해상 활동을 봉쇄하였고, 동맹국 측의 약점이 점차 드러나게 되었다.

　미국의 참전은 연합군의 승리에 결정적인 역할을 했는데, 이는 미국이 막대한 군사력과 경제적 지원을 동원했기 때문이다. 이로 말미암아 독일을 비롯한 동맹국에서는 전력의 고갈과 함께 동맹국들이 하나씩 붕괴되기 시작했던 것이다. 동맹국의 잇따른 붕괴는 나머지 나라들의 전의를 상실하게 했고 전쟁에 따른 국민들의 불만도 더욱 고조되어 갔다. 독일에서는 1917년에 있었던 러시아 혁명의 여파로 혁명의 기운마저 있었다. 마침내 1918년 11월 3일에 킬(Kiel) 항(港)에 정박 중이던 독일 군함이 출항명령을 거부하고 폭동을 일으켰다. 8일과 9일에는 뮌헨 시와 베를린 시에서 대규모의 봉기가 일어나 10일에는 당시의 독일 황제 빌헬름 2세가 퇴위하고 네덜란드로 망명했다.

　이렇게 하여 독일의 제정(帝政)은 끝이 나고 사회 민주당의 에베르트 (Ebert)의 공화정부가 1918년 11월 11일 연합군 측이 제시한 과중한 휴전 조약에 조인(調印)함으로써 4년 반에 걸친 제1차 세계 대전이 끝나게 되었다. 이 전쟁으로 말미암아 엄청난 인명과 재산 피해가 났다. 쌍방간 약 6,500만 명의 군인이 동원되었는데, 그중 1,000만 명이 전사하고 2,000만 명이 부상을 입었다. 전쟁으로 말미암아 파괴되거나 소모된 비용은 무려 3500억 달러에 육박한다고 한다.

　나아가 인간 최초의 세계적 전면 전쟁은 독가스, 탱크, 비행기, 잠수함 등 신무기를 출현시켰으며, 이때부터 인류는 신예 무기 생산에 최대의 관심을 기울이게 되었다. (이와 같은 끔찍한 세계적인 전면전으로 말미암아 당시 기독교에서 성행하던 '천년 왕국 후 예수 재림설'은 붕괴된다.)

기독교 관점에서 본 세계문화사

기독교 천년왕국설

요한계시록 20장에 기록된 천년왕국에 대한 가르침은 모든 기독교인들에게 주어진 소망이었다. 19세기 말 이후 서구에서 일어난 산업혁명과 과학의 발달을 경험한 기독교인들은 천년왕국이 그런 식으로 도래할 것으로 생각했다. 전기, 교통, 통신, 의술 등 과학의 발달을 통해 살기 좋은 세상이 될 것이며, 기독교인들은 이방인들 위에 군림하여 만족스럽게 살다가 천년이 지나면 예수님이 재림할 것으로 기대했던 것이다. 이것을 후천년 왕국설이라 한다. 그러나 그런 기대감은 두 차례의 세계 대전을 통해 완전히 무너지게 된다. 과학의 발달이 인간들에게 안전한 삶을 제공하는 것이 아니라 도리어 엄청난 재앙이 될 수 있음을 감지하게 된 것이다. 그래서 기독교인들은 주님이 미리 재림하시고 난 후에 천년왕국이 있을 것으로 기대했다. 그것이 소위 전천년왕국설이다.  그런 견해와는 달리 요한계시록의 천년왕국에 관련된 기록은 상징적으로 이해되어야 한다고 생각하는 것이 무천년주의이다. 오늘날은 후천년 왕국설을 주장하는 이들은 거의 없으며 전천년 왕국설과 무천년주의를 주장하는 자들이 있을 따름이다.

(2) 러시아 혁명과 새로운 체제의 예고

제1차 세계 대전 초기 러시아군의 우세는 러시아 국민들의 사기를 높여 주었다. 그러나 1915년 8월 이후 전세(戰勢)가 불리해지고 전쟁이 장기화되어 감에 따라 군인들의 사기는 극도로 저하되고, 전쟁으로 인한 물자의 결핍으로 국민 생활은 크게 압박을 받았다. 그럼에도 불구하고 궁정 세력은 전제 권력을 강화하기에 여념이 없었다. 이럴 때 유리된 민심을 이용하여 사회주의 세력이 점차 활발해져 갔다.

제1차 세계 대전 당시 러시아의 정당은 사회혁명당(The Social Revolutionnary Party)과 사회민주노동당(The Social Democratic Workmen's Party)이 있었다. 사회 혁명당은 주로 농민층의 지지를 받고 있었고, 사회민주노동당은 마르크스주의를 신봉하는 도시 노동자를 지지

기반으로 하고 있었다. 그리고 사회민주노동당에는 멘셰비키 (Mensheviki)와 볼셰비키(Bolsheviki) 두 계열이 있었다. 멘셰비키는 소수파의 점진적이며 평화적인 사회 개혁을 주장하는 온건 노선을 지향했으며, 볼셰비키는 프롤레타리아 독재의 실현을 위한 폭력적 혁명을 지향하는 다수의 과격파였다.

세계 대전 중이던 1917년이 되자 러시아의 일반 국민의 불만은 극에 달하여 농민들은 여러 지방에서 폭동을 일으켰으며, 도시 노동자들은 파업을 단행하는 일이 빈번하게 일어났다. 뿐만 아니라 군인들마저 정부의 무능을 적극 비판하기에 이르렀다. 그러자 황제는 그러한 사태를 무마하기 위해 억압 정책을 더욱 강화했는데, 그것이 혁명의 물꼬를 텄다. 1917년 3월 12일, 페트로그라드(Petrograd)에서 발발한 폭동을 진압하기 위해 군대를 투입했으나 도리어 군대가 반기를 들고 일어섰다. 그리하여 노동자와 군대는 노병 대표자 의회(勞兵代表者議會, Soviet)를 조직하였고, 의회는 지주인 르보프(Lvov)를 중심으로 임시 정부를 수립했다. 이리하여 러시아는 잠시 동안 '소비에트'와 '임시정부'라는 이원 체제(二元體制) 아래 놓이게 되었다.

3월 혁명에 성공한 임시 정부는 언론, 집회, 종교의 자유를 인정하며 정치범의 석방과 망명자의 귀국을 허용했으나 개혁이 제대로 추진되지 않아 무산되고 말았다. 7월에는 케렌스키를 임시 정부의 수반으로 하여 민주, 사회 양파의 연립 내각을 성립시켰으나 사태는 더욱 악화되어 무정부 상태로 치달았다. 이러할 때 과격한 마르크스주의자들은 망명지에서 돌아온 레닌의 지휘 아래 혁명 조직인 소비에트를 강화시켜 나갔다. 같은 해 11월 7일, 레닌은 트로츠키와 협력하여 무장 봉기를 감행하고 드디어 정권을 장악하게 된다. 이렇게 되어, 3월 혁명을 통해 얻어졌던 자유주의적 조짐들이 11월 혁명을 통해 막을 드리우고, 이후부터 가공할 억압적 독재 정권이 수립되게 된 것이다.

레닌과 트로츠키 세력은 반혁명 세력의 반란을 진압하고 공포 정치를 시작했으며, 아울러 모든 토지와 산업의 국유화를 획책하였다. 볼셰비키는 1918년 공산당으로 개칭하였으며, 레닌이 죽은 1924년경에는 공산당 세력이 러시아의 전역에 깊숙이 뿌리를 내리고 있었다. 소비에트 사회주의 공화국 연방(Union of Socialist Republics: U.S.S.R)은 1924년에 공식적으로 성립되었으며, 그 수도(首都)를 모스크바(Moscow)로 정했다. 소비에트 공화국들의 연합체인 소련은 1936년 수정 헌법을 채택하여 외관상 민주적으로 보이는 형식을 갖추었으나 실은 독재 국가로서의 길을 가고 있었던 것이다.

(3) 베르사유 체제

제1차 세계 대전에서 승리한 참전국 27개 나라의 대표들은 전후 문제(戰後問題)를 처리하기 위하여 1919년 1월, 파리의 베르사유 궁전에 모여 평화 회의를 개최하였다. 이 많은 나라들 가운데 실제로 회의를 주도하여 그 내용을 결정하는 실세는 미국, 영국, 프랑스 세 나라였다.

1919년 6월 28일 체결된 베르사유 조약에서 패전국 독일(獨逸)은 모두 해외 식민지를 상실했으며, 알사스 로렌 지방을 프랑스에 반환했다. 그 후 오스트리아 제국은 해체되어 오스트리아, 헝가리, 체코슬로바키아로 분리되어 독립했으며, 세르비아는 보스니아, 헤르체고비아, 크로아티아 등을 얻어 유고슬라비아가 되었다. 또한 터키 제국 역시 붕괴되고 아프리카와 서아시아의 많은 영토를 상실하게 되었다. 그리고 핀란드, 에스토니아, 라트비아, 리투아니아가 독립하였다.

이러한 새로운 세계 질서를 베르사유 체제라고 하는데, 베르사유 체제는 민족 자결주의(民族自決主義)를 원칙으로 했다. 그러나 그 원칙은 패전국이 지배했던 지역에 국한되었을 뿐, 전승국 지배 하에 있던 많은 민족에게는 그 원칙이 완전히 무시되었다.

베르사유 조약에서는 국제 연맹(League of Nations)의 설치를 규정했는데, 이는 전쟁의 방지와 평화(平和)의 증진을 목표로 하고 있었다. 전례 없는 대전쟁을 경험한 세계는 반성의 소리와 함께 평화에 대한 논의가 진지하게 일어났던 것이다. 제네바(Geneva)에 본부를 둔 국제 연맹은 여러 기구들을 두어 분쟁의 예방과 노동 문제의 해결을 모색했으나 고립주의(孤立主義) 전통의 미국과 혁명을 겪는 소련 등 강대국이 참가하지 않으므로 실제적 힘은 가지지 못했다.

패전 후 독일은 당시 가장 민주적인 바이마르(Weimar) 헌법에 의한 바이마르 공화국을 탄생시켜, 1925년경부터는 경제 부흥이 실현되고 1929년경에는 고도의 산업국으로 재건되는 저력을 보였다. 제1차 세계 대전 이후에 가장 급부상한 나라는 역시 미국이다. 전후 미국은 정치·경제적으로 명실공히 세계의 중심이 되어, 그 후 줄곧 자유주의 계열 국가들의 중추적 역할을 하게 된다.

3. 전체주의의 출현과 세계 공황

(1) 전체주의의 출현

제1차 세계 대전 후, 이탈리아(Italy)에는 많은 혼란이 왔다. 폭등하는 물가와 실업자의 속출로 인해 파업이 빈번하게 일어났으며, 농민은 토지를, 노동자는 공장을 점령하는 등 무정부 상태의 혼란이 거듭되었다.

이러한 형편 가운데서 급진 세력이 격증하게 되는데, 1919년 무솔리니 (Benito Mussolini)는 파시스트당(Fascist)을 조직하게 된다. 그는 점차 세력을 확대하여 1922년에는 정국의 혼란을 틈타서 폭력을 배경으로 로마진군을 감행한다. 그는 즉시 파시스트 내각을 조직하여 극단적인 전체주의적 국가로서의 반사회주의 독재 체제를 확립함으로써 파시스트 1당 독재체제를 완성한 것이다. 무솔리니는 군국주의(軍國主義)를 지향하므로 외국과의 전쟁을 통해 팽창 외교를 펼치려고 했다.

한편, 패전국 독일에서는 1920년 초에 나치당이 성립되었다. 나치당은 베르사유 체제를 비판하고 극단적인 게르마니즘을 내세워, 불만이 많았던 중산층의 지지를 바탕으로 급성장하였다. 나치당을 이끄는 히틀러는 1923년에는 정부 전복을 기도한 반역자로 투옥되기도 했으나, 1933년에 이르러 강력한 내각을 구성하고 새로 구성된 의회로부터 독재 정권을 위임받았다. 나치당은 독일의 오랜 전통인 연방제를 폐지하고 절대적인 중앙 집권 체제를 확립하여 전체주의 독재 체제를 구축하였다.

나치당은 25개의 정강 요목(政綱要目)을 제시하고 있으며, 그 궁극적 목표는 게르만 민족만을 모두 포용하는 대독일의 건설이었다. 이것을 위하여 유해 민족인 유태인을 배척하고 베르사유 체제를 파기하며 공산주의를 배격함으로써 국가 지상주의, 민족주의를 강행했던 것이다. 결국 나치즘(Nazism)의 정치 이념이 극단적인 민족주의와 반지성주의의 전체주의적 독재 체제란 점은 파시즘과 비슷하지만, 이에 비하여 훨씬 냉혹하고 과격하며 무자비했던 특성이 있다.

그러나 히틀러가 독일 민족 가운데 급부상하고 있을 초기의 독일 국민들은 히틀러를 열렬히 환영했었다. 특히, 당시의 기독교인들 사이에서는 식사 때마다 독일 민족에게 히틀러와 같은 위대한 영웅을 보내 준 하나님께 감사하다는 기도가 끊이지 않았다고 한다.

한편, 혁명을 거친 전후의 러시아에는 엄청난 변화가 일고 있었다. 수도를 모스크바로 옮겨 모든 공장과 토지, 철도, 은행들을 국유화(國有化)한 볼셰비키 공산당은 새로운 헌법을 제정하고 국민 회의를 구성하여 공산당 1당 독재 체제를 구축하였다. 레닌이 사망하고 난 후 권력을 장악한 스탈린(Stalin)은 일국사회주의(一國社會主義)를 표방하면서 철저한 공산 정책을 수행하기 위해 독재권을 더욱 강화했다. 소련의 공산 독재 체제는 구러시아의 차르 전제 정치와는 비교될 수 없을 정도로 무자비한 압제 체제였으며 인권은 완전히 말살된 사회였다. 또한 그 체제는 세계의 적화를 노리는 침략 체제이기도 했다.

(2) 세계 공황

제1차 세계 대전 후 약 10년 간은 전쟁 피해 복구로 인해 세계 경제가 어느 정도 순탄하게 보였다. 그러나 당시 세계 경제를 주도하던 미국에 큰 타격이 있자 그 영향은 전세계에 미쳤다.

1929년 10월, 주가(株價)의 폭락은 월 가(街, Wall street)의 소동으로 번지고, 다시 전국을 휩쓸어 미국 경제를 파탄에 몰아넣었다. 농산물 가격이 폭락하였으며, 실업자가 엄청나게 생겨났다. 이같은 미국의 영향은 전후(戰後) 경제 부흥을 미국에 의존하고 있던 세계 여러 나라, 특히 유럽의 국가들에 당장 파급되어 각국의 경제를 위협하고 국제 경제를 완전히 마비시키게 되었다. 대공황(大恐慌)의 세계적인 파급은 경제 분야뿐 아니라 정치적 · 사회적 충격이었으므로 여러 타개책을 시도했으나 별다른 효과를 거두지 못했다.

1933년에 취임한 미국의 루즈벨트(Roosevelt) 대통령은 뉴딜(New Deal) 정책을 추진하여 전통적인 자유주의 경제 정책을 벗어나 연방 정부의 강력한 경제적 통제권을 강화했다. 그러한 과감한 경제 정책은 주효하여 1935년경부터 점차 경기가 회복되어 갔다. 그후부터 미국은 사회 보장법을 제정하여 사회 보장책을 적극 추진하였으며, 외교 정책도 고립주의를 버리고 국제 협조 체제를 지향하게 되었다. 이때 즈음부터 세계 경제는 조금씩 회복세를 보이기 시작한 것이다.

4. 제2차 세계 대전과 얄타 체제

(1) 전체주의 국가들의 침략 정책과 제2차 세계 대전의 발발

제1차 세계 대전을 치른 세계는 베르사유 조약을 통해 국제 연맹을 결성하여 세계 평화에 관심을 가졌으나, 강대국들의 불법적 행위에 대해서는 아무런 제재도 가할 수 없었다. 1930년대에 접어들면서, 그동안 무력적 힘을 비축해 왔던 독일과 이탈리아, 일본 등 군국주의적 전체주의 국가들이 유럽과 아시아에서 불법적이 침략 행동을 본격화했다.

한반도(韓半島)를 강점한 일본(日本)은 1931년 만주 사변을 일으켜 대륙 침략을 적극적으로 시도하기 시작했다. 독일(獨逸)은 1935년 베르사유조약을 파기하고 재군비를 선언하였다. 그리고 이탈리아(Italy)도 국제연맹의 존재를 무시하고 1935년 10월 이디오피아를 침공했다. 이들 세 나라는 비슷한 시기에 국제 연맹을 탈퇴하고 침략 정책에 나선 것이다.

이 무렵 스페인에서는 프랑코(Franco) 장군을 핵심으로 하는 반란이 일어났다. 이때 영국, 프랑스, 소련은 스페인 공화국 정부를 지원하였고, 독일과 이탈리아는 반란군을 적극 지원하였다. 결국 반란군이 정부군을 누르고 1939년에는 프랑코 독재 정권이 수립되었다.

독일과 이탈리아는 스페인 반란군 지원을 통해 가까워져 1936년 10월 양국은 베를린-로마 추축(樞軸, Berlin-Roma Axis)을 결성하였고, 같은

해 11월에는 독·일 방공 협정(獨·日 防共協定)이 체결되었다. 그로부터 정확하게 1년 뒤인 이듬해 11월 무솔리니가 독일을 방문한 것을 계기로 이탈리아가 이에 참가함으로써 독·이·일(獨·伊·日)3국 방공 협정(防共協定)이 성립되었다. 이들 세 나라가 꾸준히 군국주의적 침략 행위를 하는 동안 영국, 프랑스 등은 평화적 노력을 계속하였다.

그러나 1939년 9월 1일 히틀러가 폴란드에 선전 포고를 하고 진격하자 또다시 세계는 전쟁의 도가니 속에 들어가게 된다. 이는 영국과 프랑스가 9월 3일 독일에 선전 포고를 함으로 제2차 세계 대전의 불이 붙었기 때문이다.

막강한 군사력을 소유한 독일은 그 여세를 몰아 승승장구한다. 1941년 4월경에는 독일이 발칸 일대를 점령함으로써 소련을 제외한 거의 전유럽을 석권하였다. 이때 즈음 프랑스의 드 골(De Gaulle) 장군은 영국으로 망명하여 자유 프랑스군을 조직해서 독일에 저항하고 있었다. 그리고 독일은 영국에 대해 지속적인 공습 작전을 폈으나 처칠(Winston Churchill) 영도하의 영국 국민들은 고전 분투하였다. 프랑스가 무너진 후 미국은 영국에 대한 군사 원조를 확대하게 된다.

한편, 아시아에서는 1937년 중일 전쟁(中日戰爭)을 일으킨 일본이 중국 대륙을 유린하였다. 1940년 이후 일본은 대동아공영권(大東亞共榮圈)을 수립하고 동남아시아와 남방으로의 진출을 기도했다. 일본은 프랑스의 패망을 기화로 불령(佛領) 인도차이나에 진주하고 이어 남방으로 진출함으로써 동남아로부터 중국에의 통로를 봉쇄하고 전쟁 물자를 확보하려고 했다. 그러나 일본의 그러한 시도는 미국과의 관계를 악화시켰다.

그리하여 일본은 1941년 12월 8일 하와이를 기습 공격하기에 이르렀으며, 뒤이어 독일과 이탈리아도 미국에 선전 포고 했다. 이렇게 하여 태평양 전쟁과 더불어 세계 대전으로 확산된 것이다. 태평양 전쟁 초기의 일본은, 미국의 전열이 채 정비되지 않은 점과 영국이 유럽 전쟁에 여념 없는 틈을 타 승승장구하여 필리핀, 말레이시아, 버마, 인도네시아를 포함하는 거의 전 아시아 지역을 석권하였다.

그러나 전쟁이 장기화되어 감에 따라 1942년 후반부터는 상황이 연합국에 유리하게 전개되었다. 미국과 영국은 대반격 작전을 개시하여, 맥아더(Douglas McArthur) 장군이 이끄는 미군은 1942년 6월 미드웨이(Midway) 해전에서 일본 연합 함대를 대파함으로써 승리의 길을 열었고, 같은 해 10월에는 영국의 몽고메리(Montgomery) 장군의 군대가 아프리카 전선에서 롬멜의 전차 부대를 격파함으로써 독일에 철퇴를 가했다. 그리고 11월에는 아이젠하워(Eisenhauer) 장군 지휘하의 미·영(美英) 연합군이 모로코와 알제리에 상륙함으로써 새로운 전선을 구축하게 된 것이다.

그 후 아프리카를 탈환한 연합군이 1943년 9월 이탈리아 본토에 상륙함으로써 무솔리니의 파시스트 정권은 무너지고 이탈리아는 연합군에 항복하였다. 이탈리아의 항복 후 미국, 영국, 중국의 정상들이 1943년 11월 카이로에서 회합하여 만주, 대만의 중국 귀속과 한국(韓國)의 독립, 일본의 무조건 항복을 내용으로 하는 카이로 선언을 12월 1일 발표했다.

한편, 1944년 6월 6월에는 아이젠하워 장군의 지휘하에 노르망디(Normandy) 상륙 작전이 감행되어 8월에는 파리를 탈환했다. 1945년에 들어서 연합군의 대공세가 취해지면서 2월 5일에서 11일까지 얄타(Yalta) 회담이 열렸다. 이 회담에서는 미국, 영국, 소련의 수뇌가 독일의 무조건 항복을 재확인하고 비밀 협정으로 독일 항복 후 2-3개월 후에 제정(帝政) 러시아 때의 영토의 권익을 회복해 주는 대신 소련의 대일 참전(對日參戰)을 결정했다. 1945년 5월 1일 소련군이 베를린에 진입했을 때 히틀러는 자살했으며, 5월 7일 독일군 최고 사령부가 무조건 항복함으로써 유럽에서의 대전은 끝났다.

아시아에서는 1945년 초가 되어서는 연합군(聯合軍)이 필리핀과 오키

나와까지 점령하였다. 1945년 7월 미국과 영국, 소련이 발표한 포츠담(Potsdam) 선언을 통해 일본의 무조건 항복을 권고했으나 일본은 그것을 거부했다. 그리하여 8월 6일 히로시마에 원자탄이 투하되었고, 9일 나가사키에 두 번째 원자탄이 투하되었을 때 일본은 비로소 그 위력 앞에 당황하게 된다. 드디어 8월 15일 일본이 무조건 항복함으로써 제2차 세계 대전은 막을 내리게 되는 것이다.

UFO(Unidentfied Flying Object)와 외계인의 존재

UFO는 미확인 비행물체를 의미하는데, 제2차 세계 대전 직후인 1947년 미국의 '로즈웰 사건' 이후부터 외계인 문제가 구체적으로 대두되었다. 그 후 사람들은 외계인에 대해 깊은 관심을 가지게 되었다. 우리는 비행물체 가운데 확인되지 않는 물체가 있음을 인정한다. 그것이 실제적인 물체이든 혹은 빛의 굴절 현상으로 발생하는 착시이든 확인되지 않는 대상은 있을 수 있다. 그러나 UFO와 외계인을 동일시하는 것은 잘못이다. 또한 일부 과학자들이 지구 이외의 행성에 물이 있으면 곧 생명체가 있는 것으로 여기고, 그것이 곧 고등 생명체에 대한 존재 근거가 될 수 있는 것처럼 주장하는 것은 어불성설이다. 설령 특별한 행성에 어떤 미생물이 존재한다 하더라도 그것은 인간과 같은 고등생명체와는 아무런 상관이 없다. 미생물의 존재를 곧 고등 생명체로 연결짓는 것은 진화론자들의 무책임한 자기 판단일 따름이다. 그렇다면 과연 외계인은 존재하는가? 아니다. 결코 외계인이란 존재하지 않는다. 지금까지 외계인을 보았다는 자들은 숱하게 많았다. 그렇지만 각 사람들이 보았다는 외계인의 크기와 형체는 각양각색이다. 그 다양한 외계인들이 동시에 존재한다는 것은 말이 되지 않는다. 외계인은 결코 존재하지 않으며 그것은 과학 문명 속에 살아가고 있는 현대인들의 착각이며 귀신들의 놀음으로 볼 수밖에 없다.

(2) 얄타 체제

제2차 세계 대전 후에 형성된 국제 질서를 소위 얄타 체제(Yalta System)라고 한다. 이 얄타 체제는 미국과 소련을 각각 그 정점으로 하는 민주주의, 자본주의의 서방 진영과 공산주의, 사회주의를 지향하는 공산 진영이 대립하는 체제였다. 이 얄타 체제의 국제 협력 기구로서 인간의 항구적 세계 평화를 도모하기 위해 설립된 기구가 국제 연합(United Nations)이다. 국제 연합 헌장은 1945년 샌프란시스코 회의에서 51개국 대표가 참가하여 제정, 채택하였다.

제1차 세계 대전 후에 미국이 세계적인 강대국으로 등장한 것처럼, 제2차 세계 대전 후에는 소련이 강대국으로 등장했다. 소련은 제2차 세계 대전 중 피해가 컸으나 종전 후 많은 새 영토를 차지해서 더욱 부강해졌다. 이렇게 하여 미국과 소련은 국제 사회에서 지배적인 위치를 확고히 하여 국제 외교와 경제의 주도국이 된 것이다.

이에 반해 유럽은 세계 대전 후 도리어 왜소화되고 말았다. 그 이전의 오랜 세기 동안 누려 왔던 유럽 중심의 세계는 미국과 소련으로 이양되었던 것이다.

5. 아시아와 아프리카 여러 나라들의 독립

제2차 세계 대전이 끝난 후 아시아와 아프리카 지역에서는 많은 민족들이 독립하여 신생 자치 국가들을 세우게 된다. 1946년 7월에 필리핀은 미국으로부터 독립하여 공화국 체제를 갖추게 되었고, 1948년에는 영국의 통치를 받아 오다가 일본의 유린을 받던 버마가 독립하여 버마 공화국을 수립했다. 프랑스 식민지였던 인도차이나는 같은 해 프랑스로부터 독립하여 베트남을 세웠으며, 영국의 통치 아래 있던 말레이시아는 그 해 자치령으로서 연방제 국가로 출범했다. 그리고 1948년 중반에는 대한민국(大韓民國) 정부가 한반도의 남쪽에서 반쪽만으로 단독 출범하게 되었다.

그 이듬해인 1949년에는 인도네시아가 네덜란드로부터 독립을 획득하여 인도네시아 공화국으로 독립 국가임을 선언했다. 1950년 초에는 인도가 입헌 공화국으로 영연방 구성 자치령이 되었다. 1965년에는 싱가포르가 독립하고, 1970년에는 동파키스탄이 분리하여 방글라데시로 독립함으로 신생 국가가 되었다.

한편 아프리카(Africa)에서도 제2차 세계 대전 후 민족 운동이 거세게 일어났다. 아시아 지역의 신생 국가들의 독립이 주로 1940년대 말기에 이루어진 데 비해 아프리카에서는 1960년대에 대거 독립하게 된다. 1960년 한 해에 아프리카에서는 17개의 독립 국가가 탄생하였으며, 그 후에도 계속해서 많은 나라들이 독립을 했다.

그리고 1940년대에는 중근동(中近東) 지역의 여러 나라들에도 중대한 조짐과 변화가 일어난다. 1945년 3월 이집트, 시리아, 레바논, 요르단, 이라크, 예멘, 사우디아라비아 등 7개국이 아랍 연맹(Arab League)을 결성하여 아랍 민족적 통일을 희구하고 중립 노선을 취하게 되었다. 또한 제1차 세계 대전 후 터키로부터 영국으로 이양되어 위임 통치령이 된 팔레스틴 지방에는 그 후 영국이 유태인의 팔레스틴 이주를 허가해 시온주의 운동(Zionism)이 활발하게 전개되었다. 드디어 1947년에는 국제 연합 총회에서 팔레스틴 분할 안이 결정되어 이스라엘 공화국이 수립되었다.

아랍 여러 나라들은 영국과 미국의 분할 안에 강하게 반대하였으나 어쩔 도리가 없었다. 이스라엘은 미국의 지원 하에 사막의 기적을 일으켰으나, 아랍은 이에 타격을 주기 위해 1967년 5월 아카바 만을 봉쇄하기에 이르렀다. 그러자 이스라엘은 즉시 인접한 시리아, 요르단, 아랍 공화국, 이집트 등을 동시에 공격하여 전격적으로 옛 예루살렘의 성지와 시나이 반도, 수에즈 운하 연안을 점령한 이른바 중동전쟁(中東戰爭)을 일으켜 승리로 장식했는데, 이것이 이른바 '6일 전쟁'이다.

13 장

지구촌 시대와 위기 사회

1. 우리 시대의 국제적 현실

현대의 세계정세는 1980년대 이후부터 예고되어 온 바이다. 세계가 지구촌으로 좁아지고 경제와 과학주의를 배경으로 하는 힘의 논리가 인간을 지배하는 시대가 구체화된 것이다. 1990년대 초 소련이 해체됨으로서 소련과 미국이 구축하고 있던 동서의 축이 무너지게 되고 미국을 중심으로 하는 새로운 세계 질서가 확립이 되는 듯 했다.

그러나 그러한 미국이 추구하는 바 힘의 구축은 시험단계 조차 거치지 못한 채 새로운 국면을 맞이하게 된 것이 우리의 현실이다. 세계의 경찰을 자처한 미국은 악의 세력을 제거한다는 명분을 가지고 경찰력을 행사하려 하는데 그것은 종교적 측면을 통해 새로운 구도가 제시되었기 때문이다.

21세기가 들어서자 말자 온 세계를 휩쓴 폭력, 파괴, 전쟁의 소식이 우리를 불안하게 했다. 국제적 단체들은 마치 그것을 급히 무마하기라도 하듯 더욱 활발한 대응책들을 제시하고 있다. 각 국가들이나 민간단체들은 조직적인 평화운동을 펼치고 있으며, 올림픽 경기나 월드컵 축구 경기 등을 통해 세계인의 화해를 도모하고자 하는 움직임도 더욱 활발하게 전개되고 있다.

그러나 현대의 각 국가들은 제각기 살아남기 위해 다양한 몸부림을 치고 있다. 민족사나 국가사의 뿌리를 재정립하고자 하는 시도들은 결국 자기 나라의 정체성 확립 때문이다. 즉 과거 역사에 대한 새로운 해석을 제시하는 이유는 결국 자기 정체성과 연관이 있으며 그것이 곧 미래의 국가적 생존에 엄청난 영향을 미칠 것으로 보고 있기 때문이다. 이러한 제반 문제들에 대해서는 남북 대치관계에 놓여있는 약소국인 우리나라로서는 더욱 민감할 수밖에 없다. 외부 국가들의 협력이 없는 상태에서 독자적인 평화를 보장받을 수 없는 것이 한반도의 실정이다. 그것은 비단 전쟁에 대한 불안감에 국한되지 않는다. 이는 국제사회로부터 정치, 경제, 외교적 문제와 관련된 중요한 사안이다.

현재의 국제 정세를 보면 이미 각 국가들 상호간 생존 전쟁에 돌입해 있다. 이는 공존이 아니라 자기의 생명 보존이 우선시 될 수밖에 없는 상황을 말해 주고 있는 것이다. 즉 내가 살아남기 위해서는 남을 짓밟을 수밖에 없다는 안타까운 논리를 배경으로 하고 있는 것이다. 이는 단순히 국제 관계에서 뿐 아니라 그 기류 아래 있는 개인의 삶에도 직접적인 영향을 끼칠 수밖에 없다. 자기가 살아남기 위해서는 이웃을 짓밟을 수밖에 없는 생존경쟁 논리는 현대에 더욱 두드러지며 이로 인해 세상은 더욱 각박해 질 수밖에 없는 것이다.

2. 첨단 과학의 발달과 좁아진 지구촌

　　20세기 말을 거친 21세기는 첨단과학의 시대이다. 전기나 전자 등을 이용한 각종 문명의 이기(利器)들은 인간 생활을 더 없이 편리하게 해 준다. 그 뿐이 아니다. 지구촌은 엄청나게 좁아졌다. 과학은 지구 전체를 일일 생활권으로 만들어 놓을 만큼 발달했다. 뿐만아니라 인터넷은 전통적인 인간의 사고를 완전히 뒤바꾸어 놓았다. 우리는 지구의 반대편에서 일어나고 있는 다양한 일들을 안방에 앉아 실시간으로 그 정보들을 접하고 있다. 만일 불과 얼마 전에 이 세상을 살다가 죽은 어떤 사람이 되살아난다면, 지금 우리가 살고 있는 이 곳이 지구가 아니라 다른 곳일 것이란 생각을 할지도 모를 만큼 지구는 급격히 변해 있다. 이러한 변화의 속도는 앞으로 가속이 붙어 인간들의 삶과 생활의 모습을 엄청나게 바꾸어 놓게 될 것이다.

기독교 관점에서 본 세계문화사

신비의 세계에 살고 있는 현대인

　　현대인들은 신비의 세계에 살고 있다. 만일 수백 년 전의 사람들이 현대인들의 삶을 보면 지구인이 아니라고 생각할 것이다. 과거 당대를

주름잡던 영웅들도 현대의 평범한 시민들보다 더 나은 삶을 살지 못했다. 진시황제, 징기스칸, 나폴레옹, 세종대왕, 이순신 등과 같은 영웅들도 현대인들보다 나은 삶을 누리지 못했다. 우리 시대에 누구나 사용하고 있는 전기, 전자, 통신, 교통, 컴퓨터 문명 등은 과거시대에 살던 사람들에게는 상상조차 할 수 없었던 것들이다. 만일 과거의 영웅들이 오늘 서울의 거리를 활보하는 사람들을 보면 어떤 생각을 하게 될까? 그들의 눈에는 현대인들이 적어도 지구인으로 보여지지는 않을 것이다. 우리는 지금 그런 신비한 시대에 살고 있다.

미래학자(未來學者)들은 예외없이 21세기를 최첨단 과학의 시대가 될 것으로 내다본다. 사실 그것은 누구나 쉽게 예측할 수 있는 일이기도 하다. 우주화 시대, 컴퓨터 시대, 마이크로(micro) 시대에 대한 예견이 곧 그것들이다. 그러한 시대는 인간에게 상당한 편의와 함께 커다란 변화를 줄 것이 틀림없다.

그렇지만 이와 더불어 생각해야 하는 것은 첨단과학이 편의를 제공하는 만큼 위기를 동반하게 된다는 사실이다. 즉 그러한 시대의 도래(到來) 자체가 곧 삶의 유익을 말하는 것은 아니다. 우주화 시대는 인간의 가치를 절대적으로 떨어뜨리는 역할을 하게 될 것이다. 이미 인간들은 외계인(外界人) 논쟁을 시작했다. SF(공상과학) 소설과 영화들이 온통 회오리를 치더니, 어린이들은 TV와 비디오를 통해 스타워즈(Star Wars)에 대한 영향을 받아 지구를 방위하는 용사가 되기 위해 꿈을 키우고 있는 실정이다.

과연 외계인이 존재하는가? 아니다. 외계인이 있다는 것은 말도 되지 않는다. 그런데도 UFO(미확인 비행물체)와 외계인을 직접 보았다는 사람들은 지구 여기저기에서 속출하고 있고, 외계인을 수술했다는 낭설까지 사람들을 홀리고 있다. 오늘날의 많은 사람들(기독교인들을 포함한)은 외계인이 존재하는 것으로 믿고 있다. 심지어는 기독교 지도자들 조차도 그

가능성을 믿고 있다. 그런 자들은 중세 종교개혁 시대의 이야기를 들먹인다. 즉 지구 평면설에서 구형설을 주장했을 때 기독교의 반응이 어떠했느냐는 것이다. 그리고 천동설에서 지동설로 인식이 전환될 당시의 종교개혁자들은 한결같이 그 새로운 이론을 논박했는데, 결국 그들의 생각이 잘못되었다는 것이다. 이와같이 앞으로 외계인이 나타나면 어떻게 하겠느냐는 식으로 그들은 얄팍한 역사적 지식을 동원하는 것이다.

그러나 단언하건데 외계인은 없다. 성경은 그것을 명백히 증언한다. 하나님은 태초에 이 지구 위에 아담(Adam)과 하와(Eve)를 창조했을 따름이며, 노아 때의 홍수를 통해 모든 인간들을 멸망시킴으로 세상에는 노아의 후손만 존재할 따름이다. 하나님의 독생자인 예수 그리스도는 지구상의 인간을 위해 단 한번 하나밖에 없는 자신의 생명을 세상의 죄인들을 위해 내어 놓았던 것이다. 그럼에도 불구하고 앞으로 외계인 논쟁은 더욱더 강화될 것이다.

컴퓨터 문제는 이미 인간들에게 독(毒)을 내뿜고 있다. 물론 컴퓨터가 여러 부분에 있어서 인간의 삶에 어느 정도 유익을 끼치는 것이 사실임을 감출 길이 없다. 그렇지만 인간은 이제 컴퓨터 없이는 아무 것도 할 수 없는 기계의 노예(奴隷)가 되어 가고 있는 실정이다. 나아가서 음란 사이트를 비롯한 유해 사이트의 해악은 인간의 심성을 파괴하는 엄청난 기능을 행사하고 있다. 미래에는 이것이 '가상현실'이라는 신종 영역과 더불어 더욱 걷잡을 수 없이 심화될 것이기 때문에 미리 경계의 훈련을 하지 않으면 안될 것이다.

3. 현대인의 정신적 위기

　현대는 급변하고 있다. 어제와 오늘을 연결짓기 어려울 만큼 변화의 속도가 빠른 것이다. 그러므로 우리는 역사 가운데 살아가면서 자신의 현재가 이미 어제와 무관한 오늘인 것처럼 느낄 때가 많다. 바꾸어 말하면, 이미 현재의 상황이 바뀌어 있지만 우리 자신은 아직 그 사실을 감지하지 못하고 살아가고 있거나 아직 변화의 과정 중에 있는데도 이미 변해 있는 것처럼 착각하며 살아가고 있다. 우리는 현실적 변화의 속도를 따라가기 힘든 세상에 살아가고 있는 것이다. 어제와 오늘이 단절된 것처럼 느껴지고 다가올 내일이 오늘과 밀접한 관련성이 있을 것 같이 느껴지지 않는다면 그것은 심각한 혼돈의 문제라 아니할 수 없다. 그럼에도 불구하고 그것은 우리가 경험하고 있는 현실이다.

　'기시감' 혹은 '기시현상' 이라는 말이 있다. 분명히 처음 와보는 곳인데도 불구하고 마치 그전에 와 본 적이 있는 것처럼 느껴지는 것이라든지, 분명히 처음 경험하는 일인데도 마치 예전에 그와 동일한 경험이 있었던 것처럼 느껴지는 현상이다. 그와 반대되는 용어가 '미시감' 이라는 말이다. 분명히 익숙해야할 일들이 마치 처음 대하는 것처럼 생소하게 느껴지는 현상이다. 그러한 현상이 교차된 상태로 지속적으로 일어나고 있다면 우리는 현실과 공상 사이에서 헤매게 된다.

우리는 현대를 경험하면서 심리적 '기시감'과 '미시감'을 동시에 경험하며 살아가고 있다. 과거에 대한 향수와 현실과 미래에 대한 불안한 삶이 그 주된 원인일 것이다. 현대인들은 과거와 단절되고 미래와도 단절된 듯한 현실주의적 삶을 강요당하고 있다. 이것은 급변하는 세상에 살고 있는 인간들의 삶의 표현이기도 하다. 그 결과 인간들은 기대 이상의 집착성 기대를 하다가 좌절하기도 하고, 그것이 실현되지 않으면 쉽게 자기의 목숨을 포기해 버리기도 하는 것이다.

4. 인간성 상실과 자연 환경 문제

　인간이 인간이기를 거부하는 시대는 이미 시작되었다. 인간이 스스로 인간이기를 거부하고 있다는 말은 '인간으로서 겸손하게 살기'를 거부하고 스스로 하나님의 지위에 오르겠다는 오만함을 표현하는 말이다. 그 중에 두드러지는 부분이 유전공학(遺傳工學)으로 윤리적인 철저한 장치없는 발달은 신의 창조영역을 적극적인 자세로 침범하게 하고 있다. 많은 사람들은 그것을 낙관적으로 보고 있을지 모르지만 그것은 전혀 그렇지 않다. 인간은 유전자를 마음대로 조작하면서 소위 과학 문명을 뽐내며 또한 그것을 추종하고 있다.

　뿐만 아니라 현대 인간은 의술의 발달을 통해 하나님의 고유한 영역을 침범하는 범죄적 행위를 서슴지 않는다. 20세기 말부터 보편화되기 시작한 성전환 수술이 이제는 많은 사람들로 하여금 별 비판의식 없이 그것을 수용하도록 하고 있다. 우리의 시대에는 성전환 수술은 그다지 흥미롭거나 관심을 가질 만한 것이 되지 않을 정도로 무디고 익숙하게 되어 버렸다.

　또한 의술의 발달은 인간의 수명을 엄청나게 늘리고 있다. 우리나라의 경우 현재 평균 수명이 80세 가까이 된다고 하는데 사람들은 앞으로 그보다 수십 년을 더 살게 될지도 모른다는 기대를 하고 있다. 과거에 비해 노동할 수 있는 연령은 낮아지고 생존 수명은 늘어날 경우 발생하게 될 문제

트렌스젠더와 성전환 수술

현대 과학의 오만의 극치는 인간의 과학이 신을 대치하는데 있다. 과거의 인간들이 신처럼 높아지려고 노력하던 소극적 교만함에 가득 차 있었다고 한다면 현대인들은 신의 자리를 차지하려는 적극적 교만에 꽉 차 있다. 그 중에 대표적인 것이 성전환 수술이다. 이것은 단순히 윤리적 문제를 이야기하고자 하는 것이 아니다. 중요한 것은 신이 창조한 남성과 여성의 성을 인간이 다시 뒤바꾸겠다는 교만한 자세이다. 인간들은 과학의 발달을 자랑하며 스스로 교만한 마음을 가지고, 신의 영역을 직접 침범하는 죄악을 저지르고 있는 것이다. 성전환수술은 신의 자리를 대치하려는 극도의 교만한 인간표현임을 직시할 필요가 있다.

에 대해서는 별 신경을 쓰지 않은 채 의술의 발달을 통한 수명 연장에만 관심을 가지고 있는 것이다. 이로 인한 문제는 앞으로 어떻게 해결될 것인가? 지구도 이제 심각한 몸살을 앓고 있다. 인간의 오만한 과학적 업적들이 지구를 숨도 쉬지 못하도록 파괴해 버렸다. 지구를 둘러싸고 있는 오존층이 파괴되고 각종 매연들이 지구를 뒤덮어 지구의 자연적인 기온이나 기후 마저도 엉망이 되어 버렸다. 이러한 현상은 앞으로 더욱 가속화될 것이다. 더욱이 핵 폭탄의 제조는 앞으로의 재난을 예측하기 조차 힘들게 만들고 있다. 앞으로 수십 년 정도의 세월만 흐르면, 인간은 좋은 공기를 들이쉬지도 못하게 될 것이고 마실 물을 구하기도 힘들 것이라는 이야기들을 이미 우리는 자주 듣고 있다. 이제야 인간들은 자연보호를 외쳐대지만, 그 말에 귀 기울이는 자들 보다는 귀를 막는 자들이 훨씬 많을 따름이다. 이기심에 의한 개별적 개발 논리가 전체 인간들을 염두에 두지 않는 환경 윤리를 구축하고 있는 것이다.

5. 구출, 회복, 복지사회에 대한 관심

　오늘날의 지구촌은 관념적인 이원화(二元化)에 빠져 있다. 극단적인 비관론과 극단적인 낙관론이 그것이다. 앞으로의 인간은 아주 편리한 삶을 살게 되리라는 낙관론과, 앞으로의 인간은 총체적인 고통에 놓이게 될 것이라는 비관론이 지구 위에 공존하고 있다. 낙관론자들은 위에서 언급한 과학들이 인간 사회에 크게 공헌할 것이라는 사고를 하고 있으며, 비관론자들은 그 반대의 입장을 가지고 있다. 물론 대다수의 사람들은 그 두 입장을 동시에 수용한다.

　한편 인간의 미래를 염려하는 자들은, 인간의 극단적인 이기주의와 함께 인간 삶의 근본인 자기 자신과 가족 관계가 붕괴되어 가는 세계적 양상을 보고 안타까워하고 있다. 개인의 성 윤리가 파괴되고 가정이 붕괴되고 있는 것이다. 정통적인 기독교에서의 혼인은 신성한 것이며 하나님의 섭리에 속한다. 성은 고귀한 것이며 가정은 하나님의 소중한 선물인 것이다. 그러므로 인간이 자기 판단에 의해 이혼을 한다는 것은 있을 수 없다. 비단 기독교뿐만 아니라 비기독교인들의 일반적인 전통 사회에서도 이혼은 아주 특별한 경우가 아니면 허용되지 않았다. 그러나 우리 사회에서 성은 쾌락의 도구가 되어 있으며 이혼(離婚)은 이미 대수롭지 않은 개념으로 받아들여지고 있는 실정이다. 자신에 대한 파괴와 가정의 붕괴 현상이 일반화되어 가고 있는 것이다. 그러한 현상은 가족 관계를 파괴하게 되어, 부모 및 자식에 대한 폭력과 살해와 같은 끔찍한 비인륜적인 사건들이 끊임없이 발생하고 있다. 그로 인해 우리는 자신도 모르는 사이 그런 문제들에 대해 서서히 둔감해져 가고 있는 것이다.

포스트모더니즘

인간은 1·2차 세계 대전을 경험하며 불확실한 시대에 들어서게 된다. 즉 두 차례의 세계적인 전쟁을 통한 위력적인 파괴를 경험하며 더 이상 낭만적인 지구의 미래를 예측할 수 없는 상황에 빠지게 된 것이다. 이는 스스로 혼돈에 빠져버린 인간을 보여준다. 이로 말미암아 1960년대 이후 부터는 포스트모더니즘 사상이 현대를 지배하게 된 것이다. 과거의 전통적인 사회가 규범사회였다면 포스트모더니즘 아래서는 규범이 해체되어 모든 것이 상대화되면서 극단적 개성주의에 빠지게 된 것이다. 그러므로 절대적인 기준이 없어져 버린 자리에 인간은 제각기 자기 판단에 따라 자기 행동을 하게 되며 타인은 그에 대해  간섭할 필요없이 자기에게 맞는 새로운 의미를 창출하면 된다. 이는 결국 정신적으로는 보편적 가치를 해체하게 되며, 현실의 삶 가운데는 가족의 해체를 가져오고, 인간 자체의 해체를 가져오게 되는 것이다. 우리에게 중요한 것은 우리가 지금 어떤 위기의 시대에 살고 있는가 하는 점을 올바르게 아는 것이다.

나아가 현대 사회를 휩쓸고 있는 잘못된 다원주의(多元主義)나 해체주의(解體主義) 같은 사상들은 인간의 전통적인 가치 체계를 말살시켜 버리고 있다. 그것은 극단적 개성주의를 동반하게 되어 이웃을 배려하지 않는 이기주의에 물들게 한다. 그러니 누구나 제 잘난 멋에 살면 되는 것이고, 남의 눈치 볼 것 없이 제 맘대로 살다가 죽으면 그만이라는 어처구니 없는 사고에 빠져들게 되는 것이다.

이러한 형편들을 염려하는 이들은 나름대로 다양한 노력들을 기울인다. 정치가들은 각종 기구들을 만듦으로써 온 세계를 묶는 정치적인 방법을 모색하고, 경제인들은 그들 나름대로 경제적인 방안들을 내세운다. 그리고 스포츠인들은 올림픽 경기니 아세안 게임이니 하는 식의 스포츠 대회를 통해 세계인의 화해를 꾀하고자 한다. 그리고 종교인들은 종교다원주의나 에큐메니컬(ecumenical) 운동을 통해 다양한 종교들 사이의 종교적 대화를 모색함으로써 세계평화에 기여하고자 한다.

사신신학(死神神學)과 신(新)인본주의

1960년대 이후 미국에서는 사신신학이 크게 영향을 미치게 된다. 이는 니체, 프로이드, 칼 마르크스 등의 사상과 일치하는 것이다. 사신신학이란 우주에 존재하는 신을 죽이겠다는 것이 아니라 인간의 두뇌 속에 존재하면서 인간을 억압하는 신을 제거하겠다는 사상이다. 즉 사신신학은 사실상 무신론주의로서 하나님의 존재를 부인한다. 그들은, 존재하지도 않는 신으로부터 스스로 억압을 받고 있는 인간들의 두뇌에서 신을 제거해야 한다는 논리를 내세우고 있는 것이다. 그렇게 함으로써 인간들에게 참된 자유를 제공할 수 있으며 신의 간섭에서 벗어나 자유롭게 인생을 누릴 수 있다고 주장했던 것이다. 이러한 사상은 신인본주의로서 양심의 억압으로부터 인간들을 해방시켰다. 특히 그러한 사상은 성 윤리에 크게 영향을 끼치는데 성적 부도덕에 대해 양심의 가책을 느끼지 않고 그 부도덕을 즐기도록 하는 바탕을 제공하게 된 것이다.

그러한 노력들에도 불구하고 신문이나 TV, 라디오 등 언론들을 통해 우리에게 들려오는 소식들은 어두운 내용들로 가득할 따름이다. 우선은 나

자신에게 직접적 영향을 끼치지 않는다는 안도감이 일시적인 마약과도 같은 역할을 하지만 말이다.

6. 인간의 희망은?

　지금 세계인의 담론의 중심에는 '평화' 라는 단어가 자리잡고 있다. 21 세기에 접어들자 말자 인간들에게 전해진 소식은 최첨단 장비들을 동원한 갈등과 전쟁 소문이었다. 미국에서 발생한 9.11테러 사건, 아프가니스탄 전쟁, 이라크 전쟁 등이 곧 그것들이다. 그러한 갈등과 전쟁은 정치, 경제, 종교와 맞물려 있는 세계적 전쟁인 것이다. 뿐만 아니라 현대인들은 불확실성의 갈등 속에 살아가고 있다. 현대인들 거의 모든 삶의 영역에 자신감 상실의 문제, 가정문제, 이웃문제, 직장문제, 사회문제, 국가문제 등의 갈등이 유·무형적으로 도사리고 있는 것이다.

인권과 인권주의의 폐혜

　현대인의 삶의 기초는 무엇인가? 우리가 알고 있는 바 인권은 소중하지만 인권주의는 경계해야 한다. 잘못 인식된 현대적 인권주의는 인간의 삶의 질서를 완전히 붕괴시키고 있다. 전통 사회에서 인간은 상호 규범과 질서 속에 살았다. 즉 자신의 권리를 추구할 목적으로 살았던 것이 아니라 이웃과 더불어 공공의 권리 속에서 살았던 것이다. 그러나 근대 이후 인권이 강조되면서부터 현대에 들어와서는 개별 인권에 집

착하고 있는데 그 이면에는 인권주의의 위험이 도사리고 있다. 인권주의란 모든 사람이 자신의 삶을 자기의 뜻에 따라 즐거움의 욕망을 추구할 권리가 있다고 부추기는 사상이다. 그러므로 그런 자들은 동성애를 즐기든지 성전환 수술을 하든지 본인이 그렇게 해서 자기 인생을 누릴 수 있다면 그것이 각자에게 주어진 인권이라고 주장하는 것이다.

지금껏 살았던 세계적인 예언가들은 하나같이 마지막 시대의 지구 비관론을 예언했다고 한다. 그러나 그 예언들 자체가 효력이 있는 것이 아님은 물론이다. 어쩌면 그러한 예언들이 또 하나의 사고의 공해(公害)가 될 소지가 크다. 그런 예언가들이 어떻게 예언했든지 지구의 앞날은 어둡다. 어느 누가 어떤 이야기를 통해 희망적인 메시지를 던진다 할지라도 그것 또한 그 자체로서는 효력이 없는 것이다.

과학의 위협, 전쟁의 위험, 경제의 위기, 문화의 혼돈, 사상의 해체 등의 담론들 속에 살아가는 인간의 희망은 과연 어디 있는가? 동성 부부, 성전환 수술, 가정의 파괴, 인간성 상실 등 퇴폐적 문제들이 난무하는 세상에서 과연 희망이라는 단어가 현실적으로 적용 가능한 언어인가? 물론 인간에게 희망은 있다. 그 희망은 인간의 노력으로 쟁취되는 것이 아니라 하나님의 뜻에 따른 원래의 상태로 돌아가는 것이다. 그러나 죄악에 익숙한 이기적인 인간들에게서 그에 대한 실천적 삶을 기대할 수 없다는 점이 그 희망을 도리어 절망으로 젖어들게 한다.

세상의 끝은?

지구는 멸망할 것인가? 서서히 멸망해 갈 것인가? 아니면 일시에 멸망할 것인가? 인간의 과학 문명이 지구의 멸망을 가져올 것인가? 인간의 윤리 파괴가 지구의 멸망으로 이어질까? 성경은 지구의 멸망이

예수 그리스도의 재림으로 말미암는다고 가르치고 있다. 그럼에도
불구하고 말세가 되면 사람들은 인간 세계의 하나됨을 추구하게 위해
많은 노력들을 기울일 것이다. 세계의 지도자들은 정치적으로 연합
운동을 추구할 것이며 문화를 통해 통합을 이끌어내려고 할 것이다.
뿐만 아니라 과학과 스포츠를 통해 인류의 미래를 설계하려고 할 것
이다. 그러나 그런 움직임들은 결코 세계를 구출하지 못한다. 인간 세
계는 때가 되면 예수 그리스도의 재림으로 인해 인간의 모든 역사가
끝날 따름이다.

그럼에도 불구하고 인간이 희망적이기 위해서는 하나님의 창조 역사의
기초 위에서 인간이 인간다워져야 한다. 그래서 인간이 창조주 하나님 앞
에서 인간의 위치를 고수해야만 한다. 맨 처음 하나님이 인간을 창조했을
때, 그가 인간에게 원했던 그 인간성을 회복해야만 하는 것이다. 인간의
희망은 정치나 경제 혹은 과학의 발달이나 스포츠, 그리고 나아가서는 다
양한 종교들 자체에 달려 있지 않다. 그런 것들은 일시적인 기능을 하게
될지는 모르지만 근본적인 치유가 될 수 없다. 그러므로 평화를 위한 인간
의 노력이 미래의 세계를 밝게 하지 못한다는 사실을 우리는 염두에 두어
야 한다. 인간의 유일한 희망은 오직 인간을 창조한 하나님의 의도를 올바
로 헤아리는데 있음을 인식해야 할 것이다.

7. 역사의 중심 줄기로서 세계 속의 교회

모든 인간은 역사 가운데서 살다가 죽는다. 그렇다면 인간의 역사 가운데 존재하는 중심 줄기는 무엇인가? 인간에게 있어서 역사의 의미는 태초부터 있어온 필연적인 것이다. 인간 역사가 진행되어 오면서 그 가장 중심부에 무엇이 존재해 있었던가 하는 문제에 관심을 가지는 것은 매우 중요하다.

학자들은 인간의 역사의 중심부에 그 역사적 물줄기를 이어가는 어떤 힘이 존재한다고 생각한다. 그것은 정치나 경제가 될 수도 있으며 문화나 법, 혹은 철학이 될 수도 있다고 생각하는 것이다. 어떤 사람들은 소유하고자 하는 인간의 욕망이 투쟁과 전쟁을 일으키게 되며 그것이 곧 인간 역사의 중심이라고 주장하기도 한다.

그러나 기독교적 관점에서 볼 때 우리는 그런 견해에 동의할 수 없다. 인간 역사의 중심에는 항상 하나님의 구속사가 존재해 왔기 때문이다. 설령 사람들이 그것을 인식하지 못하고 있었다 할지라도 역사의 중심에는 항상 하나님께서 이끄시는 구속사가 그 중심부에 있었다. 그것을 인식할 때 인간역사의 진정한 의미를 이해할 수 있다. 그러므로 우리 시대에 있어서 역사의 중심에도 여전히 교회가 존재하고 있다. 이는 단순히 종교로서의 기독교 이상의 의미를 내포한다.

역사의 중심은 교회

역사의 중심은 무엇인가? 어떤 사람들은 정치가 역사의 중심이라 이야기하고 또 어떤 사람들은 보이지 않는 민중이라 하기도 한다. 또 어떤 사람들은 문화가 역사의 중심이라 말하고, 기술의 발전이나 인간의 욕망이 역사의 중심이라 주장하는 자들도 있다. 그리고 또 다른 어떤 사람들은 경제나 전쟁이 인간 역사의 중심이라고 한다. 과연 그럴까? 기독교 복음을 믿는 우리가 분명히 말할 수 있는 바는 인간 역사의 중심이 그런 것이 아니라 하나님의 언약과 교회라는 점이다. 인간 역사의 중심은 하나님의 직접적인 통치 영역이며 그것은 곧 역사 속에 상속되는 교회이다.

하나님은 맨 처음 인간 아담이 범죄한 후, 그리스도를 보내 망가진 세계를 회복할 것을 언약하셨다. 그 언약을 이루어 가는 하나님의 섭리가 인간의 역사 가운데 나타나며 그것이 곧 역사의 중심부에 위치한 구속사이다. [아담 – (아벨) – 셋 --- 에녹 --- 노아 – 셈 --- 아브라함 – 이삭 – 야곱 --- 다윗 – 솔로몬 – 르호보암 ------ 〈예수 그리스도〉 – 사도들– 교회(하나님의 백성)]로 이어지는 구속사가 인간 역사의 핵심을 이루고 있는 것이다. 그러므로 구속사적 의미 이외의 모든 것들은 구속사의 주변사 역할을 담당하고 있다. 즉, 정치사, 경제사, 철학사, 법제사, 전쟁사 등 역사의 모든 내용들은 구속사의 주변에 존재하면서 하나님의 경륜을 이루어 가는데 있어서 부차적 기능을 하고 있는 것이다.

이러한 역사적 원리를 바탕으로 하여 역사의 중심 줄기에 놓여 있는 교회를 이해하는 것은 매우 중요하다. 우리가 과거 역사를 공부하는 것도 결국 역사를 이끌어 가시는 하나님의 경륜과 그 가운데 살아가는 인간들의 모습을 살펴보기 위한 것이다. 그것을 통해 우리의 모습을 올바르게 보아 참 인간다운 인간 존재를 이해하게 된다. 21세기의 세상이 아무리 복잡한 상황 가운데 놓인다 할지라도 역사의 맨 중심 줄기에 놓여있는 하나님의 교회를 잘 이해하게 된다면 세속에 흔들리지 않는 삶을 살 수 있게 될 것이다.

부록

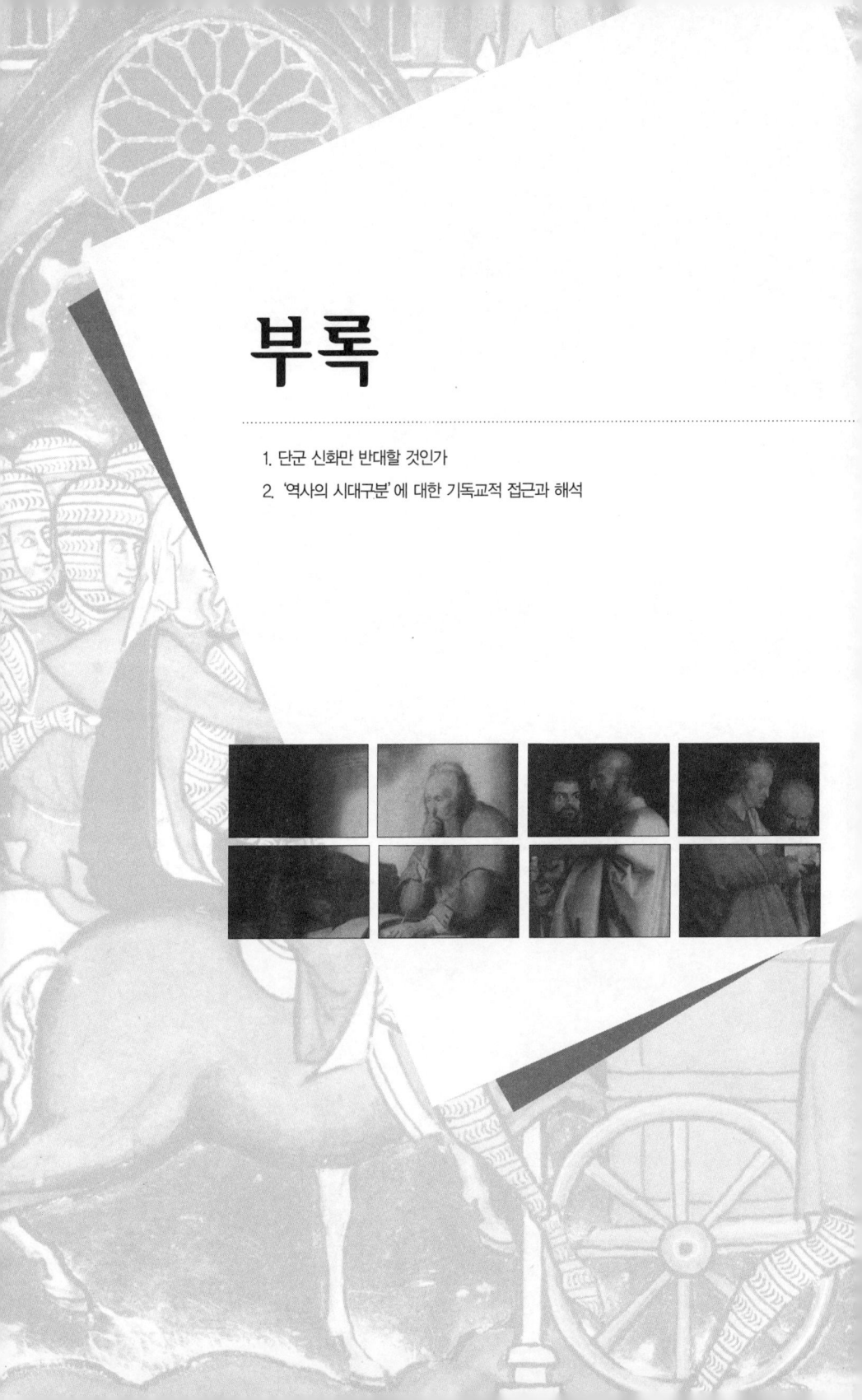

[부록 1]

단군 신화만 반대할 것인가

진화론도 반대한다

I

최근 일부 민족주의(民族主義) 사학자들을 비롯한 정부 일각에서는 '민족의 주체성'을 내세워 단군 신화를 사실화하려 하고 있다. 사고의 자유가 있는 사회에서 사실이 아닌 것을 사실화하여 주장하는 것은 그들의 인격이나 양식 문제지만, 그것을 그럴듯하게 꾸며 굳이 교과서에 실어서 어린 학생들에게 사실인 양 가르치겠다고 하니 문제가 되는 것이다. 하나님을 믿는 유년 주일 학교 어린이나 중·고등 주일학교 학생들에게 기왕 있는 것 이외에 또 다른 그런 엉터리 왜곡 주장 아래서 교육을 받게 해야만 하는 때가 온다면 그것은 큰 불행임에 틀림없다.

그러므로 그런 불행을 사전에 방지하기 위해 기독교계에서는 거센 반대의 물결을 일으키고 있다. 그에 대해 각종 기독교 대책 협의회를 구성하는가 하면 기독교 계통의 월간지나 주간 신문 등에서는 그런 주장을 비웃기나 하는 듯이 지면을 할애해 그 조작을 공략하고 있다. 또한 지역 단위로 기독교인들이 모여 금식 기도를 하거나 성도 대회를 벌이는 모습도 종종 본다. 불과 얼마 전에는 그에 대한 반대 의사를 표명하기 위해 수천 명의 교인들이 거리로 뛰쳐나가기도 했었다.(87.6.28 부산 삼일교회).

그 반대하는 방법이 성경적으로 어떠해야 할지에 대해서는 우선 접어두고라도 우리가 깊은 관심을 가지고 마음 아파해야 할 것은 확실하다. 차제에 필자는 우리가 반대해야 할 것을 단군 신화 사실화 하나에 국한시킬 것이 아니라, 현재 이미 교과서에 수록해 가르치고 있는 진화론에 대해서도 우리의 입장을 밝힐 것을 제안하고자 한다.

II

우리나라에는 기독교 계통의 학교들이 수없이 많이 있으며, 일반 학교에도 기독교 학생들이 수없이 많이 있다. 그런데 그 어린 학생들은 일면 대단히 불행하다. 왜냐하면 그들은 사실이 아닌 것을 마치 사실인 양 엉터리로 배우고 주입받아야 하는 현실 아래 놓여 있기 때문이다.

일반 학교는 차치하고서라도 기독교 학교에서는 마땅히 모든 교과목을 성경적 입장에서 학생을 지도하고 가르쳐야 한다. 이는 기독교 학교에 있어서는 '기독교'가 '학교'보다 본질적이어야 하고 우선적이어야 하며 그러할 때에만 기독교 학교의 존립 의의가 있기 때문이다. 그러므로 거의 대부분의 기독교 학교에서는 교사 채용에 있어서 교사 자격 이외에 기독교인(세례 교인)일 것을 우선 조건으로 한다. 그럼에도 불구하고 교과목에 따라서는 기독교인 교사들이 비신앙적인 내용을 가르쳐야 하는 모순이 대두된다. 그것은 곧 잘못된 학설이 마치 참인 양 교과서에 실려 있으므로 발생하는 문제이다.

학교 교과서에 실린 잘못된 이론 중에 가장 문제가 되는 것은 진화론이다.

"오늘날 지구 위에 사는 인간의 직접 조상은 아니나 최초의 인간라고 할 오스트랄로피테쿠스는 지금부터 약 200만 년 전인 홍적세 초 남아프리카에서 출현하였다. 이들은(이 동물들은)다른 동물들과는 근본적으로 다르게 직립 보행을 하였으며, 그로 인해 발과 구별되는 손을 지니게 되었다. 그들은 비록 조잡하기는 하였으나 연장으로 석기를 사용할 줄도 알았다."

이 인용문은 현재 고등학교 세계사 교과서(동아출판사, 제1장 제1절)의 맨 처음 단락을 그대로 옮긴 것이다. 우리는 지금껏 이런 엉터리 이론 아래서 학교 교육을 받아 왔으며, 지금도 우리의 어린 자녀들을 그들에게 맡기고 있다. 어디 그것뿐인가? 고등학교 지구 과학 교과서를 통해서도 이와 동일한 이론을 주입식으로 가르치고 있다. 뿐만 아니라 그 잘못된(조작된) 이론을 받아들이도록 학생들에게 강요라도 하는 듯 '연습문제'를 두어 그것을 확인시키고 있다(고등학교 지구 과학 I, 금성출판사. p155이하 참조).

고등 학교 생물 교과서를 보면 더욱 가관이다. 그 교과서에 따르면, 지구상에서의 생명의 기원은 원시 대기(무기물) → 간단한 유기물 → 고분자 화합물(단백질, 핵산 등) → 코아세르베이트의 형성 → 물질 대사계 및 자기복제계 확립 → 원시 생물(종속 영양 생물)로 생명체가 탄생된 것으로 보며, 여기에서 다시 원시 생물 → 광합성 세균 → 광합성 식물(종속 영양 생물) → 세포 구조의 복잡화 → 다세포 생물의 출현으로 진화되어 온 것으로 간주하여, 오늘날의 우리 인간도 역시 그러한 과정을 통해 생겨났다는 것이다.

그러면서도 '인간은 만물의 영장'이니 '인간의 존엄성' 어쩌고 저쩌고 하니 한마디로 웃기는 이야기이다. 인간이 단지 시간적으로 급하게 그리고 복잡하게 진화된 단백질 덩어리에 불과한 것이라면 개, 돼지, 원숭이보다 무엇이 낫단 말인가. 만일 그 교과서의 가르침대로라면 앞으로 계속 진화되어 갈 인간을 상상해 보라. 그들은 어떤 괴물일까? 팔다리가 수십 개씩 달리고 눈귀가 수십 개씩 달린 초고등 곤충과 같이 진화된 괴물일까?

아마도 우리의 상상을 훨씬 초월하는 형태의 괴물이 인간의 후세가 될 것이다. 그야말로 생각만 해도 끔찍하다.

이러한 주장이야말로 인간의 존엄성을 해치며 인간의 근본적 가치관을 흐트러 놓는다. 따라서, 자라나는 감수성 예민한 학생들의 정신 건강에 대해서도 독소밖에 되지 않는다. 필자가 이렇게 격한 표현들을 하는 데에는 나름대로의 충분한 이유가 있다. 그것은 곧, 인간이 그런 식으로 진화된 결과적 결정체 중 하나인 것으로 우리의 자녀들 그리고 우리 교회의 어린 학생들에게 강제로 주입하고 있기 때문이다. 이 안타까운 현실을 어떻게 할 것인가? 지금껏 수십 년-혹은 그 보다 더 오랫동안-그냥 있어 왔으니까 앞으로도 가만있으면 그만일까?

사실, 진화론이 우리의 어린 학생들, 나아가서는 우리 모두에게 미치는 독소적 영향은 단군 신화 사실화보다 훨씬 더 심각하다. 오늘날의 상당수 기독교인이나 심지어는 기독교 지도자를 자처하는 인물들 중에도, 창조론은 하나님의 교훈을 목적으로 하여 기록된 신화로 이해하고, 진화론은 과학적으로 증명할 수 있는 사실로 인식하고 있는 자들이 있는데, 거기에 더욱 심각한 문제가 있는 것이다.

대개의 현대 과학자들은-불신 과학자들마저도-진화론의 불가능성을 지적하면서 '열역학 제2 법칙'을 들어 그것을 증명하고 있다. (열역학 제2 법칙은 모든 것은 복잡한 것에서 단순한 것으로, 조직적인 것으로부터 비조직적인 것으로 항상 변한다고 말한다. 그러나 진화론은 단순한 것에서 복잡한 조직으로 끊임없이 변한다는 있을 수 없는 가설을 주장하고 있다.)

우리의 학교 교과서들에는 하나같이 200만 년 전에 살았다고 하는 오스트랄로피테쿠스(Austraopithecus)나 175만 년 전에 살았다고 하는 진잔트로푸스(Zinjanthropus), 그리고 50만 년 전에 살았다고 하는 자바 원인, 북경 원인 등이 현대 인간의 조상인 듯이 설명한다. 진화론자들은 그것이 마치 최신 기자재들에 의해 밝혀진 대단히 과학적인 결론인 듯이 주장하나 그것들은 모두 동물의 두개골의 일부나 이빨 몇 개 정도를 가지고 인간의 조상으로 주장했던 학설에 불과하다. 물론 그런 학설들이 발표될 때마다 귀를 솔깃해 하는 자들이 많이 있기도 했지만, 그것이 주장된 지 얼마 지나지 않아 그 두개골이나 이빨의 주인이 원숭이를 비롯한 다른 동물이라는 증명들이 곧이어 발표되었다.

그 한 예로서 고등학교 생물 교과서에서는, 50만 년 전에 살았던 것으로 추측하고 있는 자바 원인이 현재의 인류와 같은 속(Homo)에 속한다고 소개하고 있으나, 1889년 소위 자바 원인의 두개골을 발견했다고 발표한 듀보아 자신은 자기의 발표 내용이 조작된 것이었음을 30년간 숨겨 오다가 죽기 직전 마음을 돌이켜, 자신이 발견했던 자바 원인이 단지 커다란 긴팔 원숭이에 불과했다고 선포한 것이다. 다른 진화론적 인간 출현의 주장들 역시 거의 이와 흡사하다.

맨 처음 그런 학설을 펴고 주장했던 본인이자 진화론의 대가(大家)마저 결국에 가서는 그것이 조작된 거짓말이었음을 선포하고 죽는 터에, 지금 우리가 그 거짓을 오히려 사실인 양 가르치며 배우고 있는 것은 그야말로 수치이다. 또한 그것은 단순한 수치에 지나는 것이 아니라 그 거짓을 가르치는 자들은 그로 말미암아 엄청난 죄를 짓고 있는 것이다. 우리는 이를 방관하고만 있어야 할까?

Ⅲ

학교에서는 그 권위를 보장하는 선생님들이 인간의 출현은 200만 년이 넘는 과거의 사실이라고 가르치며, 거기다가 증거도 아닌 것을 과학적 증거라고 하여 학생들에게 주입시켜 교육하고 있다. 반면 기독교인 학생들은 교회에서 비공인된(?) 선생님으로부터 아담(Adam)이 하나님으로부터 창조된 시기는 고작 만 년 안팎이라고 배운다. 그리고 교회에서 뒷받침하는 그 증거라는 것은 고작 비과학적인(?) 성경책 한 권뿐이다. 이럴 때 학생들은 얼마나 혼란스러울까?

통계에 의하면, 우리나라 인구의 거의 천만이 기독교인이라 하고 국회의원의 3분의 1이 기독교인이라 한다. 뿐만 아니라 정부의 고위 각료들이나 고급 공무원, 학자 등 기독교인들은 요소요소에 들어가 있다. 그들이 모두 하나님을 진정으로 믿는 지각 있고 소신 있는 성도들이라면 어떻게 그런 엉터리 주장을 무관심하게 묵과할 수 있을까?

지금까지의 큰 독소는 계속 있어 왔으므로 간과할 수 있고 새로 생겨나는 독소에만 바짝 신경을 쓰는 것은 짧은 생각이다. 단군 신화 사실화 반대를 위한 서명 운동을 벌이고 있다면, 진화론이 사실인 양 하여 교과서에 버젓이 수록되어 있는 데 대한 반대 서명 운동은 때늦은 감이 있으나 더욱 절박한 것이다.

필자는 그 분야만을 위한 전문 교육자도 과학자도 아닌 비재지만 그 정도의 상식은 알고 있다. 따라서 교육에 직접 책임이 있는 이들은 지금 당장이라도 교과서를 고쳐야 할 것이다. 하나의 학설을 편중되게 취하여 정설인 양 혹은 사실인 양 가르치는 것은 교육자로서의 자세가 아니며 배우는 학생들에 대한 횡포이다. 객관성 있는 최소한의 균형이라도 갖추려고 생각한다면 창조론과 진화론을 동일한 분량과 비중으로 학교에서 가르쳐야 할 것이다. 물론 그것은 주입식이 아닌 학설로서 소개하는 데 그쳐야 한다.

성경은 하나님께서 천지 만물과 인간을 6일 만에 창조하셨음을 분명히 밝히고 있다. 그럼에도 불구하고 거짓들이 오히려 큰 세력을 떨치고 있는 것은 사탄의 위력 때문이다. 베드로의 교훈이 생각난다.

"근신하라, 깨어라, 너희 대적 마귀가 우는 사자같이 두루 다니며 삼킬 자를 찾나니 너희는 믿음을 굳게 하여 저를 대적하라"(벧전5:8).

앞으로 하나님을 믿고 경외하는 성도들이 학교 교과서들을 올바르게 집필하여 학생들을 가르칠 날이 속히 오길 기대한다.

＊〈한 마디 더〉

필자의 생각이 편파적인 종교적 사고에서 발생한 것이라고 주장할 자들이 혹 있다면, 필자가 교과서를 모두 기독교식으로 고쳐야 한다고 말하는 것이 아님을 밝힐 수 있다. 단지 기독교인들은 교과서의 공정한 이론 수록을 위해 당국에 건의할 수 있을 것이며, 단군 신화 사실화 반대 서명 운동과 같은 방법으로라면 이의 시정을 위해 천만 기독교인 서명 운동도 가능할 것이다(혹 그렇게 한다면 양심 있는 불신 학자를 비롯한 상당수의 일반인들도 신앙에 구애됨이 없이 이에 동의할 것이다).

우리에게는 학교에서 특정 이론만을 주입식으로 배워야 하는 현실을 거부할 권리가 있다.

이 글은 1987년 10월호 「월간고신」에 게재되었던 저자의 글입니다.

'역사의 시대구분' [1]에 대한 기독교적 접근과 해석

On the Christian approach and interpretation for 'periodization of History'

종교사적 입장을 중심으로

1. 서론

인간의 역사를 '시대구분' 하는 데는 다양한 기준과 방법이 있으며, 이미 수천 년 전부터 그에 대한 시도들이 있어 왔다.[2] 현재 우리에게 가장 일반적으로 알려진 시대 구분법은 〈고대〉 – 〈중세〉 – 〈근대〉 – 〈현대〉의 시대 구분법[3]과 〈구석기시대〉 – 〈신석기시대〉 – 〈청동기시대〉 – 〈철기시대〉의 시대구분법[4], 그리고 〈원시공동체시대〉 – 〈고대노예제시대〉 – 〈중세봉건시대〉 – 〈자본주의시대〉 – 〈사회주의 시대〉로 구분하는 방법[5] 등이다.

첫 번째 시대 구분법은 르네상스 시대의 인문주의자들이 처음 시도한 것으로서 보완된 채 현재에 이르고 있다. 그러나 두 번째와 세 번째의 시대 구분법은 비교적 근래에 시도된 방법에 속한다. 첫 번째 방법을 시간배열과 문화에 따른 시대 구분으로 생각해 볼 수 있다면 두 번째 방법은 인간의 도구 사용을 기준으로 구분한 것이다. 그리고 세 번째 방법은 일종의 경제 질서에 따른 구분이라 할 수 있다.

이 중 첫 번째 시대구분 이론의 용어와, 두 번째의 시대 구분 이론 자체는 현재 학계에서 거의 비판 없이 수용되고 있다. 그러나 세 번째의 이론은 공산주의의 몰락으로 인해 그 전체 이론의 타당성이 완전히 붕괴되었지만 그 중 앞의 네 단계는 대체적으로 여전히 수용되고 있는 형편이다. 두 번째, 세 번째 이론들은 '진화론'을 바탕으로 한 가설이다. 우리가 괄목할 만한 사실은 19세기 중엽에 이르기 전까지는 아직 진화론적 입장을 취한 시대구분 이론이 생성되지 않았다는 사실이다.

그러나 우리는 기독교적 입장에서 진화론적 배경을 가진 시대 구분에 대한 이론을 전면 부정할 뿐 아니라 그 대안적 이론을 명백히 제시하지 않으면 안 된다. 이에 필자는 기독교적 입장에서 전체 인간사에 대한 시대 구분의 한 기초 이론을 제시해 보는 것이다.

필자는 이글에서 역사의 시대 구분을, 〈원(原)인간 시대〉 – 〈기독 종교[6] 시대〉 – 〈순수 종교[7] 시대〉 – 〈이념 종교[8] 시대〉 – 〈예술종교시대〉 – 〈과학 종교 시대〉 – 〈다원 종교 시대〉로 크게 나누어 서술한다.

사실 지금까지 역사학자들은 인간의 역사를, 종교를 중심으로하여 전체적으로 시대 구분하는 작업을 거의 시도하지 않았다. 나아가서 종교학자들은 종교사를 전체적으로 시대 구분하는 것 조차 포기해 왔으며, 혹 그에 대한 부분적인 시도를 했다 할지라도 오히려 의미를 왜곡시키거나 만족할 만한 이론을 제시하지 못했다. 다양하게 존재하는 종교들의 발생과 쇠퇴를 거시적 입장에서 검토하여 그것을 전체적으로 시대 구분하는 작업은 가능하지 않은 것으로 인식해 왔던 것이다.

오히려 종교와 역사를 논할 때, 각 종교를 개별적으로 시대 구분해 온 것은 거의 모든 종교들에서 그렇게 해 오고 있다.[9] 기독교는 기독교대로, 불교는 불교대로, 이슬람교는 이슬람교대로 각기 나름대로 시대적 구분에 따라 종교사를 서술하고 있는 것이다.

진리인 참기독교 이외의 모든 종교들은 생성–발전–변형–계승 및 소멸을 되풀이 하고 있다.[10] 이는 종교 진화론적 해석에서 말하는 바와 어느 정

도 통하는 면이 있다. 종교 진화론적 해석에 의하면, 인간의 문화와 역사
는 언제나 변증법적인 발전의 과정을 밟고 있으며 그 내용을 살펴보면 오
늘의 약점이 내일에는 도태되고 오늘의 장점은 내일로 계승되는 형식을
취한다. 그러므로 고대의 종교들 보다는 그리스의 종교가 훌륭하며 그리
스의 종교보다는 로마의 종교가 훌륭하다. 로마의 종교보다는 중세의 종
교가, 중세의 종교보다는 근세의 종교가 더욱 훌륭하다는 것이다. 종교에
대한 이러한 해석은, 나중의 것이 이전의 것보다 항상 우수한 것은 아님을
가치 기준으로 두어야 할 일반 종교사에서 말하는 보편적 실제 마저 무시
한 것이다. 일반적인 의미에서 생각해 오늘날 존재하는 여러 다양한 종교
들 가운데 어떤 종교가 더욱 빈번하고 효과적인 문화적 접촉을 해 왔느냐
에 따라 종교의 고등화 내지는 우월성을 판가름할 수 있다고 주장하는 학
자들이 다수를 차지한다.[11] 이러한 주장 역시 문화 우월주의적 속성과 문
화 외적인 면만을 보아서 효과를 논할 수 없다는 측면에서 여전히 많은 문
제를 내포하고 있다.

그러나 우리는 종교 진화론적 주장을 바탕으로 한 이론을 일부 수용할
수 있을지라도 전적으로 수용하지는 않는다. 기독교는 종교 진화론과는
전혀 상관이 없다.[12] 물론 이 글에서는 기독교 혹은 교회 관련 역사를 말하
려는 것이 아니라 인류와 관련된 전체 역사를 시대 구분하고자 하여 세상
의 다양한 종교들에 관해 통합적인 서술을 하고 있다.

2. 문화 변혁기에 대한 이해[13]

우선 본론에 들어가기 전, 인간의 역사를 논하면서 그 가운데 일어났던
세 개의 굵직한 '전환'에 대해 이해를 하지 않는다면 그 문제를 논할 수 없
다. 태초에 하나님에 의해 인간이 창조된 이래 인간 사회는 몇 차례 커다

란 '굴절'을 겪는다. 이 굴절들은 모두 창조주에 대한 인간의 범죄 내지는 오만함이 원인[14]이 되어 하나님께서 직접 심판함으로써 이루어지는 역사적 실재이다.

필자가 이 글에서 논하게 될 본론에 앞서 '문화 변혁기에 대한 이해'에 대해 굳이 미리 언급하려는 것은 '종교'의 뿌리는 결국 인간의 원죄(原罪)이며, 죄를 뿌리로 한 종교가 인간 역사의 핵심부위에서 오늘날에 이르기까지 다양화된 것은 결국 오만한 인간의 죄의 확장적 발전과 그에 대한 하나님의 심판에 기인함을 설명해야 할 필요성이 있기 때문이다. 그리고 그것이 전체 인간 혹은 인간사에 결정적인 영향력을 행사할 수밖에 없었기 때문이다.

(1) 원(原)인간 시대[15]와 인간의 타락

인간이 범죄하기 이전의 상태를 원(原)인간 시대라 칭한다. 이 시기는 인간의 에덴동산 거주 시대이다. 아직 죄가 이 땅에 있지 않았으므로 그리스도가 필요하지 않았으며 '종교'라는 개념도 있지 아니했다.[16] 일반 종교들은 물론 '기독교'라는 종교 역시 없었음은 자명하다. 이 시기는 아담과 하와가 에덴 동산에서 살던 시대를 말한다.

그러나 인간의 처음 범죄는 인간 세계에 있어서 본질적 대변혁을 초래하게 되며 이때부터 멸망에 빠진 인간들에게 우리가 이해하는 바 종교 시대가 시작된다.[17] 그러므로 인간이 범한 '원죄'는 곧 종교의 근원[18]이 된다. 그 죄로 인해 인간은 불안한 존재가 되며 타력의 그리스도를 필요로 하게 된 것이다.

(2) 새로운 시대와 제1 문화 변혁기[19]

아담과 하와의 타락으로 인해 에덴동산에서 쫓겨난 인간은 한동안 독특한 역사를 이어가게 된다. 범죄한 인간들의 후손들은 비로소 농경문화와 목축문화를 시작하며 성을 쌓기도 한다. 사람들은 현악기와 관악기를 통한 예술문화를 즐기게 되며 동·철(銅鐵)로서 다양한 기계들을 만들어 '도구 시대'를 연다. 뿐만 아니라 시작(詩作)을 하며 문학 문화시대의 문을 열게 된다.[20] 그러나 그 역사는 무한히 지속되지 못한다. 인간은 또다시 하나님을 떠나 인간의 문명에 탐닉하여 범죄하게 되며 그 결과 하나님은 노아 시대 홍수를 통해 심판하게 된다. 그러므로 인간은 하나님의 심판으로 인한 대변혁을 통해 새로운 시대로 돌입하게 된다. 이를 곧 제1 문화변혁기라 하며, 제1 문화 변혁기란 곧 노아홍수를 일컫는다. 노아홍수 사건은 인간의 문명·문화에 엄청난 변화를 제공한다. 인간문명사·문화사적 측면에서 본다면 이 홍수 사건은 홍수 전과 후를 완전히 갈라 놓는 역할을 함으로써 기존의 문명 및 문화 계승을 완전히 차단시키는 기능을 한다.

노아홍수 이전 시대와 완전한 단절 이후의 인류는 소위 1차 산업으로의 회귀를 초래하게 되며, 이른바 '흙의 문화'[21]를 시작하게 된다.

(3) 제2 문화 변혁기[22]

제2 문화 변혁기란 바벨탑 사건을 일컫는다. 노아 시대 하나님의 심판을 받은 인간들은 '흙의 문화'를 바탕으로 하여 또다시 하나님을 떠난다. 그들은 거대한 바벨탑을 쌓아 인간의 힘을 결집함으로써 그 삶의 의미를 획득하려 시도하게 되는 것이다. 결국 하나님은 또다시 인간들을 심판하시게 되는데 이번에는 '물'이 아니라 '언어'를 통한 심판이었다. 바벨탑 사건으로 말미암아 인간의 언어는 복잡하게 되는데 이는 제1 문화 변혁기에 못지 않은 엄청난 변화를 제공한다. 일반 문명사에서 볼 때 제1 문화 변혁기의 영향력이 훨씬 컸다고 할 수 있지만 종교적, 심리적, 사회적 변화에 있어서는 제2 문화 변혁기의 변화가 오히려 크다고 말할 수 있다.

언어의 혼잡으로 인해 커뮤니케이션에 근본적 문제가 발생하자 인류는 향방없이 제각기 전세계로 흩어지게 되었으며 결국 이주를 꾀해야만 하는 사람들은 다양성과 더불어 소위 '원시성'을 경험하게 된다. 일반 학자들은 이 시대를 구석기 시대, 신석기 시대 운운하지만 그것은 역사에 대한 몰이해의 결과일 따름이다. 인간의 역사에는 '원시시대'란 존재하지 않는다. 이것은 멀리는 19세기 중반, 가까이는 금세기에 들어와서 정립된 허황한 가설에 지나지 않는다.

3. 시대 구분의 내용

앞에서 이미 설명한 '문화 변혁기에 대한 이해'를 바탕으로 하여, 여기에서는 다시금 전체 인간사에 대한 시대 구분을 구체적으로 시도하고자 한다.

(1) 원(原)인간 시대

이 시기는 인간이 에덴 동산에 살던 시기로 피조물인 인간은 창조주 하나님과 더불어 삶을 누리는 기쁨과 즐거움만이 충만한 존재였다. 고된 노동을 하지 않아도 먹을 것이 풍족했으며 공포나 두려운 개념이 없이 부부가 즐겁게 살아가는 시기였다.

그 시기는 범죄한 시대에 살고 있는 우리의 경험과는 모든 것이 다른 시대였다. 인간의 삶의 경험이 축적된 오염된 형태가 뒤섞인 문화가 아니라 하나님께서 부여하신 선물로서의 온전한 삶이 있었을 따름이다. 남녀가 벌거벗고 온몸을 드러낸 채 살았지만 전혀 어색하지 않고 자연스러웠다. 그들에게는 우리가 가지고 있을 죄스러운 상상같은 것은 아예 가능하지도 않았던 것이다.

또한 일반적인 개념에서의 문명이라는 것이 필요하지 않았으며 존재하지 않았다. 인간은 하나님께서 창조하신 자연 상태에서 삶의 즐거움을 풍부하게 누리는 행복한 존재였던 것이다.

(2) 기독 종교 시대: 아담의 범죄 이후

원죄(原罪)를 범한 인간은 비로소 소위 '종교'에 대한 필요성을 가지게 된다. 죄로 말미암아 인간은 완전히 멸망하게 되었으며 그로부터의 구원은 그리스도의 역할을 절대적으로 요구하게 된 것이다.

아담에서부터 바벨탑 사건까지를 '기독 종교' 시기라 할 수 있다. 이 시기에는 기독 종교가 성행하던 시기였다. 이 시기의 종교적 특징은 '진리의 종교'가 인간의 죄와 뒤섞여 나타나는 특색을 지닌다. 물론 기독교 진리를 지향하는 사람들과 그 진리와 죄의 형태를 혼합한 종교 형태의 신앙을 가진 종교인들이 공존한다. 그들의 종교의 배경은 역시 '기독교적'인 것들이다.

아담이 범죄한 후 하나님은 인간들에게 구원의 희망을 주신다. 창세기 3장15절에서 하나님께서는 범죄를 유발한 뱀에게 그 사실을 선포하신다. 하나님께서는 모든 구원의 가능성을 상실한 '인간'에게 약속하신 것이 아니라 뱀에게 선언적으로 말씀하셨다. 이는 범죄하여 멸망에 빠진 인간은 스스로 자력 구원할 수 있는 가능성이 전무함을 보여주고 있는 것이다.

"내가 너를 여자의 후손과 원수가 되게 하고 너의 후손도 여자의 후손과 원수가 되게 하겠다. 여자의 후손이 네 머리를 상하게 할 것이며 너는 그의 발꿈치를 상하게 할 것이다"[23]

멸망에 빠진 인간 자신에게는 이제 아무런 희망도 남아있지 않다. 구원에 대한 인간의 희망은 뱀에게 선언하신 하나님의 언약에서 시작된다. 이후 모든 인간의 희망은 그 '여자의 후손'에게 있었던 것이다. 그 '여자의 후손'은 메시아(Messiah), 곧 그리스도(Kristos)이다. 아담 이래 모든 인간은 그리스도로 말미암아 삶의 의미를 가지게 되며 그를 통해서만 새로운 생명의 공급이 가능했던 것이다. 그러므로 아벨, 셋, 에녹, 노아 등은 모두 그 '여자의 후손'으로 오시게 될 그리스도를 믿은 그리스도인들이다.[24] 우리가 알고 있는 잘못된 신앙을 가진 사람들, 즉, 가인이나 라멕 같은 사람들은 그리스도인이 아니라 기독 종교화한 신앙을 가졌던 종교인들이었다. 그들은 하나님에 대해 어느 정도 이해하고 있었으며, 그리스도 즉 그 '여자의 후손'에 대한 개념도 가지고 있었음에 틀림없다. 그러나 그들은 그리스도만을 참된 희망임을 인정하지 아니하고 죄로 말미암아 추구하게 되는 그리스도 이외의 '자기의 것'을 더욱 큰 희망으로 삼았던 것이다.

이 글에서 말하는 시대적 특색으로서의 기독 종교 시대는 아담에서 바벨탑 사건 시대까지이다. 아담과 바벨탑 사건 사이에는 노아홍수라는 커다란 문화 변혁기가 있었음에도 불구하고 종교사에 있어서 기독 종교 시대는 그대로 존속된다.

이 시기는 '진리'와 '기독교적 종교'가 대립하는 시대이다. 인간이 범죄함으로 말미암아 죄가 세상에 들어오고 그 죄가 종교의 기원이 되었다. 인간이 범죄하기 전에는 하나님과의 원만한 교제가 있었을 뿐 종교는 없었으나[25] 그 이후 시대에는 인간으로 부터 출발하는 '종교'가 생겨나게 된 것이다.

이 시기는 우리가 알고 있는 다른 복잡 다양한 종교들이 있지 않았다. 즉, 인간의 초기 시대에는 샤머니즘이나 애니미즘, 토테미즘과 같은 소위 원시형의 종교들이 없었으며 불교, 유교, 힌두교 따위의 종교들도 있지 않았다. 단지 참진리를 따르는 기독교와 진리가 인간의 죄된 속성과 혼합된 이단적인 기독교가 공존했다. 이때는 일반적인 견지에서 말할 수 있는 기독교적인 종교들 즉, 기독 종교만 있었을 따름이다.

(3) 순수 종교 시대[26]

바벨탑 사건 이후가 되면 기독 종교 시대를 이어 순수 종교 시대가 도래한다. 순수 종교 시대란 죄로 인해 악하게 된 인간의 종교심이 '공포'나 '두려움'에 혼합되어 나타난다. 이 시기를 다시 각기 특색에 따라 구분할수 있지만 우리는 이 시기를 전체적으로 나눌 수 있을 뿐 역사적 시간 개념에서 획일적으로 구분하지는 않는다.[27]

이 시기에는 단일[mono] 사회에서 복합[multi] 사회로 전환된다. 그 이전의 사회는 단일언어, 단일종족, 단일문화, 단일종교의 사회였다. 그러나 하나님으로 말미암아 언어가 혼잡하게 되고 나서부터는 모든 것이 복합사회화 되어갔다. 즉, 복합언어, 복합종족, 복합문화, 복합종교 사회로 바뀌어간 것이다.

① 순수 종교 시대 제1기[28]: 신들의 이름이 없던 시기

이때 나타나는 종교적 현상이 일반적으로 말하는 샤머니즘, 애니미즘, 토테미즘 등의 형태들이다. 바벨탑 사건으로 말미암아 인간이 분산되어 가면서 개별 인간 혹은 인간 집단들은 각기 독자성이 뚜렷해지게 된다. 언어의 혼잡으로 인해 함께 살 수 없었던 인간들은 동서남북으로 제각기 흩어지게 되는데 이주해 가는 지역마다 지리적 환경 조건이 다를 수밖에 없었다. 어떤 사람들은 산악지역으로, 또 다른 어떤 사람들은 사막이나 바닷가, 혹은 강가로 가서 주거지를 정했다. 또한 기후 조건도 모두 달랐다. 추운 한대지방으로 가는 사람들도 있었으며 더운 열대지방으로 가서 사는 사람들도 있었다. 4계절이 뚜렷한 온대지방으로 가서 주거지를 정한 사람들도 있었다. 그 후에도 한참 동안 사람들의 이주는 계속되었으며 환경 조건에 따라 생활의 방법도 다양했다. 어떤 사람들은 나무의 열매를 주식으로 했으며 다른 어떤 사람들은 수렵을 통해 식생활을 영위해 갔다. 그리고 어떤 사람들은 물고기를 잡아 먹으며 살았다.

그들의 자손이 대를 잇고 인간의 삶이 자연 의존적일 수밖에 없을 때 그들은 차츰 그 이전의 기독 종교의 신앙 형태를 버리고 점차 환경에 따른 다양한 신앙의 형태를 도입하게 되었다. 심한 가뭄에서 태양을 두려워하기도 했으며 심한 비바람이나 홍수 때문에 공포에 떨기도 했다. 사나운 짐승들과 곤충떼로 인해 위협을 느끼기도 했다. 화산 폭발이나 지진 같은 현상 때문에 자연에 대한 경외감을 가지기도 했다. 또한 미래의 불안감을 해소하기 위해 밤하늘에 가득한 별들을 의지하기도 했다. 뿐만 아니라 장소 이동과 더불어 인구가 증가하면서 전쟁의 공포와 함께 어떤 초월적인 보호를 기대하게 된다.

이러한 다양한 환경 조건에 따라 소위 원시적 종교들이 다양하게 생겨나게 된 것이다. 그러나 이 시대에 살던 사람들은 아직 종교를 이념화하거나 목적 지향적으로 이용하지 않았다. 그들의 관심은 종교 혹은 신들을 통한 삶에 대한 안정성이었으며 그것을 위해 자기들에게 나름대로 생겨난 종교적 대상들에게 기원했던 것이다.

② 순수 종교 시대 제2기: 신들에게 부과되는 이름

순수 종교 시대 제1기에 이어 제2기가 도래한다. 이 시기에는 각 신적인 대상들에게 이름들이 주어지는 시기이다. 위에서 말한 순수 종교 시대 제1기에는 이름 없는 신적인 종교적 대상들이 생성되었지만 점차적으로 그것들 가운데 이름을 가지는 신적 대상들이 생겨나게 된다. 성경에 나오는 바알, 아세라, 몰록, 밀곰, 바알세붑 그리고 말둑, 제우스, 허메로스, 아프로디테 등과 같은 신들의 이름이 그 한 예가 될 수 있다. 그 이외에도 아시아의 동쪽 지역이나 인도 등지에서도 종교적 대상이었던 다양한 신들이 각기 이름을 얻기 시작했다.

이 신적 대상들에게 이름이 주어짐으로써 점차적으로 각 신들에게 남,

녀의 성이 부여되기도 하며, 자생적 신들이 생겨나게 된다. 즉 위에서 언급한 태양, 바람, 별, 자연현상 등 대상적 신들 이외에 인간들의 머리 혹은 경험에 의해 생성된 인간 스타일의 신들이 등장하게 되는 것이다. 아울러 인간 사회도 점차 복합적 내지는 다양화되면서 그 신들 역시 다양한 특색을 지니게 된다. 전쟁에 능한 신이 있는가 하면 풍요를 제공하는 신들이 있으며 바다를 다스리는 기능을 가진 신들이 생겨나게 되는 것이다. 또한 가정을 보호하는 신령들이 있는가 하면 마을이나 특정 지역을 보호하는 더 큰 규모의 신들이 생겨나기 시작한 것이다. 그러나 이 시기에는 아직 종교가 이념화되지 않는다. 국가나 사회의 목적을 유지하기 위해서 종교가 이용되지 않았다. 아직 순수 종교 시대를 유지하고 있는 것이다.

③ 순수 종교 시대 제3기

순수 종교 시대 제2기에 이어 제3기가 도래하게 된다. 이 시기는 신들이 형상을 부여받는 시기이다. 종교들을 가진 인간들이 제각기 이름을 부여한 신들에게 특정한 형상을 부여하기 시작하는 것이다. 어떤 자들은 변형된 인간의 모습을 부여하기도 하고 또 어떤 사람들은 동물의 형상을 부여하기도 한다.[29]

이때의 사람들은 신들의 형상을 만듦으로써 신과의 밀착을 시도했으며 항상 신들을 가시적인 모형으로 가까이 두게 된다. 다양한 형태의 종교들을 가지게 된 인간들은 각기 나름대로의 신들의 형상을 만들어 집안에 두기도 하고 마을 어귀에 두기도 했다. 또한 그들은 신들의 형상을 작은 형태로 만들어 몸에 지니고 다니기도 했다. 그렇게 함으로써 종교화한 인간들은 가시적 신상들을 항상 지근의 위치에 두기를 즐겨하며 그것을 통해 안정을 얻고자 했다.

성경에서도 그런 예들을 찾아볼 수 있다. 야곱이 밧단아람에서 나올 때 그의 아내 라헬이 친정집의 '드라빔'을 훔쳐 나왔는데 이는 그 아비의 집을 지키는 작은 형상으로 된 가정 수호신이었다.[30] 또한 출애굽한 이스라엘 백성들이 진리를 뒤로 하고 종교화되었을 때 그들은 '여호와'를 오해하여 그에게 송아지의 형상을 입히려 했다.[31]

그 외에도 이러한 예는 수없이 많이 들 수 있다. 풍요의 여신 아데미는 젖가슴을 여러 개 달고 있는 형상을 부여받았으며 제우스나 아프로디테, 포세이돈 등도 특별한 모습의 인간 형상을 부여받게 되었다. 또한 불교에서는 초기 불교에서는 없었던, 신도들로부터 흉악한 모습을 부여받은 신들의 모습이 나타난다.

④ 신들의 전쟁 : 이름의 중요성

순수 종교 시대 제2, 3기가 되면 또다른 특색이 나타나 신들의 전쟁이 시작된다. 그 이전의 순수 종교 시대 제1기에 해당되는 시기에는 신들이 전쟁하는 시기가 아니라 나름대로 신적인 대상들의 절대적인 힘이 인정되던 시기였다. 그러나 제2, 3기가 되면 신들의 힘의 우열을 가릴 만한 시대로 바뀐다. 이는 인간들 사이에 조직적인 전쟁이 활발하게 일어나며 그 전면에 신들을 등장시키기 시작하면서 일어나는 양상이다.

이로써 신들의 통합 – 흡수 – 결별 – 소멸 현상이 되풀이하여 일어난다. 강한 신들은 살아남고 약한 신들은 소멸된다. 즉 강한 신들을 중심으로 하고 있는 종교들은 살아남게 되며 약한 신들을 중심으로 하고 있던 종교들은 자취를 감추게 되는 것이다.[32]

(4) 이념 종교 시대

순수 종교 시대를 뒤이어 이념 종교 시대가 따라오게 된다. 종교를 이념화 하면서 사람들은 신들에게 어떤 역할을 부여하게 된다. 민족이나 국가를 각종 재해나 위험으로부터 수호하는 존재로서의 신이라든지 국가간 전쟁에서 승리를 안겨줄 수 있는 기능을 요구하게 되는 것이다.

순수 종교 시대는 대략 B.C. 7,6 세기경이 되면 전환기를 맞게 된다. 그 이전에는 국가나 사회를 유지하기 위한 철학적 이념이 요구되는 시대가 아니었을 것으로 판단된다. 적어도 B.C. 10세기 이전에는 우리가 일반적으로 생각하는 철학이 있지 않았다. 현대적 의미에서 말하는 철학이 대두된 시기는 동서양을 막론하고 대략 B.C. 7,6 세기경 이후로 보면 크게 틀리지 않다.[33]

바로 그 시기가 철학이 대두되는 시기인데 인간의 철학과 종교가 결합되어 이념 종교를 양산해내게 되고 이는 점차 소위 고등 종교화 된다. 우리가 알고 있는 조로아스터교, 불교, 힌두교, 유교 등은 대략 이 시기에 등장하게 된다.[34]

이렇듯이 이때가 되면 신들이 제각기 영역을 확보하기 시작하는 것이다. 이때 종교들 가운데 이념화를 위한 경전들이 초기 형태로 생겨나기 시작하고 그것은 나중 고등 종교화하는 기초가 되는 것이다.

기독교로 일컬을 수 있는 '진리' 에서 파생한 유대교란 참기독교인으로 살아야 할 이스라엘 백성들이 이념 종교화한 민족 종교이다. '유대교' 라는 명칭은 구약의 기독교가 이념화된 종교를 말한다.[35] 이러한 유대교는 이스라엘의 왕국 시대 이후에 생겨나게 된다. 유대교의 중심 세력이었던 바리새파는 B.C. 6,5세기경 바벨론의 포로가 되었다가 해방되어 본국으로 돌아와 국가를 재건한 스룹바벨과 에스라 시대에 그 기원을 두고 있다. 이러한 바리새파에 의해 유대교의 종교적 내용들이 강화된다. 유대교의 이념 종교화의 내용은 에스라의 개혁에서 그 개념을 찾아볼 수 있다.[36]

그리고 조로아스터교를 창시한 조로아스터는 일반적으로 B.C. 660년경에 출생한 것으로 알려져 있다. 조로아스터교가 처음부터 이념 종교로 출발했던 것은 아니다. 그러나 세월이 흘러 가면서 점차 이념 종교화된다.

불교는 B.C. 565년에 출생한 석가가 창시한 종교이다. 석가 이후 생성된 불교는 원래 석가의 의도와는 전혀 다른 방향으로 발전을 거듭하게 되며 이념 종교로서 자리를 굳히게 된다.

힌두교라는 종교가 체계화된 것은 B.C. 3세기경 인도인들 사이에 성장한 방대한 사회, 종교 체계가 형성되고 나서였다. 그 이전의 소위 베다 시대, 브라흐만 시대는 힌두교의 형성을 위한 예비 단계였다.[37] 베다 시대는 주로 동물을 제물로 바치는 순수 종교 의례를 행했으며, 브라흐만 시대에는 순수 종교에서 행하는 주술적 색체가 강했다. 이러한 종교적 내용들이 민간 토착 신앙 등을 흡수하여 크게 변모하며 이념화됨으로써 힌두교가 더욱 체계화되었던 것이다. 이렇듯이 순수 종교 형태들이 시간이 경과됨에 따라 점차 이념 종교화되어 갔다.

중국의 도교는 B.C. 6세기 경 노자(老子)[38]로 부터 만들어진 종교이다. 도가철학이 생성된 것은 그보다 한참 이전의 일이지만 철학적 체계를 갖춘 것은 B.C. 4세기 경의 일이다. B.C. 4세기 경의 장자(莊子) 등이 그의 사상을 체계화한 것이다.

중국의 유교는 B.C. 5세기경 공자[39]로 부터 출발했다. 원래 공자는 종교 문제에 관한 한 비판적이었고 세밀히 따져서 절제하는 태도를 보였다. 이는 공자가 합리주의와 철저한 인본주의의의 입장을 바탕으로 했기 때문이다. 물론 공자가 신비적이라거나 초자연적이라고 하는 말은 보다 넓은 견지에서 설명되어야 할 것이다. 즉, 그의 모든 종교적 의식은 국가나 가정의 화목에 합치될 경우에만 인정되는 것이었다.[40]

이슬람교의 뿌리는 그 종교의 창시자인 무함마드[41]에게로 돌아간다. 그러나 그가 설파한 종교는 유대교와 기독교에 그 뿌리를 두고 있지만 코란에 기록된 내용의 비중으로 보아 대부분 유대교에 기초하고 있다. 그가 철이 들면서 접한 종교는 이념화된 유대교와 이념화된 기독교였던 것이다. 처음 무함마드가 그런 종교들을 접했을 때 그런 식의 종교에 큰 호감을 가졌었으며 결국 독창적인 조그만 사막의 종교로 특색화하여 지금에 이르러 세계적 종교가 된 것이다.

물론 이념 종교 시대에 출발한 종교들 모두가 고등 종교화한 것은 아니다. 신들과 종교들은 그 '집'이라 할 수 있는 국가나 민족의 흥망과 더불어 부침을 거듭하게 된다. 그러다가 어떤 종교들은 국가·민족과 함께 역사 속으로 묻혀지게 되고,[42] 또 다른 어떤 종교들은 명맥을 유지해 오늘에까지 이르게 된 것이다.

이념화된 종교는 국가나 종족 집단 등 특정 사회를 장악하는 힘을 가지려 하며 그에 대한 기초적 기능을 하려는 특색이 있다.

(5) 예술 종교 시대

이념 종교 시대 뒤에는 예술 종교 시대가 따라 온다. 이 시대가 되면 다양한 종교적 예술들이 종교 내적인 기본 내용을 지배하는 형태가 된다. 예술 종교 시대가 되면 종교가 인간이 누리는 수단으로 변화하게 되며 춤, 음악, 미술, 건축양식, 종교 문학 등이 발달한다. 종교를 따르는 종교인들은 그렇게 하는 것이 신을 즐겁게 하는 것이라고 여기며 그 행위를 하지만 사실은 인간이 종교와 그 종교에서 상정된 신들을 즐기려 하는 것이다. 예술이라는 작업을 통해 신과 인간이 함께 즐거움의 의미를 누리려 했던 것이다. 이로써 종교적인 인간은 인간성 회복을 추구하려 했다.

중세의 기독교 예술이나 불교예술, 힌두교예술, 이슬람의 건축양식이나 문양의 발달은 결국 각 종교들이 예술 종교 시대로 진입했음을 의미하는 것이다. 그 중 신전의 건축양식은 종교의 특색을 결정짓게 된다. 예술 시대 이전의 신전들의 특색이 일종의 숭배의 대상이었다면 예술 시대 이후의 신전들은 다양한 건축양식과 함께 종교신도들이 그 안에 들어가서 신앙행위를 하며 신을 경배하는 형태로 변모하게 된다.[43] 그리하여 그 신전들을 중심으로 음악, 미술등 다양한 종교예술들이 발전하게 되는 것이다.

사람들은 결국 이러한 종교적 예술의 발달이 곧 그 종교의 발전이라 간주하게 되며 예술을 통해 자기 종교의 정체성을 나타내려 한다. 이와같은 종교예술의 형태가 세월이 흘러감에 따라 곧 각 종교들의 문화로 표현되어 자리매김하게 되는 것이다. 이로써 각 종교에 따라 형성되는 상이한 예술의 표현들에 따라 종교와 종교 사이를 구분짓게 된다.

물론 그 이전 순수 종교 시대에도 나름대로의 종교예술은 존재했다. 그때의 예술이 순수 종교예술 혹은 자연예술이었다면 예술 종교 시대의 예술은 조직예술이었다.[44] 즉 자연예술이 인간의 본능에서 출발하는 경향이 강하다면 조직예술은 학습 혹은 교육을 통한 시대적 예술이라 말할 수 있을 것이다.

(6) 과학 종교 시대

① 과학적 분석을 요구하는 종교

예술 종교 시대를 지나 보내면서 곧이어 과학 종교 시대가 대두된다. 서구에서는 계몽사상이나 합리주의 사상이 주류를 이루게 되며 종교 또한 새로운 국면을 맞게 되는 것이다. 그 이전에는 종교가 모든 것을 판단하고 해석하는 기준이 되었다면, 이제는 종교가 과학적 사고의 검증을 받아야 하는 위치를 피할 수 없게 된 것이다. 이로써 종교에 대한 이성적 비판이 대두된다.

결국 과학의 발달과 더불어 이성주의가 성행함으로써 종교적인 인간은 종교를 체계화하려 하게 된다. 종교들은 조직적 모습을 띠게 되고 이로써 소위 고등 종교들의 입지가 나름대로 정착되는 것이다.

따라서 고등 종교와 미신이라는 경색된 구분이 생겨나게 되고 우월한 종교와 열등한 종교에 대한 구분이 명분을 더하게 된다. 인간들은 종교를 검증의 대상으로 삼게 되며 경험과 이성을 종교에 직접 대입하는 입장들을 취하게 된다.

그렇게 됨으로써 신들은 점차 인간의 구미에 맞는 신이어야 하고 그렇지 않는 신들은 그 자리를 잃어가게 되는 것이다.[45] 즉, 종교적 타당성 여부를 인간 혹은 인간 집단의 이성이 가늠하는 현상이 일어나게 된다.

② 자연과학주의에 따른 종교

일반 역사에 있어서 인간의 과학 문명이 발달하면서 인간들은 종교를 과학 아래 두기 시작한다. 서구에서의 산업혁명을 거치면서 자연과학이 발전하면서 종교 또한 그와 발을 맞추어 나가게 되는 것이다.

현대적 의술이 발달함에 따라 사람들은 점차 종교에 의존하던 생명을 과학으로 옮겨 맡기게 된다. 그 전에는 사람들의 삶의 만족이 종교에서 나온다고 생각했었으나 이제는 그것이 과학에 달렸다고 생각하게 된다.

서구에서 시작된 진화론이나 소위 성경에 대한 고등비평(High Criticism) 등은 과학주의의 결과라 할 수 있다. 이러한 이성을 기초로 한 비판적 시각은 과학화에 따라 모든 종교들에 나름대로 접목되는 현상이 일어나게 된다. 과학적인 기준으로 검증되지 않은 종교는 일종의 정신적 문제로 간주하여 절대 값어치를 부여하기를 꺼리게 된 것이다.

그리고 자연과학주의자들은 인간의 미래에는 종교가 과학에 억눌려 자리를 상실할 것이라 생각했다. 즉, 인간들은 더 이상 종교로서 삶의 의미를 추구하려 하지 않고 진보된 과학이 인간에게 삶의 의미를 부여하게 된다는 것이다.

(7) 다원종교[46]시대

현재는 '다원종교 시대'이다. 이는 종교다원주의와는 구별되는 용어이다. 바벨탑 사건 이래 다양한 모습으로 부침을 거듭하며 나름대로 발전해

온 종교들이 오늘에 이르러서는 상호 모습들을 서로에게 드러내게 되었고 세계인들은 그 복합적 종교 세계 가운데 살게 된 것이다.

전통적 과학의 범주를 넘어선 급속한 첨단과학의 발달과 함께 세계는 한없이 좁아져 인류는 결국 말 그대로 지구촌 시대를 열게 되었다. 각각의 종교들은 다양한 타종교의 사상들을 접하게 되고, 나아가서 자신의 종교 의 울타리 넘어로 타종교 사상을 유입하기에 이른다. 이로써 종교간 대화 문제가 첨예화하게 되었고 인간에 대한 구원의 힘은 모든 종교들에 공히 존재한다는 종교다원주의 시대를 열게 된 것이다. 오늘날의 대부분의 문화사가들은 19세기 중엽부터 '정신의 위기'가 시작되어 20세기 초엽까지 계속되었다는 사실에 대하여 동의하고 있다.[47] 이러한 정신적 위기는 제1, 2차 세계 대전을 거치면서 새로운 변화를 이끌어 왔다. 그것은 인간 세계 의 전체적인 파괴의 가능성을 경험한 사람들이 신비주의적 종교신앙을 추구하도록 한 것과 종교적 의미 자체를 파괴하게 하는 것이었다. 전자는 잘못된 종교 속으로 인간을 끌어 넣음으로써 세상을 이반케하는 역할을 하였으며 후자는 종교에 대한 냉소주의와 쾌락주의 속으로 인간을 끌어넣는 역할을 하였다.

종교에 있어서, 근래까지만 해도 세계의 종교인들은 다른 사람들의 종교에 대해 전혀 관심을 가지지 않은 채 제각기 발전해 왔다. 물론 과거에 종교의 확장 과정을 통해 상호 접촉을 한 경우가 많이 있지만 현대적인 의미와는 사뭇 다르다. 저마다 다른 여러 종교의 신앙을 비교적 정확하게 인식하려는 세계 종교에 대한 학문적 연구와 많은 종교들이 종교적 자기 신념을 뒤로 한 채 타종교에 관심을 가지기 시작한 것은 불과 1세기 전부터의 일이다.[48] 이렇게 시작된 종교들에 대한 논의는 점차적으로 인간으로 하여금 새로운 종교의식을 갖게 했다.

1960년대[49]가 되면 세계적인 대전쟁의 충격에서 벗어난 인류가 각종 첨단과학의 발전과 함께 새로운 세계를 경험하게 된다.[50] 역사적 낙관주의를 포기하게 된 인간에게 과학으로 인한 오만함이 어우러져 커다란 전환점을 이루게 된 것이다. 1960년대를 몇 년 앞둔 1957년에는 소련이 세계 최초로 인공위성 스푸트니크 1호를 발사했고 1961년에는 유인 인공위성을 발사함으로서 이후에 도래할 우주시대를 예고했다. 자연과학의 발달은 기계적이라는 말과 더불어 우주과학이라는 개념까지 동반하게 되는데 거기에서 생성되는 개념이 곧 '외계인' 개념이다. 일반 종교들에서는 기존의 신앙의 대상인 신령들이나 초월적 대상에게까지 과학의 기계적 옷을 입히게 된 것이다.[51]

사람들은 이런 과학적 발전을 계기로 기존의 신개념에서 우주로 향한 전환적 가능성을 지닌 채 인간가 당면할지도 모른다는 생각의 '별들의 전쟁'과 외계인 논쟁을 앞당겼다.

뿐만 아니라 이 시기부터 급속한 과학 발전을 이루게 된 영상매체들도 종교에 엄청난 영향을 끼치게 된다. 영화나 TV, 비디오 등은 다양한 에니메이션을 통해 '동물이 말하는 시대'를 불러들였으며,[52] 그로 인해 인간은 동물과 인간 사이의 커다란 간격에 대한 인식보다는 동물과 가깝고 유사한 인간으로서 자신을 해석하게끔 만들게 된 것이다.

이러한 다양한 현상들을 통해 종교에 있어서도 새로운 종교시대로의 급격한 전환을 꾀하게 된다. 이러하여 종교는 1960년경을 깃점으로 하여 새로운 양상으로 나타나게 되며 다원종교 시대를 예고하게 된다. 1960년대 이후 미국의 신학자들은 소위 사신신학(死神神學)을 주창함으로써 인간의 관념 속에 각인된 신들의 영상을 해체하고 신으로부터의 인간해방을 부르짖게 되었다.[53]

사실, 현재 우리가 살고 있는 시대는 인간 역사를 되돌아 볼 때 매우 특이한 시대이다. 컴퓨터 공학, 우주공학, 첨단의학, 유전공학 등 최첨단 과학 문명은 인간이 이전에 경험해 보지 못한 문명들이다. 이러한 문명은 인간을 한없이 오만하게 만들었고 그 오만함과 인간의 죄성이 합해져 또다시 다원종교 시대를 열게 된 것이다.

현재는 모든 것이 통제 불가능한 시대가 되었다. 정치, 사회, 경제, 문화 할 것 없이 모두가 인간의 통제 의사와는 관계없이 제멋대로 굴러간다. 그 가운데에는 '종교'라고 하는 다양하면서도 공동의 목적을 가진 덩어리화 된 인간 내면의 뭉치가 있다. 우리는 이러한 전체적 현상을 역사적 '위기' 라 부를 수 있을 것이며 그 가장 내면에 다원화된 종교가 존재하고 있음을 보게 된다.

4. 결론

필자는 이 글을 통해 신학적 입장에서 시대 구분을 하려하지 않았다. 도리어 인간 역사를 전체적인 관점에서 시대 구분하려 시도했다.

위에서 말한 〈기독종교 시대〉 – 〈순수 종교 시대〉 – 〈이념종교 시대〉 – 〈예술종교 시대〉 – 〈과학 종교 시대〉 – 〈다원종교 시대〉는 앞 뒤의 시대를 완전히 차단하는 것은 아니다. 이는 〈원인간 시대〉와 그 이후 시대가 완전히 차단되는 것과는 대조적이다. 종교적 특성이 있는 한 시대 이후에는 오히려 앞선 시대의 종교적 양상들이 그 다음의 시대에 다양하게 변형된 형태로서 유지 계승되어 내려온다. 즉, 순수 종교 시대에도 기독 종교 시대의 신앙을 가진 자들이 계속되며, 이념 종교 시대에는 앞의 기독 종교 시대의 신앙을 가진 자들이 존재할 뿐 아니라 순수 종교 시대의 독자적이며 다양한 신앙 형태를 가지는 자들도 많이 있게 된다. 따라서 오늘날 다원종교 시대에는 기독 종교 시대의 신앙의 형태와 순수 종교 시대 및 이념 종교 시대 그리고 예술종교 시대와 과학 종교 시대의 다양한 신앙 형태들을 나름대로 독자적으로 가진 자들이 있기도 하고 다원종교들의 내용과 사상을 가진자들도 많이 있다.

이러한 형태들을 볼 때 종교사에 있어서 그 진화를 논할 수 있다. 지구상에 사는 인간들의 종교를 전체적인 입장에서 두고 볼 때 그 종교적 내용과 형태들이 점점 진화하여 오늘에 이르게 된 것을 알 수 있다.

위의 결과에 따라 다음과 같은 도표를 만들 수 있다.

편의상 각 종교들에 번호를 다음과 같이 매긴다. 진리(참기독교) 〈1〉, 진리를 떠난(이단적) 기독교적 종교들 〈2〉, 다양한 원시종교들(샤머니즘 〈3〉, 애니미즘〈4〉, 토테미즘〈5〉… 등), 철학적 이념화된 종교들 〈8〉, 예술화된 다양한 형태의 종교들 〈10〉, 〈10'〉, 〈10''〉 …, 과학주의화된 다양한 종교들 〈11〉, 〈12〉, 〈13〉 …, 다원종교 시대의 종교들 …

[원(原)인간 시대] – 무(無)기독교, 무종교 시대
[기독 종교 시대] – 〈1〉, 〈2〉의 공존 시대
[순수 종교 시대] – 〈1〉, 〈2〉, 〈3〉, 〈4〉, 〈5〉…, 〈1〉+〈3〉, 〈1〉+〈4〉, 〈1〉+〈5〉, 〈1〉+…, 〈2〉+〈3〉, 〈2〉+〈4〉, 〈2〉+〈5〉, 〈2〉+…등
[이념 종교 시대] – 〈1〉, 〈2〉, 〈3〉, 〈4〉, 〈5〉…, 〈1〉+〈3〉, 〈1〉+〈4〉, 〈1〉+〈5〉, 〈1〉+…, 〈2〉+〈3〉, 〈2〉+〈4〉, 〈2〉+〈5〉, 〈2〉+…,…〈1〉+〈8〉, 〈2〉+〈8〉, 〈3〉+〈8〉, 〈4〉+〈8〉, 〈5〉+〈8〉… +〈8〉
[예술 종교 시대] – 〈1〉, 〈2〉, 〈3〉, 〈4〉, 〈5〉…, 〈1〉+〈3〉, 〈1〉+〈4〉, 〈1〉+〈5〉, 〈1〉+…, 〈2〉+〈3〉, 〈2〉+〈4〉, 〈2〉+〈5〉, 〈2〉+…, …〈1〉+〈8〉, 〈2〉+〈8〉, 〈3〉+〈8〉, 〈4〉+〈8〉, 〈5〉+〈8〉…+〈8〉…〈1〉+〈8〉+〈10〉, 〈2〉+〈8〉+〈10〉, 〈3〉+〈8〉+〈10〉, 〈4〉+〈8〉+〈10〉, 〈5〉+〈8〉+〈10〉…+〈10〉+〈10'〉+〈10''〉 + ….
[과학 종교 시대] – 〈1〉, 〈2〉, 〈1〉, 〈2〉, 〈3〉, 〈4〉, 〈5〉 …, 〈1〉+〈3〉, 〈1〉+〈4〉, 〈1〉+〈5〉, 〈1〉+…, 〈2〉+〈3〉, 〈2〉+〈4〉, 〈2〉+〈5〉, 〈2〉+ …, … 〈1〉+〈8〉, 〈2〉+〈8〉, 〈3〉+〈8〉, 〈4〉+〈8〉, 〈5〉+〈8〉…+〈8〉…〈1〉+〈8〉+〈10〉, 〈2〉+〈8〉+〈10〉, 〈3〉+〈8〉+〈10〉, 〈4〉+〈8〉+〈10〉, 〈5〉+〈8〉+〈10〉… +〈10〉+〈10'〉+〈10''〉+…〈1〉+〈8〉+〈10〉+〈11〉, 〈2〉+〈8〉+〈10〉+〈12〉, 〈5〉+〈8〉+〈10〉+〈13〉…〈11〉+〈12〉+〈13〉,…〈…〉+〈…〉 … ….

[다원종교 시대] – ....
....
....
..................등 모든 종교들에 대한 대화주의적인 신앙과 함께 종교적 벽
이 허물어지는 교류를 동반한 전반적인 종교 해체적 신앙 등장.

이 도표를 통해 우리가 알수 있는 것은 종교(들)의 형태가 초기로부터
오늘에 이르기까지 역사 가운데서 점진성을 띤다는 점이다. 이를 통해 우
리는, 종교들의 독자성 및 축적적[54] 성격이 동시에 다원화된 상태로 지구
상의 모든 곳에 존재하고 있음을 볼 수 있다.[55]

여기서 우리가 결코 간과할 수 없는 것은 범죄한 인간 역사 가운데 일
어나는 구원을 계획하신 하나님의 섭리와 경륜이다. 그리고 아벨, 셋, 에
녹, 노아, 셈, 아브라함, 이삭, 야곱, 요셉, 모세, 다윗… 예수 그리스도, 그
의 제자들과 성령을 통한 교회 시대에 연결되는 진리의 흐름인 구속사의
본질적 흐름들이 진리로서 인간 역사의 핵심 부위에 존재해 왔다는 사실
이다.

이 글에서 필자가 시도한 바는 이미 밝힌 것 처럼 인간 역사의 시대 구
분이다. 필자는 그 구분을 위해 인간의 도구나 정치, 경제가 아니라 '종교'
를 잣대로 삼았다. 필자는 현재 일반 학계에서 통용되는 시대 구분에 대한
세속적 학설을 재해석해야만 할 필요성을 느낀다. 비단 이 글에서 주장되
는 필자의 견해에 많은 아쉬움이 있다고 하더라도 이와같은 논의는 복음
을 아는 학자들을 통해 더욱 활발하게 시도되어야 할 것으로 믿는다. 그리
하여 '가설'이 '정설'처럼 알려지고 오히려 '정설'이 제자리를 잃어버린
시대 구분 이론에 대해 '정설'이 속히 그 자리를 회복하는 날이 와야만 할
것이다.

[주]

1) 필자가 이 글에서 관심을 가지는 것은 기독교 역사를 중심으로 한 시대 구분이 아니라 일반 인간 역사에 대한 시대 구분이다. (예수 그리스도 이후의 기독교 초기 학자들은 성경의 내용을 중심으로 시대 구분하는 일들을 시도하였다. 2세기 Alexandria의 Origen은 역사를 아담 – 노아 – 아브라함 – 모세 – 그리스도의 다섯 시기로 나누었으며, Augustine은 그의 '신국론' 에서 지상의 역사를 아담 – 노아 – 아브라함 – 다윗 – 바벨론 포로기 – 그리스도의 여섯 시기로 나누었다).

2) 시대 구분의 역사는 이미 오래인데, B.C. 8세기의 Hesiodos는 그의 『Theogonia』(神統記)에서 신들의 시대에서 인간 역사에 이르는 과정을 네 시기로 나누었다. 즉 金의 시대, 銀의 시대, 靑銅의 시대, 鐵의 시대로 구분하여 세계가 창조된 후에 행복한 황금의 시기가 있고 그 다음으로는 점차 역사가 몰락하고 있다는 사상을 나타낸 적이 있다. 그리고 A.D. 4세기에 와서는 Orosius와 Hieronymus 등이 네 제국설을 역사상에 존재했던 제국들과 결부시켜 역사의 발전을 구분했다. 전자는 세계 발전이 바벨론, 아프리카, 마게도니아, 로마로 이어져 왔다고 생각했으며, 후자는 앗시리아, 바벨론, 페르샤, 마게도니아, 로마로 이어져 왔다고 생각했다. 이들은 공히 마지막 제국인 로마는 영속하는 국가가 될 것으로 믿었다는 점이다.

3) 이러한 시대 구분법의 원형은 르네상스 시기에 발전된 것이다. 이 이론을 가장 미리 주장한 인문주의자는 이태리의 Flavio Biondo(1388-1463)였다. 인문주의자들은 역사를 〈고대〉 – 〈중세〉 – 〈근대〉의 삼분법으로 나누었는데 그리스 · 로마 시대를 〈고대〉로 간주하고, 게르만 민족이 유럽으로 이동해 들어온 시대를 〈고대〉와 자기들의 시대 '사이에 낀 시대' (Middle Ages)로 보았으며 그 문화를 야만적인 것으로 이해했다. 그래서 게르만족의 이동으로부터 르네상스까지의 약 천년을 '암흑 시대' 로서 일반적으로 〈중세〉라 하게 된 것이다. 그러나 후대의 역사가들은 이러한 이론의 뒷부분에 〈현대〉를 첨가했다. 〈현대〉의 시점은 산업혁명과 함께 제국주의에 입각한 복잡한 국가 관계가 본격적으로 전개되는 1870년대로 보는 것이

일반적이다. 이러한 시대 구분 이론은 역사상 〈고대〉의 위치가 사실상 역사의 처음이 아니라 중간에서부터 시작된다는 문제가 있다.

4) 이러한 시대 구분을 처음 시도한 사람은 덴마크 코펜하겐 박물관장이었던 톰센 (Thomsen, Christian Jurgensen: 1788-1865)이었다. 그는 석기 시대 - 청동기 시대 - 철기 시대로 시대 구분했지만 나중 러버크가 석기시대를 다시 구석기 시대, 신석기 시대로 구분하게 되었다.

5) 이는 K. Marx가 전개한 이론이다. 최근 공산주의가 붕괴하기 전까지만 해도 공산주의자들은 이 이론이 옳다고 믿었으며, 아직 공산주의 체제 아래 있거나 공산주의 붕괴 이후 자본주의의 모순을 나름대로 경험한 공산주의자들 가운데는 여전히 이 이론이 그 사상적 배경을 이루고 있다.

6) 기독 종교는 기독교와 다른 개념이다. 우리가 일반적으로 기독교라 하면 진리를 소유한 종교를 의미한다. 그러나 기독 종교라 함은 기독교적 종교 형태는 남아있으나 진리를 떠난 종교를 말한다. 엄밀한 의미에서 참기독교는 종교가 아니라 진리이며 진리는 진리일 뿐 일반적 개념에서의 한 종교 형태는 아니다.

7) 여기에서 순수 종교라 함은 일반적인 의미에서 말하는 순수성과는 무관하다. 이후에 따라오는 이념 종교에서 말하는 철학이나 이념이 가미되지 않았다는 의미에서 순수 혹은 순수 종교를 말한다.

8) 이념 종교란 철학과 합치한 사회 목적적 성향이 진한 종교를 일컫는다.

9) 물론 이것은 소위 고등 종교로 일컬어지거나 그렇게 분류되는 종교들에 한한다. 샤머니즘, 애니미즘, 토테미즘 등에서는 시대 구분을 하지 않으며 할 이유가 없다.

10) 여기에서 모든 종교들이 생성-발전-변형-계승 및 소멸한다는 뜻은 기독교가 계시사 속에서 점진적으로 이루어지고 있다는 말과는 다른 의미이다. 즉, 일반 종교들은 종교진화론적인 발전을 해 가지만, 기독교는 하나님이 시간에 따라 점진적으로 더욱 풍성한 계시를 하며 인간의 구원을 더욱 구체화해 가고 있는 것이다.

11) W. Brede Kristensen, "*The Meaning of Religion*", Joseph D. Bettis, ed., *Ph enomenology of Religion*, New York: Haper & Row, 1969, pp.46-51. 참 조.(존 H. 힉, 『종교철학개론』, 황필호 역, 서울: 종로서적, 1997, pp. 18-19)

12) 물론 종교 진화론적인 측면에서 발전한 기독교가 있을 수 있으나 우리는 그러한 기독교를 종교적 입장에서 기독 종교라 할 수 있을지라도 진리의 종교라 말하지 는 않는다. 참기독교에서는 하나님의 섭리와 함께 하는 계시의 점진성을 말할 따 름이다.

13) 이광호, 『기독교적 관점에서 본 세계문화사』, 서울: 예영커뮤니케이션, 1998(재 판), pp.25-28. 참조. 논자는 인간사에 있어서 노아홍수를 제1 문화 변혁기, 바벨 탑 사건을 제2 문화 변혁기로 설명한다. 전체 문화사적 측면에서 제1 문화 변혁기 와 제2 문화 변혁기는 인간에게 서로 상이하고 엄청난 새로운 경험들을 요구함으 로써 중요한 시대 구분점이 된다. 그러나 종교사적 측면에서는 제2 문화 변혁기가 엄청난 변화를 가져온 데 반해 제1 문화 변혁기에는 시대 구분이 크게 이루어지지 않는다.

14) 창세기 3:1-6; 6:1-7; 11:4. 참조.

15) 창세기 1, 2장

16) 신과 인간이 대화한다는 측면에서 '종교'를 말한다면 그때도 종교가 있었다고 할 수 있을 것이다, 그러나 인간의 불안전함으로 인해 발생되며 제기되는 측면에서 의 종교는 아직 존재하지 않았다.

17) 아담과 하와가 저지른 인간의 처음 범죄 행위는 부정적인 면에 있어서 인간 세계 에 본질적인 대변혁을 일으키게 된다. 그러나 이를 굳이 제1 문화 변혁기라 이름 붙이지 않는 까닭은 에덴동산에서의 문화는 인간 경험에 따른 생성, 발전의 과정 을 거친 문화가 아니라 전적인 하나님의 선물로 주어진 것으로 특별히 이해하고 자 하기 때문이다(이 글의 결론 부분 참조).

18) 종교학에 있어서 종교의 기원(Origin)의 문제는 매우 중요한 논제이다. 일반 학
   자들은 종교의 기원을 인간의 공포심이나 내세에 대한 관심, 혹은 외부적인 어떤
   힘(mana) 등에 두지만 필자는 종교의 기원을 조물주를 거역한 인간의 원죄(原罪)
   에 둔다.

19) 창세기 7:1 – 8:20.

20) 창세기 4장 참조.

21) 노아 홍수 이전의 시대는 철기와 함께 다양한 문명들이 존재하던 시대였으나 그
   이후가 되면 앞의 문명과 문화를 상실한 '흙의 문명 · 문화' 시대가 도래하게 된다.
   우리는 노아 시대에서 바벨탑 사건까지를 '흙의 문화시대'라 이름 붙일 수 있다.

22) 창세기 11:7-9.

23) New International Version, 『한영 현대인의 성경』, 서울: 생명의 말씀사.
   1984.

24) 구약 시대에 살았던 믿음의 조상들은 모두 기독교인들이다. 그들을 유대인으로
   생각하는 것은 잘못된 생각이다. 특히 아브라함 이후 그리스도 시대 이전까지의
   종교를 유대교라 생각하는 경향이 있다. 그러나 아브라함이나 모세, 다윗 그리고
   왕국 시대의 여러 선지자들은 모두 기독교인들이다. 그들은 오실 그리스도에게
   유일한 희망을 두고 살던 참된 그리스도인들이었던 것이다. 우리가 일반적으로
   유대교인으로 여기고 있는 사람들은 기독교의 본질을 왜곡하여 기독교를 이념적
   인 민족 종교화한 사람이다. 예수님 당시에 살았던 여러 바리새인들이나 제사
   장, 장로, 서기관들 가운데는 유대교인들이 많았다. 그런 자들이 대표적인 유대교
   인들이다.

25) 여기에서 말하는 종교란 신과의 관계를 상정하여 만들어진 인간의 종교를 말한
   다. 그러므로 우리가 일반적으로 기독교를 종교로 말하는 긍정적인 측면을 고려
   하지는 않는다.

26) 일반 사학자들이 주장하는 구석기 시대에서 출발하는 시대 구분 이론은 사실상 이 시대로부터 기인된다.

27) 이는 역사학자들이 구석기, 신석기, 청동기, 철기 시대를 논함에 있어서 특히 후기 시대로 와서는 역사적 시간에 따른 동일한 획일적 시대 구분을 하지 않는 것과도 같은 맥락에서 이해할 수 있다. 한 예로 노아 홍수 이후 철기 시대는 중동 지역이 한반도 지역보다 훨씬 앞선다(이는 다른 시대 구분법에 있어서도 마찬가지이다).

28) 이 시기가 흔히 종교학자들이 일컫는 바 진화해 가는 인간들의 초기 원시종교 형태가 형성되어 가는 기간이다. 그러나 이 시기는 진화의 연장선상에 있는 인간이 아니라 제2 문화 변혁기를 거친 인간들의 새로운 종교 형태가 나타나는 시기이다.

29) 오의석, 『조각사 살펴보기』, 자유와 고독의 항아리, 대구효성가톨릭대학교 출판부, 1997. pp.185-186. 참조. - "조각사의 초기, 선사시대의 조각가는 주술사와 다름이 없었다. 그들이 빚고 깎은 작품은 다산과 풍요를 기원하기 위한 것이었다"

30) 창세기 31: 17-20, 30-35. 참조.

31) 출애굽기 32: 1-6. 참조.

32) 종교사적 측면에서 보아 한때 막강한 세력을 가졌던 바알, 제우스, 아프로디테 등의 신들은 다른 신들을 격퇴한 경험이 많을 것이지만 지금은 그 신들을 중심에 두고 섬기던 민족·국가들이 소멸함으로써 함께 그 자취를 감추어 버린 것은 좋은 예가 된다.

33) 이에 대해서는 여러 가지 반론이 제기될 수 있다. 그러나 논자는 이 글에서 철학의 시작이 언제부터냐 하는 점을 주로 논하려는 것이 아니다. 단지 이에 대한 대략적 개념을 파악함으로써 종교를 기준으로 한 시대 구분을 시도하려는 것이다.

34) Jawaharlal Nehru, *Glimpses of World History*, London: Lindsay Drum

ond Limited, 1939.(인도의 정치가이자 민족독립운동가인 Nehru는 1930년 10월 26일에서 1933년 9월 8일까지 약 3년 간 옥중에 있으면서 196회 분의 서간문을 기록했는데, 이 중 1931년 1월 20일 기록한 『종교의 세기』 처음 부분에서 이렇게 기술하고 있다: "대략 2,500년 전 쯤에 중국, 인도, 페르시아, 그리고 그리스에 많은 위인과 대사 상가와 종교의 창시자들이 나타났다. 그들이 모두 같은 시대에 살았던 것은 아니지만 거의 때를 같이하여 활동하였으니, 기원전 6세기는 매우 흥미있는 시대였다……. 기원전 6세기의 인도에서는 석가와 마하비라가 태어났으며 중국에서는 공자와 노자가, 페르시아에서는 짜라투스트라가, 그리고 그리스의 사모스섬에서는 피타고라스가 태어났다"). Nehru는 종교 역사의 전체사와 관련된 이 부분에 있어서 나름대로 그 시대의 의미를 잘 파악하고 있었다.

35) '이념화' 라는 말과 '타락화' 라는 말은 그 의미가 서로 다르다. '타락화' 가 의미하는 바가 목적하는 바의 유무에 관계없이 본질에서 벗어나 있는 것으로 이해한다면, 이념화란 그 구체적인 내용이 어떠할지라도 어떤 목적을 꾀하기 위해 조직적인 시도를 하는 것이다.

36) 느헤미야 8장 참조.

37) J.B.Noss, *Man's Religions*, New York: Macmillan, 1979. (『세계종교사』, 윤이흠 역, 서울: 현음사, 1992, p.582. 참조).

38) 노자는 춘추 시대 초나라에서 기원전 604년에 태어났다는 주장도 있고 570년에 태어났다는 주장도 있다.

39) 공자는 기원전 551년에서 476년에 걸쳐 살았던 인물이다.

40) J.B.Noss, 같은 책, pp. 959, 960. 참조.

41) 무함마드는 570년 아라비아 반도에서 태어나 632년 사망했다.

42) 그리스 · 로마 신들은 그 당시에는 신들과 종교의 역할과 기능을 충분히 했지만,

그리스·멸망 및 종교 정책의 결과로 인해 지금은 신화(神話)로 남아 그 신들은 도서관에 박제되어 있을 따름이다.

43) 그리스 시대의 델피 신전이나 아폴론 신전 등은 일반 신도들이 들어가서 신앙생활이나 종교적 활동을 하는 곳이 아니라 특별한 사제들이 그 안에 거했다. 일반 신도들은 신전 밖에서 신전을 향해 신앙행위를 하는 것이 일반적이었다(현존하는 종교들 중에 예술 종교 시대 이전의 신앙 형태로 볼 수 있는 민간 신앙의 사당 등은 그와 비슷한 입장에서 해석할 수 있다). 그러나 예술 종교 시대를 거쳐 오늘에 이르고 있는 이슬람의 사원이나 불교의 사찰, 힌두교의 사찰, 기독교의 교회당 등은 신도들이 그 안에 들어가서 신앙 활동을 하는 공간으로 발전해 있다.

44) 원시종교 시대에도 음악이나 춤 등의 종교 예술적 표현이 있었다. 그러나 그때의 예술은 자연 발생적이었으며 조직적 예술이 아니었다. 즉 원시 종교 시대의 예술에는 더 나은 예술성을 위한 학습이라든지 소위 연습과 같은 것이 있지 않았다. 그러나 예술 종교시대의 종교예술은 조직적이었으며 외적 기능을 비롯해 종교를 소유한 인간 자신의 평가를 훨씬 중요시했다.

45) 공산주의는 일찍이 신들의 자리를 빼앗아 인간의 사고에서 추방했으며, 북한의 김일성 역시 신들을 통치 구역에서 몰아내는 데 성공했다. 그리고 박정희 대통령 또한 새마을 사업을 통해 소위 미신적 종교들과 잡신들을 한반도에서 몰아내는데 일시적으로 성공한 경우라 할 수 있다.

46) 필자는 '다원종교시대'라는 용어와 '종교다원주의'라는 말을 구분하여 사용한다. 종교다원주의가 인간구원 에 관련된 '복수 그리스도'(Christ-pluralism)를 인정하는 것이라면, 다원종교 시대란 모든 종교들이 좁은 지구촌 안에 복합적으로 상호 뒤섞여 존재하는 시대를 의미한다.

47) R.A.Wells, *History Through the Eyes of Faith*, 「신앙의 눈으로 본 역사」, 한인철 역, 서울: IVP, 1995, p.205. 참조.

48) 존 H. 힉, 앞의 책, pp.191. 참조.

49) 1960년대에 들어서면 소위 Post-Modernism이 본격화된다. 모든 규범에 대한 거부 현상이 제기된 것이다. 먼저 예술에서는 '정형화를 거부'하는 반예술적 전위운동이 일어난다. 1960년대 미술, 음악, 문학 등 예술전반에 걸쳐 일어났던 반예술적 전위운동 〈Fluxus〉는 그 동안의 고정관념을 파괴 하기에 족했다. 1962년 독일 비스바덴에서의 한 음악회에서는 연주자들이 망치를 가지고 난폭하게 피아노를 내리치며 파괴함으로써 울리는 파괴 소리들이 연주장을 장식했고, 1965년 독일의 뒤셀도르프에 있는 슈멜라 화랑에서는 플럭서스를 대표하는 작가 요셉 보이스가 관람객들을 화랑밖으로 내쫓은 채 죽은 토끼를 품에 안고 세 시간 동안 그림을 설명하면서 "썩어빠진 인간들보다 죽은 토끼에게 그림을 이해시키는 것이 낫다"고 역설했다. 그 후 이러한 일련의 사상과 행태들은 전세계를 휩쓸게 되었고 이것은 결국 규범을 파괴하는 포스트 모더니즘적 사상을 온 세계에 유포하게 되었다. 따라서 이러한 사조는 인간의 모든 영역에 고루 침투되었다. 이렇게 하여 현대를 살아가는 인간들은 스스로의 가치와 기준을 파괴해 버린 그 자리에 자신을 맡겨 버리게 된 것이다. 이러한 사상은 급기야 그 동안 인간 삶에 있어서 규범 역할을 해오던 종교의 절대적 가치마저 허무는 기능을 하게 된다. 1960년대 이후에 생겨난 이러한 사상은 오늘날의 사상을 특징짓고 있다.

50) 이는 앞의 과학 종교 시대에서 말하는 전통적 과학의 개념과는 구별되어야 한다.

51) 외계인이란 존재하지 않는다. 외계인은 과학화된 신령 혹은 귀신일 따름이며 그것은 어디까지나 인간의 관념 속에 존재할 따름이며, 사탄의 졸개들인 귀신들이 변형적으로 개입하고 있는 현상이다.

52) 그 이전에도 동물에 관련된 설화나 동화는 있었다. 그러나 이전의 것들을 문학적인 것이라 표현할 수 있다면, 현대의 영상매체는 그것을 가시적으로 보여 줌으로써 단순한 문학 이상의 엄청난 혼란을 초래하게 되었다. 이것은 인간의 가치관에

대한 본질적인 도전을 유도하게 된다.

53) 이러한 사상은 Freud의 사상과 맥을 같이 한다. 프로이드의 종교 이론은, 인간의 미성숙함이 결국 신이라는 관념을 낳게 했으며, 결국 성숙한 인간은 신으로부터 독립해야 하는 것이라고 하는 것이다.

54) 종교에 있어서 축적적 전통(cumulative tradition)이라는 용어는 캐나다 출신의 미국 종교사학자인 Wilfred Cantwell Smith가 처음 사용했다. 그는 이 용어를 통해 종교적 집단 공동체에서의 신앙은 과거 종교적 삶의 역사적 축적물을 구성하는 신앙의 전체 덩어리를 의미하는 것으로 파악하고 있다.

55) 물론 이 도표 자체는 한계를 가진다. 이 도표가 설명하려는 것은 종교들의 진행 방향이며, 그 실제는 이 보다 훨씬 더 복잡 다양함을 이해해야만 할 것이다.

〈후기〉

원고를 마지막으로 탈고하는 과정에서 출판을 중단해야겠다는 망설임이 많았던 마음을 고백한다. 방대한 인간 역사를 지극히 제한된 지식을 가지고 이야기한다는 것도 그렇고, 몇 백 장 정도의 원고지에 기술하려 한다는 것 자체가 개운치 않았다.

여러 가지 형편상 충분히 설명하지 못한 부분이 많다. 이 책을 접하게 될 독자(讀者)들의 입장에서는 더욱 아쉬움이 남으리란 생각도 해 본다.

필자는 역사학(歷史學)을 중점적으로 연구하는 학자가 아니다. 대학원의 석사 과정에서 사학(史學)을 공부한 경험이 있고, 현재 교양 과목으로 역사를 신학 대학 과정에서 강의하고 있으나 부족함을 많이 느낀다.

그럼에도 불구하고 이 책을 내놓기로 결심하게 된 것은 기독교인으로서 역사(歷史)를 전공한 학자(學者)들에게 우선적으로 도전을 주기 위함이요, 또한 올바른 역사에의 접근을 원하는 다수의 학생(學生)들을 위해서이다.

이 책을 정리해 나가면서 일관되게 생각했던 필자의 입장은 천지창조이래 날마다 돌아가고 있는 이 지구 위에 발을 딛고 살아갔던 사람들에 대한 실제적 관심이었다. 지구 위에서의 시간 속에 살고 있었던 자들의 인간사(人間事)를 대략적인 연대순으로 살펴보고자 했던 것이다.

인간의 초기 역사에 대해서는 성경의 증거에 의존할 수밖에 없다. 달리 증거가 없다. 나아가 성경에는 지구의 인간사(人類史)를 사건에 따라서가 아니라 인간의 구속사(救贖史) 중심으로 기록되어 있다. 따라서 일반적인 사건이나 인물들이 대거 등장하지는 않는다. 그렇지만 성경에 제한되게 나타나 있는 역사적 인물이나 사건의 의미는 매우 중요하므로 그 의미들을 보편 역사 속에서 나름대로 설명하려고 했다.

필자는 인간 역사의 중심은 신(神)과 신(神)의 경륜에 속한 사람들의 끊임없는 대화의 맥을 통해 이어지는 한 줄기 선(線)이라 생각한다. 물론 그

선(線)은 시대(時代)에 따라 두터워지기도 하고 가늘어지기도 한다. 그 선(線)은 곧 역사 가운데 존재(存在)했던 아담, 노아, 아브라함, 모세, 다윗, 그리고 예수 그리스도와 그 후 시대의 교회를 잇고 있다. 인격적(人格的)인 신(神)은 인간 역사를 통해 끊임없이 다양한 인간들에게 말해 왔으며, 우리의 시대도 예외가 아니다. 따라서 지금의 역사 역시 정치사나 경제사 중심으로만 볼 것이 아니라 신(神)과 인간의 인격적 접촉점인 '교회'를 통해서 볼 수 있어야 한다.

그럼에도 불구하고, 이 책은 실제적 사건과 인물들을 중심으로 하여 일반 역사 서술 방식으로 기록했기 때문에 그 점을 충분히 살리지 못한 것이 필자에게는 큰 아쉬움으로 남는다.

멀지 않은 장래에 신(神)의 경륜을 중시하는 신학자(神學者)들과 역사학자(歷史學者)들의 관심과 연구에 의해 이 책의 미비한 점들이 잘 보충되어 비뚤어진 인간 역사가 바로잡히게 되길 바라는 마음 간절하다.

마지막으로 졸서(拙書)를 통해서나마 역사(歷史)를 새롭게 인식(認識)함으로써 다소간 유익을 얻는 자들이 많았으면 하는 소중한 바람을 표한다.

2005년 10월 늦은 밤
실로암교회 서재에서 저자